AF214999

ullstein

Das Buch

Es ist ein Fall, der für die Rubrik *Ungelöste Kriminalfälle* wie geschaffen scheint: Im Herbst 1997 wurde die Leiche der 19-jährigen Sonja Risse auf dem Wilzenberg im Sauerland gefunden. Sie starb durch einen Stich ins Herz, war nur mit einem dünnen roten Kleid bekleidet, und alles, was der Mörder zurückließ, war eine Spieluhr, die »Hush, little baby« spielte.

Doch schon bei seinem ersten Besuch im Heimatort des Mädchens stößt der Kölner Journalist Jan Römer mit seiner Kollegin Stefanie »Mütze« Schneider auf Ungereimtheiten. Warum wird Sonjas Charakter von Zeitzeugen vollkommen unterschiedlich beschrieben? Was verbirgt ihre Mutter? Und warum will niemand über das geheimnisvolle Haus am Fuße des Berges reden, in dem Sonja gekellnert hat und das kurz nach ihrem Tod abgerissen wurde?

Als die beiden Journalisten endlich glauben, der Lösung näherzukommen, wird wieder eine Frau ermordet. Erneut lässt der Täter eine Spieluhr zurück. Jan Römer und Stefanie Schneider erkennen, dass die Vergangenheit nicht tot ist – am Wilzenberg ist sie noch nicht einmal vergangen, und die Geschehnisse um sie herum steuern unaufhaltsam auf eine Katastrophe zu.

Der Autor

Der 1970 geborene Linus Geschke arbeitet als freier Journalist für führende deutsche Magazine und Tageszeitungen, darunter *Spiegel online* und die *Frankfurter Allgemeine Sonntagszeitung*. Mit seinen Reisereportagen hat der gebürtige Kölner bereits mehrere Journalistenpreise gewonnen. https//www.facebook.com/linusgeschke.de

LINUS GESCHKE

DAS LIED DER TOTEN MÄDCHEN

KRIMINALROMAN

Ullstein

Besuchen Sie uns im Internet:
www.ullstein.de

Originalausgabe im Ullstein Taschenbuch
1. Auflage Januar 2018
5. Auflage 2026
© Ullstein Buchverlage GmbH,
Friedrichstraße 126, 10117 Berlin 2018
Wir behalten uns die Nutzung unserer Inhalte für Text und
Data Mining im Sinne von § 44b UrhG ausdrücklich vor.
Bei Fragen zur Produktsicherheit wenden Sie sich bitte an
produktsicherheit@ullstein.de
Umschlaggestaltung: zero-media.net, München
Titelabbildung: Trevillion Images/© Sandra Cunningham
Satz: LVD GmbH, Berlin
Gesetzt aus der Janson
Druck und Bindearbeiten: ScandBook, Litauen
ISBN 978-3-548-28931-1

Geheimnisse sind nichts Abstraktes. Sie sind wie organische Wesen, die einen auf allen Wegen begleiten. Sie folgen uns zur Arbeit und zum Sport. Sitzen mit uns am Frühstückstisch oder beim Abendessen und ernähren sich von dem Schweigen, das sie umgibt. Werden größer und mächtiger, je länger die Stille andauert.

Wer sehr feine Ohren hat, kann sie sogar hören. Ein Wispern, eine dahingehauchte Andeutung, ein wissendes Lächeln.

Ab einem gewissen Punkt ist das, was sie verbergen, nicht mehr aufzuhalten. Dann platzt es heraus, wie ein Krebs, dem die bisherige Schale zu eng geworden ist. Dann verschlingen sie alles, was sich in der Nähe befindet.

Reißen es in den Abgrund.

Immer tiefer.

Für Pennywise und Cujo. Für Christine und den Revolvermann. Für all die unglaublichen Stunden, die ich mit Stephen King verbringen durfte.

PROLOG

Einige Menschen sterben, bevor ihre Zeit abgelaufen ist. Sie tun es, weil sie bei Glatteis zu schnell gefahren sind, beim Baden in eine Strömung gerieten oder durch einen Stromschlag dahingerafft wurden. Anderen wurde das Leben gewaltsam genommen, und als Überlebender bleibt man dann fassungslos zurück, stumm und verzweifelt und ewig mit der Frage konfrontiert, was man in den entscheidenden Momenten hätte anders machen können.

Ich zumindest frage mich das.

Ich frage mich, ob ich zu sorglos mit dem Leben und der Liebe umgegangen bin. Mit dir, mein Schatz. Dabei wollte ich doch die Fehler der anderen vermeiden, bei denen die erste große Liebe viel zu schnell zu Ende ging. Menschen machen Fehler, die sich erst im Nachhinein als solche entpuppen. Sie verletzen einander, betrügen einander und streifen umher, weil sie glauben, dass sich irgendwo noch etwas Besseres findet. Sie tun es, weil sie Narren sind und weil es unmöglich erscheint, dass der erste Versuch bereits der Volltreffer sein könnte.

Auch du warst so.

Leider.

Aber du musst dich dafür nicht erklären, alles ist gut jetzt. Ich habe dir verziehen. Hörst du diese Melodie im Wind? Ihre beruhigenden Klänge?

Hush, little baby, don't say a word.

Papa's gonna buy you a mockingbird.

Nein, natürlich hörst du sie nicht. Wie auch? Der Wald, der sich scharf vor dem Nachthimmel abzeichnet – du kannst ihn nicht mehr sehen. Der erdige, leicht torfige Geruch des Bodens – du kannst ihn nicht mehr riechen. Meine Stimme, die dir versichert, dass ich dich immer lieben werde – sie erreicht dich nicht mehr. Du bist nun gefangen in einer ewig währenden Dunkelheit, und dein Körper, den ich so begehrte, beginnt bereits abzukühlen. Wie blass du jetzt bist – ganz leichenblass, und dennoch unendlich schön.

Ich werde jetzt gehen und dich allein lassen, obwohl ich gerne noch geblieben wäre. Hier mit dir, auf dieser Bank, an unserem Teich. Vielleicht ist es dir kein Trost, aber ich weiß, dass ich dir bis an mein Lebensende hinterhertrauern werde. Selbst im Alter, wenn ich die Augen schließe, werde ich dein Gesicht noch vor mir sehen können, deinen Duft riechen, deine Stimme hören und wissen, wie es sich anfühlte, wenn wir uns berührten.

Für mich ist die Vergangenheit nicht tot.

Sie ist noch nicht einmal vergangen.

SCHMALLENBERG/SAUERLAND
HERBST 1997

Niemand ging nachts auf den Wilzenberg, zumindest nicht allein. Tagsüber war er ein bei Touristen und Einheimischen beliebtes Ausflugsziel, aber das änderte sich schlagartig, wenn die Dunkelheit kam. Wenn die Bäume lebendig wurden und ihr Rauschen klang, als wollten sie jeden, der sich hierhin verirrt hatte, zur Umkehr zwingen.

Komm nicht näher!, riefen sie.

Kehre um, solange du noch kannst.

In der Nacht zeigte der Wilzenberg seine andere, böse Seite. Zahlreiche Legenden drehten sich um ihn. Unheimliche Geschichten, über die die Einheimischen tagsüber lachten und vor denen sie sich nachts fürchteten.

Auch Sonja wollte jetzt nicht hier sein, so kurz vor 22 Uhr. Am liebsten wäre sie losgerannt und ins Dorf zurückgekehrt, aber das ging nicht. Nicht, wenn sie den Mann treffen wollte, mit dem sie an dem kleinen Teich unterhalb des Gipfels verabredet war und der all ihre Ängste vertreiben würde.

Sie zitterte. Ihr Blick fiel auf die umliegenden Fichten, deren Spitzen sich dem Nachthimmel entgegenreckten wie die aufgerichteten Speere einer mittelalterlichen Armee. Auf den winzigen Teich, auf dem totes Laub wie Seerosen trieb. Auf den schwarzen Berghang hinter ihr, der bedrohlich und verlassen wirkte. Ansonsten war um sie herum nichts als Dunkelheit und Kälte. Eine heimtückische Kälte, die sich nur schleichend bemerkbar machte; hervorgerufen durch die unpassende Kleidung, die sie trug, und die Höhe, in der sie sich befand.

Ihr Herz klopfte, als sei es ein lebendiges Wesen, das den Körper verlassen wollte. Sie versuchte, ihren Pulsschlag wieder unter Kontrolle zu kriegen, indem sie sich nur auf ihre Atmung konzentrierte. Dabei hörte sie die Geräusche von Tieren, die durch das Unterholz streiften. Das Rauschen des Windes, der Blätter von den Ästen wehte. Sie fühlte sich verloren in einer unwirklichen Welt aus bewegten Schatten, die die Bäume im Mondlicht warfen.

Sie bereute, keinen wärmenden Pullover angezogen zu haben. Nur dieses rote Kleid, weil sie doch schön sein wollte, wenn sie ihm begegnete. Ihre Arme legten sich schützend um ihren Körper, um ihn zu wärmen. Vor ihrem Mund stieg bleicher Atem auf, als ob ihre Seele sich verflüchtigen würde.

Es knackte hinter ihr.

Aufgeschreckt fuhr sie herum. Vielleicht nur ein Tier auf der Suche nach Nahrung. Vielleicht nur ein Ast, der abgebrochen und zu Boden gefallen war.

Vielleicht aber auch …

Dann wurde es wieder still, und das einzige Geräusch,

das an ihre Ohren drang, kam von dem Wind, der weiterhin durch die Bäume fuhr. Ihre Wipfel wiegten hin und her, vor und zurück, als wenn sie sie verspotten wollten. Sie fühlte sich plötzlich unendlich einsam, von der ganzen Welt verlassen. Wie das Mädchen in einem dieser Märchen, das im Wald ausgesetzt wurde, damit die umherstreifende Bestie es sich holen konnte.

Zitternd drehte sie sich um und richtete den Blick auf das 28 Meter hohe Gipfelkreuz, welches über dem Wilzenberg wie ein überdimensionierter Grabstein thronte. Sie wusste, dass direkt dahinter der Wilzenbergturm stand, ein 1889 errichteter Aussichtspunkt, und unten am Berghang das Haus lag, in dem sie fast ein Jahr lang gearbeitet hatte.

Niemandem hatte sie erzählen dürfen, was in dem Haus vor sich ging, noch nicht einmal ihrer Mutter. So hatten die Männer es ihr klargemacht, und sie hatte sich stets daran gehalten, bis das Unfassbare geschehen war. Bis sie mit jemandem reden musste.

Er war der Einzige, an den sie sich hatte wenden können, weil er wusste, was sich hinter der offiziellen Fassade des Hauses abspielte. Er hatte ihr zugehört und sie tröstend in den Arm genommen, weil er sie genauso liebte wie sie ihn. Trotz des Altersunterschieds, der zwischen ihnen herrschte. Trotz der Aufgabe, die er in dem Haus zu erfüllen hatte.

Erneut atmete sie durch und warf einen Blick auf die Armbanduhr, die er ihr geschenkt hatte. Spürte, wie die Warterei sie von Minute zu Minute mehr zermürbte. Sie wollte endlich wieder in seinen Armen liegen, sich sicher und geborgen fühlen und darauf vertrauen, dass er wusste, was zu tun war. So wie immer. So wie in all den

Wochen zuvor, seit sie ein Paar waren, von dem niemand etwas wissen durfte.

Dann knackte es wieder.

Ihre Rückenmuskulatur verspannte sich, und sie versuchte, mit den Augen jenen Teil der Dunkelheit zu durchdringen, aus der das Geräusch gekommen war. Einen Moment lang glaubte sie sogar, eine leise Melodie zu vernehmen, die ihr sonderbar vertraut vorkam.

»Hallo? Bist du es?«, rief sie leise.

Die Melodie wurde lauter. Zarte Klänge, und auf einmal wusste sie auch, woher sie sie kannte. Sie lächelte. Freute sich, dass er es nicht vergessen hatte.

Aber warum sagte er nichts? Hatte er Angst, dass jemand sie hören könnte? Hier, mitten in der Nacht, mitten im Wald?

Erneut rief sie seinen Namen, während sie gleichzeitig versuchte, zwischen den dichtstehenden Baumstämmen eine menschliche Kontur auszumachen. Die Melodie war jetzt immer deutlicher vernehmbar.

Dann verstummte sie plötzlich.

»Hallo?«, rief sie nochmals.

Keine Antwort. Nur Stille.

Selbst der Wind hatte sich gelegt. Es war, als würde die Umgebung die Luft anhalten. Sie schluckte, doch ihr Mund war trocken.

Dann sah sie die Bewegung.

Ein Huschen.

Sie sah …

KÖLN
GEGENWART

Es gibt Momente, da weiß man schon beim Klingeln des Telefons, dass der Anrufer keine guten Nachrichten hat. Dies war einer davon. Jan Römer war erst vor einer halben Stunde aus den Redaktionsräumen des Nachrichtenmagazins *Die Reporter* nach Hause gekommen, als es läutete und er Sarahs Nummer auf dem Display sah. Sarah war seine Exfrau, die Mutter ihres gemeinsamen Sohnes Lukas, und wenn sie um diese Uhrzeit anrief, hatte das nichts Gutes zu bedeuten.

Wenigstens kam sie ohne Umschweife zur Sache: »Jan, ich habe Aussicht auf einen besseren Job. Als Lehrerin auf einer Privatschule.«

»Großartig. Glückwunsch.«

»Die Schule ist am Chiemsee. In Bayern.«

Er spürte, wie sein Herz aussetzte.

»Was ist mit Lukas?«

»Wenn ich die Stelle wechsele, kommt er natürlich mit«, erwiderte sie. »Ein Kind gehört zu seiner Mutter.«

Er konnte kaum glauben, wie beiläufig sie ihm diesen Schlag verpasste. Sagte nur: »Lukas ist auch mein Sohn.«

»Klar.«

»Dann wird dir auch bewusst sein, dass ich da ein Wörtchen mitzureden habe.«

»Theoretisch ja. Praktisch nein.«

»Was soll das jetzt heißen?«

»Wir haben doch nach der Trennung immer alles fair gehandhabt, was mit ihm zu tun hatte, oder? Dann wird uns das auch in dem Fall gelingen.«

»Fair?«

»Lass mich doch erst mal ausreden, Jan! Ich habe mir schon Gedanken gemacht. Lukas kann dich nach dem Umzug alle zwei Wochen am Wochenende besuchen kommen und natürlich die Hälfte der Ferienzeit mit dir verbringen. Weihnachten wechseln wir uns ab, ebenso Silvester und Ostern. Ich denke, das ist unter den gegebenen Umständen eine sehr vernünftige Lösung.«

»Vernünftig?« In ihm stieg Wut auf. »Du teilst mir einfach mal eben so am Telefon mit, dass du mir mein Kind wegnimmst, weil du in irgendein bayrisches Schickeria-Kaff ziehen willst, und redest dann von Vernunft?«

»Schrei bitte nicht so.«

»Ich schreie, wann ich will!«

»Und ich werde nicht in Köln bleiben, nur weil das für dich am bequemsten ist. Punkt. Nicht, wenn sich mir die Chance bietet, woanders hinzugehen, wo ich beruflich wesentlich besser gestellt bin und mehr Geld verdiene. Und wenn du mal in Ruhe darüber nachdenkst, wirst du feststellen, dass das neue Umfeld auch für Lukas eine große Chance ist.«

Er atmete tief durch, schaute auf den Kunstdruck von Monets *Houses of Parliament London*, der an seiner Wand hing, und versuchte, sich zumindest so weit wieder zu beruhigen, dass er antworten konnte. »Wir haben genug Geld. Du bist Beamtin, ich verdiene gut, es gibt also keinen Grund ...«

»Das Problem mit dir ist ...«

»Ach, heute nur *ein* Problem?«

Sie seufzte. »*Eines* der Probleme ist, dass man über manche Dinge mit dir einfach nicht in Ruhe diskutieren kann. Du bist viel zu emotional und regst dich immer ...«

»Erstens: Du diskutierst nicht mit mir, du stellst mich vor vollendete Tatsachen. Und zweitens: Entschuldige bitte, dass ich emotional reagiere, wenn es um mein Kind geht.«

»Ich habe schon zugesagt.«

»Klasse!« Er stieß ein zynisches Lachen aus. »Ohne zuvor mit mir zu reden.«

»Du siehst ja, wohin das führt, wenn ich es versuche.«

»Dann lass ihn bei mir, verdammt noch mal!«, fuhr er sie an. »Köln ist sein Zuhause. Hier hat er seine Schule, seine Freunde, seine vertraute Umgebung. Warum willst du ihm das wegnehmen?«

Er hörte, wie sie durchatmete, bevor sie sagte: »Er kann nicht bei dir leben, Jan. Du bist andauernd unterwegs, manchmal ganze Nächte. Du recherchierst, begibst dich in Gefahr, tust weiß Gott was. Glaubst du ernsthaft, du wärst die richtige Bezugsperson für ein elfjähriges Kind?«

Ein Teil von ihm wusste, dass sie recht hatte. Dennoch war er nicht bereit, in diesem Punkt nachzugeben. »Du gehst weg, nicht ich. Das ist nicht fair, und ich werde mich dagegen wehren.«

»Komm mir nicht so!«, erwiderte sie scharf. »Ich hatte gehofft, das nicht sagen zu müssen, aber meine Anwältin meint …«

»Ach – du hast schon mit einer Anwältin gesprochen?«

»Natürlich.«

»Ich fasse es nicht!«

»Mach, was du willst, aber lerne, wie ein erwachsener Mensch damit umzugehen. Meine Entscheidung steht fest.«

Wütend schmiss er den Hörer auf das Sofa. Als er ihn wieder aufhob, hatte sie schon aufgelegt.

Nichts kann schlimmer sein als ein verregneter Montagabend, an dem die Exfrau einem mitteilte, dass sie einem den Sohn wegnehmen will. Sie raubte ihm Lukas, indem sie ohne sein Einverständnis mit ihm nach Bayern zog – zumindest kam es ihm so vor.

Gleichzeitig wusste er aber auch, dass Sarahs Anwältin einen möglichen Sorgerechtsprozess aller Voraussicht nach gewinnen würde. Ihm graute vor einem Gerichtstermin, vor den damit verbundenen harten Auseinandersetzungen, und er wusste, dass ein solcher Prozess Lukas zerreißen würde. Dass er seinen Sohn ganz verlieren konnte, wenn er mit allen Mitteln um ihn kämpfte.

Am besten wäre es gewesen, wenn er nach dem Telefonat mit Sarah sofort Arslan angerufen hätte. Arslan war einer seiner besten Freunde, ein ehemaliger Profiboxer, der jetzt in Köln-Mülheim ein Boxstudio betrieb. Der hätte ihm dann versichert, dass er voll auf seiner Seite stehe, dass er die Dinge wie Jan sah und keine Frau das Recht hatte, einem Mann das Kind wegzunehmen. Genau das also, was er in diesem Moment hören wollte.

Doch Jan entschied sich anders. Er zog los und suchte sich eine Bar in der Innenstadt, wo er versuchen wollte, sich einen Plan zurechtzulegen, um diesen Umzug doch noch zu verhindern. Er schaffte es nicht. Stattdessen schaffte er es, sich in Rekordzeit zu betrinken. Gin Tonic, Rum mit Cola, Whisky mit Triple Sec und Sprite, alles schön durcheinander und viel zu schnell.

Nach anderthalb Stunden hing er auf dem Klo der Bar und kotzte.

Anschließend schaffte er es noch irgendwie nach Hause. Er schaffte es sogar, sich die Treppen zu seiner Wohnung hochzukämpfen. Was er nicht mehr schaffte, war, sich zu waschen, bevor er vollständig bekleidet ins Bett fiel, wo der Schlaf ihn wie ein verständnisvoller Freund empfing.

In den folgenden zwei Tagen und Nächten richtete Jan sich in dem depressiven Loch ein, in das ihn Sarahs Anruf gestürzt hatte. Er trank direkt nach dem Aufstehen das erste Bier und dachte an das zweite, noch bevor er sich angezogen hatte. Er verbrachte mehr Zeit im Bett als außerhalb und redete mit dem Bild von Lukas, das in einem weißen Rahmen auf der Kommode stand. Bislang hatte das Bild ihm noch keine Antwort gegeben, aber vielleicht würde es das ja nach ein paar weiteren Dosen Bier tun.

Was es dann tatsächlich auch tat. Er telefonierte daraufhin mit Lukas, um zu erfahren, wie sein Sohn zu dem Umzug stand. Es war nicht zu überhören, dass Lukas schon jetzt hin- und hergerissen war, weil er sowohl

Sarah als auch ihm gegenüber loyal sein wollte. Und er hörte heraus, dass ein Teil von Lukas sich auf Bayern freute, auf das Haus am See dort, das Sarah ihm offenbar in den schillerndsten Farben beschrieben hatte.

Jan sagte ihm daraufhin Dinge, an die er selbst nicht glaubte: Dass sie auf immer und ewig ein Team bleiben würden, dass Lukas jedes zweite Wochenende nach Köln kommen konnte und sie sich deshalb ja kaum weniger sehen würden. Dass alles beim Alten bliebe, trotz des Umzugs und der Entfernung zueinander. Dabei gab er sich Mühe, seiner Stimme einen fröhlichen Klang zu verleihen, während er sich gleichzeitig die Unterlippe blutig biss.

Nachdem sie eingehängt hatten, schaute Jan sich in seinem Schlafzimmer um. Es sah aus, als hätte jemand strategisch geschickt ein paar Dynamitstangen in den Schubladen verteilt und diese dann gleichzeitig gezündet, worauf ein paar der Kleidungsstücke tot auf dem Boden zurückgeblieben waren. Andere hatten sich verwundet noch ein Stück weitergeschleppt und klammerten sich jetzt an den Schrank und die Bettfüße wie Gefallene.

Er beseitigte die schlimmsten Auswüchse des Chaos, dann ging er duschen, zog sich Jeans, einen dünnen Pullover und Chucks an und verließ am frühen Abend das Haus. Nicht aufgrund irgendwelcher »Das Leben geht weiter«-Anwandlungen, sondern aus rein profanen Gründen.

Essen, zum Beispiel.

Er schloss gerade seine Wohnungstür ab, als er eine Stimme hinter sich hörte. »Guten Abend, Herr Römer! Na, wir zwei haben uns ja schon länger nicht mehr gesehen.«

Christina Guerin wohnte auf derselben Etage wie er.

Eine attraktive Blondine Mitte dreißig, die viel dafür tat, in Form zu bleiben. Ihr Mann war Franzose, und sie hatte ihm auch mal gesagt, bei welcher Firma er arbeitete. Diese Information hatte er sofort wieder vergessen, Fakt war aber, dass der gute Mann zu viel unterwegs war und seine Frau zu oft allein ließ.

»Hallo«, sagte Jan und winkte ihr zu.

»Wo geht's denn hin?«

»Nur kurz vor die Tür, eine Kleinigkeit essen.«

»Ach, das ist ja ein Zufall«, sagte sie und stellte die Einkaufstüten ab. »Ich wollte mir gerade eine Lasagne machen. Wenn Sie möchten, können Sie mir gern dabei Gesellschaft leisten. Mein Mann ist schon wieder im Ausland, und Sie wissen ja, wie das ist – für einen allein zu kochen, macht einfach keinen Spaß.«

»Das ist wirklich nett von Ihnen, aber ich bin schon verabredet. Vielleicht ein anderes Mal, ja?«

Sie musterte ihn mit einem Blick, den er nur schwer deuten konnte. »Wirklich schade«, sagte sie dann. »Einen schönen Abend noch und viel Spaß bei der Verabredung.«

Er winkte ihr zu, dann verließ er das Haus.

Es war ein milder Abend, und die Straßen waren immer noch belebt. Jan ließ sich vom Strom der Passanten treiben und machte extra einen Umweg, bevor er sein Stammlokal auf der Subbelrather Straße erreichte. Dort traf er Mütze, und wie so oft war sie seine Rettung.

*

Mützes richtiger Name lautete Stefanie Schneider, aber so nannte sie niemand. Nicht, seitdem sie sich in der Jugend den Tick angewöhnt hatte, das Haus nie ohne Kopfbedeckung zu verlassen. Ohne Strickmütze oder Baseballcap, so sagte sie, fühlte sie sich nackt und schutzlos.

Mütze war 33 Jahre alt und somit gut zehn Jahre jünger als er. Sie war schlank und groß gewachsen, hatte dunkelblonde Haare und braune Augen, die von bernsteinfarbenen Punkten durchsetzt waren. Ihr Gesicht sah rosig und blitzeblank aus, so gänzlich ungezeichnet vom Leben, obwohl sie sämtliche Schattenseiten kannte. Dennoch schwebte sie wie ein schillernder Vogel über dreckigem Wasser, unverdorben von den Vorgängen in der Tiefe. War ihr Leben wirklich so leicht? Oder verfügte sie einfach über das Talent, es leicht zu nehmen?

Mütze war nicht nur seine Kollegin beim Nachrichtenmagazin *Die Reporter*, sie war weit mehr als das: der Mensch, dem er wie keinem anderen vertraute. Ob er in sie verliebt war? Wahrscheinlich schon, wenn auch eher unterschwellig. So konnte die Liebe bleiben, ohne die Freundschaft zu zerstören.

In der folgenden Stunde erzählte er Mütze von dem Telefonat mit Sarah, wobei die reine Schilderung des Gesprächs nur fünf Minuten dauerte und der Rest der Zeit dafür draufging, Mütze wissen zu lassen, was er von seiner Exfrau hielt und was er ihr gerade am liebsten antun würde. Dann ging es ihm besser. Ähnlich wie einem Druckbehälter, bei dem das Ventil geöffnet wurde und der auf einen Schlag den ganzen Druck ablassen konnte.

»Geht's dir jetzt besser?«, fragte sie.

»Ist das so offensichtlich?«

»Der Rotton in deinem Gesicht ist etwas blasser geworden, aber die Halsschlagader pocht immer noch.

Weißt du zufällig, ob sie hier einen Defibrillator haben?«

Er lachte, dann bat er sie, ihn mit irgendwas anderem abzulenken. Sie erzählte ihm, dass sie am Vormittag ein Treffen mit Alexander Herold gehabt hatte, dem Herausgeber von *Die Reporter*, und dabei seinen ganzen Frust über die sinkende Auflage des Magazins und den nicht aufzuhaltenden Vormarsch sozialer Netzwerke abbekommen hatte.

Jan konnte Herolds Verbitterung gut verstehen. Der Mann hatte ein Leben lang für den Qualitätsjournalismus gestritten, immer im Glauben, dass die Leser eine gut recherchierte und professionell aufbereitete Berichterstattung zu würdigen wussten. Nun musste er erleben, wie sich die Öffentlichkeit von seinem Magazin abwandte, von der *Lügenpresse* allgemein, und sich lieber von dubiosen Quellen im Internet informieren ließ. Gefühlte Wahrheiten hatten die Fakten abgelöst – das konnte jemanden wie Herold nur verbittern.

Ihm erging es ja nicht anders.

»Die gute Nachricht ist aber«, fuhr Mütze fort, »dass er unsere zukünftige Positionierung nicht mehr so stark bei den tagespolitischen Themen sieht, sondern bei Geschichten, die das Internet nicht leisten kann. Bei Reportagen, die Recherche und Zeit voraussetzen: Storys wie unsere *Ungeklärten Kriminalfälle* also.«

Vor Jahren schon hatte das Magazin begonnen, sich in einer Rubrik länger zurückliegenden Verbrechen zu widmen, die unaufgeklärt geblieben waren. Irgendwann war Jan per Zufall dazugekommen, jetzt war es sein Ressort, und wenn man den Leserbriefen glauben konnte, kam das Thema richtig gut an. Mehr noch – die Leute konnten gar nicht genug davon bekommen, so dass Jan und Mütze mittlerweile Probleme hatten, genügend interessante Fälle auszugraben.

»Wie sieht es denn mit neuem Material aus?«, fragte er, obwohl es ihm noch immer schwerfiel, sich auf etwas anderes als seinen Sohn zu konzentrieren.

»Ich bin da auf einen unaufgeklärten Mord gestoßen, der etwas für uns sein könnte«, fuhr Mütze aufgeregt fort. »1997 ist bei Schmallenberg – das liegt im Sauerland – die Leiche einer 19-Jährigen gefunden worden, Sonja Risse. Sie wurde nachts in einem abgelegenen Waldgebiet mit einem einzigen Stich ins Herz getötet und alles, was der Mörder zurückgelassen hat, war eine Spieluhr, die *Hush, litte baby* spielte.«

»Und weiter?«

»Nichts weiter«, erwiderte sie säuerlich. »Sonja Risse hatte einen Freund, Stefan Wahlert, der von der Polizei aber als Täter ausgeschlossen werden konnte. Ihr Vater ist schon lange vor ihrem Tod an einem Schlaganfall gestorben, ihre Mutter lebt immer noch in Schmallenberg. Keine Geschwister.«

Mützes Ausführungen zeigten, dass sie sich schon intensiver mit dem Fall beschäftigt hatte, was Jan nicht wunderte. Es war erst ein gutes Jahr her, seitdem er Herold überredet hatte, sie wieder bei den *Reportern* einzustellen, nachdem sie Jahre zuvor selbst gekündigt hatte. Er hatte Mütze nicht nur im Team haben wollen, weil sie seine Freundin war, sondern auch, weil sie über Qualitäten verfügte, die in der Redaktion dringend gebraucht wurden. Sie war ebenso neugierig wie intelligent und fand in ihren Texten stets den richtigen Ton. Ihre größte Stärke aber waren ihre außergewöhnlichen Recherchefähigkeiten.

»Okay«, erwiderte er. »Was genau macht die Sache für dich so interessant?«

»Fragst du das ernsthaft? Allein schon die Tatumstände sind sonderbar. Ein Mädchen, mitten in der Nacht ganz allein im Wald und nur mit einem roten Kleid bekleidet. Dazu die Spieluhr mit der seltsamen Melodie. Mein Gott, Jan – unsere Leser werden die Story lieben!«

»Autsch.«

»Ich weiß«, erwiderte sie mit einem Schulterzucken. »Moralisch gesehen mag das nicht die beste Erklärung sein, aber unserer Auflage würde es nicht schaden.«

»Hast du denn schon Kontakt zu den Behörden aufgenommen?«

Sie nickte. »Für den Fall zuständig ist ein Hauptkommissar in Meschede, Rafael Schäfer. Ich habe gestern mit ihm telefoniert, und er sagte, dass die Ermittlungen derzeit ruhen, da es keine Spuren mehr gebe, die sie verfolgen könnten. Ansonsten wirkte er meiner Anfrage gegenüber sehr aufgeschlossen. Für mich klang es, als wäre er für ein wenig mediale Aufmerksamkeit sogar dankbar, um frischen Wind in die Sache zu bringen.«

Es war Mütze und ihm tatsächlich schon gelungen, im Rahmen ihrer Recherchen Fälle zu lösen, an denen die Polizei sich die Zähne ausgebissen hatte. Der Grund dafür war einfach: Manche Menschen redeten nicht gerne mit der Polizei – dafür aber mit der Presse. Sei es, weil sie ihre 15 Minuten Ruhm abbekommen wollten, sei es, weil sie den Behörden aus irgendwelchen Gründen ablehnend gegenüberstanden.

Jan fuhr sich mit der Hand über den Nacken. »Hat dieser Kommissar auch gesagt, ob es in den letzten zwanzig Jahren noch andere Morde gegeben hat, bei denen die Tatumstände ähnlich waren? Ein einzelner Stich ins Herz, das Zurücklassen einer Spieluhr – solche Merkmale müssten doch auffallen.«

Sie schüttelte den Kopf. »Anscheinend nicht, und bevor ich mich selbst auf die Suche mache, wollte ich die Sache zuerst mit dir besprechen.«

Jan spürte, wie gut ihm die Unterhaltung mit Mütze tat. Außerdem konnte er mittlerweile auch ihre Begeisterung für den Fall nachvollziehen. Ein junges Mädchen, das einsam im Wald gestorben war. Ein Stich ins Herz. Das rote Kleid und die Spieluhr, deren Melodie fast jeder kannte.

Mütze hatte recht.

Die Leser würden es lieben.

*

Als Jan am nächsten Morgen wach wurde, stöhnte er. Er stöhnte direkt ein zweites Mal, als er durch das Fenster nach draußen schaute. Der Herbst hatte einen schmutzig grauen Schleier über Köln gelegt, und schwere Gewitterwolken türmten sich am Himmel, gegen die das Tageslicht keine Chance hatte. Am liebsten hätte er sich wieder umgedreht und weitergeschlafen, aber das ging nicht. Herold war ein verständnisvoller Mensch, wenn seine Mitarbeiter persönliche Krisen durchlebten, aber auch seine Geduld war endlich, und dieses Ende war genau heute.

Mühsam stand er auf und wankte in die Küche, um sich einen Kaffee zu machen. Während das Wasser heiß wurde, dachte er darüber nach, dass die unangenehme Seite des Herbstes fast genauso schlimm war wie die unangenehme des vergangenen Sommers, als die Temperaturen auf bis zu 41 Grad angestiegen waren. Die Stadt hatte kaum noch geatmet, ihr Puls war fast nicht mehr wahrnehmbar gewesen, und sie hatte schlaff in der Hitze gelegen wie ein überfahrenes Tier am Straßenrand, das nur noch auf den Tod wartete.

Zum Duschen und Anziehen brauchte er länger als gewöhnlich, weshalb er das Redaktionsgebäude erst eine halbe Stunde nach Dienstbeginn erreichte. Der Sitz der *Reporter* lag an einer dieser anonymen Ausfallstraßen im Kölner Norden, eingezwängt zwischen dem Komplex einer Versicherung und einer Tankstelle.

Als er aus dem Aufzug trat, warf er als Erstes einen Blick in Mützes Büro. Es war leer, und nichts in dem Raum deutete darauf hin, dass sie heute schon da gewesen war: keine benutzte Kaffeetasse auf dem Schreibtisch, keine beschmierten Notizzettel in der Ablage. Seufzend schloss Jan die Tür und drehte sich um, wobei er fast mit Tomasz Michalsky zusammenstieß, einem der Politikredakteure des Magazins.

»Guten Morgen«, grüßte Jan.

»Was, bitte schön, soll an diesem Morgen gut sein?«

Wie gewohnt hatte Michalsky dabei nicht den Ansatz eines Lächelns im Gesicht. Unter den Kollegen nannten sie ihn nur den Karpfen, weil er so fischartig kalt und schwerfällig wirkte, aber noch niemand hatte ihm das ins Gesicht gesagt. Manchmal spielte Jan mit dem Gedanken, der Erste zu sein. Er vermutete, dass man einen Preis dafür erhielt, eine bedruckte Tasse oder so was.

Nachdem sich Michalsky ohne ein weiteres Wort entfernt hatte, ging Jan in sein eigenes Büro, ließ sich auf den Stuhl fallen und blätterte die Ablage mit den ungelesen Nachrichten durch. Mehrere Hausmeldungen lagen darin, ein paar weitergeleitete Leserbriefe und die Einladung zu einem Journalistenkongress in Saarbrücken. Nichts Wichtiges, um das er sich sofort hätte kümmern müssen. Er legte die Papiere wieder zurück und dachte stattdessen über den Mordfall im Sauerland nach, von dem Mütze ihm erzählt hatte.

Die Spieluhr …

Hush, little Baby.

Natürlich kannte er das Lied, konnte sich aber nicht mehr an den Text erinnern. Er fuhr den Rechner hoch, um es sich auf YouTube anzuhören, Strophe für Strophe.

Hush, little baby, don't say a word.

Papa's gonna buy you a mockingbird.

Da kaum anzunehmen war, dass eine Drossel für den Tod von Sonja Risse verantwortlich war, hörte er weiter zu. Im Prinzip ging es darum, dass irgendein Baby mit immer neuen Geschenken bedacht wurde, wenn die vorherigen ihren Zweck nicht erfüllten. Wollte die Drossel nicht singen, gab es einen Diamantring. Wollte der Hund nicht bellen, gab es ein Pferd. Irgendwann war Jan sich nicht mehr sicher, ob eines der berühmtesten Schlaflieder der Welt nicht insgeheim eine Liebeserklärung an den Kapitalismus war, bis die letzte Zeile ihn wieder versöhnlich stimmte:

And if that horse and cart fall down,

You'll still be the sweetest little baby in town.

Danach durchforstete er das Internet und fand heraus, dass das Lied von einem unbekannten Musiker aus den Südstaaten der USA stammte, aber auch diese Information half ihm nicht weiter. Stattdessen kam er sich vor, als würde er gerade für eine Quizshow zum Thema unnützes Wissen trainieren. Er wechselte zu einer Suchmaschine und gab alle möglichen Kombinationen aus Schlagwörtern ein, die ihm zu dem Fall einfielen – die Spieluhr, das Lied, ein einzelner Stich ins Herz. Alles, was er fand, waren etliche Presseberichte über den Mord an Sonja Risse, aber keine Hinweise, dass der Täter noch einmal auf ähnliche Art zugeschlagen haben könnte.

Die Berichte selbst folgten dem altbekannten Muster: Drei oder vier Wochen lang war Sonja Risses Tod das Thema in den lokalen Medien gewesen. Es hatte unzählige Berichte gegeben und Interviews mit selbsternannten Experten, die versuchten zu rekonstruieren, was mit ihr passiert sein könnte. Aber im Endeffekt konnte keine Story, so sensationell sie auch sein mochte, überleben, wenn es kein neues Futter gab. Die Zeitungen und Lokalsender hatten es weiß Gott versucht. Sie waren allen erdenklichen Gerüchten nachgegangen, von einem Liebesmord bis zur Teufelsanbetung, aber in dieser Branche waren *keine Nachrichten* tatsächlich *schlechte Nachrichten*. Die Kürze der menschlichen Aufmerksamkeitsspanne war wirklich jämmerlich und wurde auch schnell von anderen Vorkommnissen überlagert – ein Unwetter hier, ein Politikerskandal dort. Man konnte daran auch den Medien die Schuld geben, aber im Prinzip bestimmten die Leser und Zuschauer, was weiter auf Sendung blieb. Solange die Leute die Berichte zu einem Thema ansahen oder die Zeitungen mit dementsprechenden Meldungen kauften, wurde weiter berichtet. Wenn nicht, suchten sich die Redakteure ein neues, glänzendes Spielzeug. Irgendeine Sau ließ sich immer durchs Dorf treiben, um das rastlose Auge der Kundschaft auf sich zu ziehen. Jan verurteilte das nicht, wie könnte er auch? Schließlich war er selbst Teil dieser Maschinerie. Er mochte ihre Spielregeln nicht mögen, musste aber damit leben.

Nachdem er mit dem Studium der Pressemeldungen durch war, ließ er eine Büroklammer, mit der er herumgespielt hatte, auf die Schreibtischunterlage fallen und rieb sich die Stirn. Das Vorgehen des Mörders erinnerte ihn unbestimmt an das Ritual eines Serienkillers. Allerdings musste er auch zugeben, dass ihm spontan kein einziger Serienkiller einfiel, der nur einmal gemordet und danach freiwillig wieder aufgehört hatte.

Er hätte sich jetzt gerne mit Mütze darüber ausgetauscht, aber die war immer noch nicht aufgetaucht. Vielleicht hatte sie einen Außentermin, vielleicht auch einfach nur verschlafen.

Entschlossen griff er zum Hörer und wählte ihre Mobilnummer. »Wo treibst du dich denn rum?«, fragte er, sobald sie den Anruf entgegengenommen hatte.

»Danke der Nachfrage – und wie geht's dir, du Bauer? Ich bin schon um sechs Uhr aus den Federn gesprungen und zu Rafael Schäfer nach Meschede gefahren, um persönlich mit ihm zu sprechen. Den Weg hätte ich mir allerdings sparen können.«

»War er nicht da?«

»Das schon, aber er konnte mir auch nicht mehr sagen als das, was wir ohnehin schon wussten. Sonja Risse scheint eine ganz normale 19-Jährige gewesen zu sein, in deren Lebenslauf nichts darauf hingedeutet hat, dass sie einmal das Opfer eines Gewaltverbrechens wird. Ihr polizeiliches Führungszeugnis weist keinerlei Einträge auf und laut den Aussagen von Freunden und Bekannten hat sie auch keine Kontakte in kriminelle Kreise gehabt.«

»Was hat die Obduktion ergeben?«

»Nichts. Die einzige Wunde an ihrem Körper war die des Stiches, der zum Tod geführt hat. Ansonsten gab es keine Spuren von Gewalt, auch keine älteren Hämatome, noch nicht einmal ein verheilter Knochenbruch.«

»Hatte sie Rückstände von Alkohol oder Drogen im Blut?«

»Nein.«

»Ist sie vergewaltigt worden?«

»Ich sagte doch: keine weiteren Spuren von Gewalt. Wirklich keinerlei Auffälligkeiten. Der Täter hat sie mit einem Stich ins Herz getötet und anschließend hingelegt, als ob sie schlafen würde. Die Spieluhr stand keinen Meter entfernt auf einem Stein. Laut Schäfer deutet das Fehlen von Abwehrverletzungen übrigens darauf hin, dass sie ihren Mörder gekannt haben muss.«

»Hat er denn wenigstens einen Hinweis gefunden, was Sonja mitten in der Nacht auf dem Wilzenberg gemacht hat?«

»Ursprünglich sind sie wohl davon ausgegangen, dass Sonja sich dort mit einem Liebhaber treffen wollte, ohne allerdings zu wissen, wer dieser Liebhaber gewesen sein könnte. Zuerst hatten sie ihren Exfreund in Verdacht, einen Typen namens Stefan Wahlert. Aber der hat ein Alibi, und zwar ein absolut wasserdichtes: Er war zur Tatzeit mit Freunden auf Mallorca unterwegs.«

Jan seufzte. Trotz Mützes Bemühungen hatten sie immer noch nichts über die Tote herausgefunden, was ihre Geschichte unterfüttern konnte. Überhaupt kam es ihm vor, als ob …

»Warum hast du eigentlich angerufen?«

Er musste sich kurz sortieren, bevor er antwortete:

»Ich habe mich gefragt, ob Sonja vielleicht Kontakt zu einem Kriminellen gehabt hatte, der nach dem Mord wegen eines anderen Verbrechens verhaftet wurde und deshalb nicht mehr in Erscheinung getreten ist. Aber diese Theorie hat sich mit deinen Informationen jetzt eigentlich erledigt.«

Sie grummelte etwas Zustimmendes.

»Obwohl …« Jan dachte nach. »Vielleicht gibt es ja eine Verbindung, von der Schäfer nichts ahnt. Vielleicht wurde der Mörder auch nicht verhaftet, sondern ist kurz nach der Tat gestorben.«

»Okay«, sagte Mütze ohne große Begeisterung. »Ich schaue, ob ich noch etwas herausbekommen kann, aber große Hoffnungen mache ich mir da nicht. Auf mich hat Schäfer schon sehr gewissenhaft gewirkt.«

Kurz darauf beendeten sie das Gespräch. Jan spielte einen Moment lang mit dem Gedanken, sich jetzt dem ungeliebten Inhalt der Ablage zu widmen, verwarf ihn aber wieder. Stattdessen ging er wieder auf YouTube, um sich das Lied erneut anzuhören.

Hush, little baby, don't say a word …

DER UHRMACHER

Der Uhrmacher war in einem kleinen Dorf im Kreis Dithmarschen aufgewachsen, ganz im Westen Schleswig-Holsteins. Zweieinhalbtausend Einwohner, ein Supermarkt und eine Seehundstation. Bis zur nächsten Autobahn brauchte man eine Dreiviertelstunde, dafür lag die Nordsee direkt vor der Haustür. Wunderschöne Kindertage waren das gewesen, mit einer Familie, in der sich alles nur um ihn gedreht hatte. Seine Mutter hatte ihr erstes Kind bereits in der Schwangerschaft verloren, und als er sich dann angekündigt hatte, war sie fast schon zu alt gewesen, um noch ein Kind zu bekommen.

Bei seiner Geburt Mitte der sechziger Jahre flackerten gerade überall die ersten Studentenunruhen auf, die für seine Eltern allerdings wie Nachrichten aus einer anderen Welt geklungen hatten. Hier in Friedrichskoog hatte niemand protestiert. Man lebte im Rhythmus der Gezeiten, und das Aufregendste, was passieren konnte, waren blökende Schafe, die von schwanzwedelnden Hunden über den Deich gejagt wurden.

An seine Kindheit und Jugend hatte er nur gute Erinnerungen, und wenn ihn mit dreizehn, vierzehn jemand gefragt hätte, wie er sich sein weiteres Leben vorstellen würde, wäre die Antwort einfach gewesen: Er würde seine Jugendliebe heiraten, Tierarzt werden und für immer in Friedrichskoog bleiben. Das war seine Welt gewesen, und sie hatte im Norden an der dänischen Grenze angefangen und im Süden in Brunsbüttel geendet. Direkt an der Elbmündung – weiter war er in seiner Kindheit nicht gekommen, wenn man von den zwei Wochen Sommerurlaub absah, die er mit seiner Familie jedes Jahr in Schweden verbracht hatte.

Aber der Uhrmacher war nicht immer ein Kind geblieben.

Anfang der achtziger Jahre wurde in Deutschland die Friedensbewegung stärker, der Protest gegen den NATO-Doppelbeschluss. 1981 demonstrierten 500 000 Menschen auf den Bonner Rheinwiesen, 400 000 in Amsterdam, 200 000 in Brüssel. Er hatte die Bilder der Demonstranten im Fernsehen gesehen. Der Zusammenhalt der Menschen hatte ihn fasziniert, der Kampf für die gemeinsame Sache. Als zeitgleich im rund vierzig Kilometer entfernten Brokdorf die Proteste gegen das dortige Atomkraftwerk ihren Höhepunkt erreichten, hatte er sich auf sein Mofa gesetzt, eine blaue Kreidler Florett, und war hingefahren.

100 000 Demonstranten waren auf 10 000 Polizisten getroffen, die mit Wasserwerfern und Gummiknüppeln versuchten, den Aufmarsch zu verhindern. Die beiden Gruppen waren ihm vorgekommen wie verfeindete Armeen, ständig verschob sich die Frontlinie, und irgendwann war er hineingeraten. Er trug keine Uniform und war im selben Alter wie die meisten Demonstranten ge-

wesen, also hatten die Polizisten ihn der Gegenseite zugerechnet und zurückgedrängt. Dann war ein Stein über seinen Kopf hinweggeflogen, die Ordnungshüter reagierten mit Schlägen. Er wurde von Gummiknüppeln an Kopf und Schulter getroffen. Bis zu diesem Moment hatte er nur ein Beobachter sein wollen, die politischen Ziele der Linken waren ihm fremd gewesen. Doch in diesen Minuten wurde der Kampf gegen den Imperialismus, gegen die Unterdrücker zu seinem Kampf. Nicht weil er sich bewusst dafür entschieden hätte. Die Wahl hatten andere für ihn getroffen, und mit jedem Hieb, den er abbekam, verfestigte sie sich. Von jetzt an würde er kämpfen, notfalls auch mit Mitteln der Gewalt. Warum sollte man davor zurückschrecken, wenn es die Gegenseite auch nicht tat?

Wahrscheinlich hatte er schon an diesem Tag alles hinter sich gelassen, was ihm zuvor wichtig gewesen war. Sein Dorf, seine Jugendliebe und den Wunsch, Tierarzt zu werden. Als er mit einer blutenden Platzwunde an der Schläfe nach Hause kam, stand sein Entschluss bereits fest: So schnell wie möglich die Behaglichkeit Friedrichskoogs verlassen und mit allen gesellschaftlichen Normen abschließen.

Er war fertig mit ihnen.

Aber die Normen nicht mit ihm.

Jetzt saß der Uhrmacher in einem kleinen Café am Schmallenberger Schützenplatz und aß ein Stück Apfelkuchen. Draußen stoppte gerade ein Auto. Das Beifahrerfenster glitt herunter und ein Mädchen kam angelaufen. Sie beugte sich ins Fahrzeuginnere, und der Uhrmacher blickte auf ihren Hintern, den sie ihm quasi entgegenstreckte. Auf die festen Beine, die unter dem Rock herausschauten, und auf ihr blondes Haar, das im Wind wehte. Sie war noch jung, sechzehn oder siebzehn vielleicht. Fast glaubte er, sie lachen zu hören.

Natürlich lachte sie. Warum auch nicht? Ihr war noch nie etwas Schreckliches widerfahren und wahrscheinlich kannte sie den jungen Kerl, der am Steuer saß.

Vertraute ihm.

Er aß das letzte Stück Kuchen und schloss die Augen, während er an ein anderes Mädchen dachte, das vor langer Zeit einem Mann vertraut hatte. Dann öffnete er die Augen wieder und sah die Bedienung vor sich stehen, die ihn freundlich fragte, ob er noch etwas haben wollte. Er verneinte und verlangte nach der Rechnung. Die Kellnerin entfernte sich, und er dachte über den Ort nach, in dem er sich befand.

Er wusste, dass Schmallenberg rund 25000 Einwohner hatte. Eine Kleinstadt im Sauerland, die zum Regierungsbezirk Arnsberg gehörte. Sie lag rund dreißig Kilometer südlich der Kreisstadt Meschede, am Rande des Rothaargebirges. Wenn man nach Siegen wollte, musste man rund fünfzig Kilometer weit fahren, nach Dortmund über hundert. Der gesamte Ort lebte von seiner Textilindustrie, dem Handwerk und der Holzwirtschaft. In den letzten Jahren war auch der Dienstleistungssektor immer größer geworden, hervorgerufen durch die Touristen, die in den kalten Monaten des Wintersports wegen kamen und sich an warmen Sommertagen an der herrlichen Landschaft erfreuten. Auch die historische Innenstadt mit ihren Brunnen, Skulpturen und Gassen war ein beliebter Anziehungspunkt für Ausflügler.

Der Teil des Ortes, in dem auch das Café lag, in dem

er saß, wurde die Kernstadt genannt. Rund 7000 Menschen lebten hier, und wahrscheinlich kannte sich ein Großteil davon beim Namen. Es gab noch so etwas wie einen Gemeinschaftssinn, ein Interesse am Schicksal des anderen. Auch wenn die Einwohner nicht ständig aufeinander hockten, waren sie sich des anderen zumindest bewusst, anders als in den anonymen Wohnblocks der Großstädte. Fühlten sich in ihrem Heimatort sicher und geborgen.

Natürlich gab es auch hier Betrunkene, die nach einem Kneipenbesuch durch die Straßen torkelten, und auf den Schützenfesten konnten auch mal Fäuste fliegen, wenn sich zwei Typen um ein Mädchen stritten. Ab und zu wurde sogar ein Fahrzeug aufgebrochen oder ein Haus von Einbrechern heimgesucht, aber das waren schon Ausnahmen, die ob ihrer Seltenheit dann tagelang Stadtgespräch waren. Nichts, was den Alltag bestimmte, der von der Geborgenheit einer Gemeinschaft bestimmt war, in der fast jeder jeden kannte. Wo samstags der Rasen gemäht und anschließend das Auto gewaschen wurde.

So kannte er Schmallenberg – und so schien es noch immer zu sein. Kaum etwas hatte sich in dem Ort verändert, obwohl er so lange weg gewesen war.

Draußen war das Mädchen mittlerweile in den Wagen gestiegen, und er konnte erkennen, dass sie tatsächlich lachte. Sie warf den Kopf zurück, dann schnallte sie sich an, bevor der Mann am Steuer endlich losfahren konnte.

Ein braves Mädchen. Wahrscheinlich waren ihre Eltern mächtig stolz auf sie.

Kurz darauf stand die Bedienung erneut an seinem Tisch und brachte die Rechnung, wobei sie ihn freundlich anlächelte. Nicht anbiedernd, einfach nur nett, wie die meisten Menschen hier.

Er beglich den Betrag und legte ein ordentliches, aber nicht auffällig hohes Trinkgeld obendrauf. Dann stand er auf und verabschiedete sich mit einem Winken. Trat hinaus auf den sauber gefegten Bürgersteig, wo ihm die langsam untergehende Herbstsonne ins Gesicht schien. Atmete die klare Luft ein, die von den umliegenden Wäldern mit einer Frische erfüllt wurde, die man wahrscheinlich nur dann bewusst wahrnahm, wenn man den Großteil seines Lebens in einer Großstadt verbracht hatte.

Schmallenberg war ein Ort, an dem er damals gerne für immer geblieben wäre. Wo jeder vom anderen wusste, wo er aufgewachsen war und was er aus seinem Leben gemacht hatte. Wo die Einwohner gemeinsam vergessen konnten, was hier vor Jahren geschehen war. Sie alle hatten das gemacht. Hatten weitergedrängt und waren zur Normalität zurückgekehrt, als wenn auf dem Wilzenberg nie etwas Schreckliches geschehen wäre.

Jeder hatte das getan.

Nur er nicht.

*

Drei Tage später war Jan noch immer nicht weitergekommen. Mütze und er hatten sämtliche Fakten und Hintergrundinformationen gesammelt, die man telefonisch oder am Rechner bekommen konnte, jetzt mussten sie raus, vor die Tür treten. Und es gab nur einen Punkt, an dem man beginnen konnte, wenn man sich einer solchen Geschichte nähern wollte.

Ganz am Anfang.

Sonjas Geschichte hatte in Schmallenberg begonnen,

und keine vier Kilometer entfernt hatte sie auch geendet. Zwischen dem Anfang und dem Ende hatten nur neunzehn Jahre gelegen, und in diesen Jahren musste auch der Grund für ihre Ermordung zu finden sein. Nicht in jener Zeit, in der sie ein Baby oder Kleinkind gewesen war. Wahrscheinlich auch nicht in den Jahren, in denen sie noch zur Schule gegangen war. Irgendwann danach, vermutlich in den letzten zwölf Monaten ihres Lebens, musste der Auslöser für die Tat stecken, und wenn sie ihn finden wollten, mussten sie genau dort beginnen.

Für das kommende Wochenende hatte Mütze zwei Einzelzimmer in einem Schmallenberger Hotel reserviert. Sie hatten abgesprochen, freitagnachmittags in Köln loszufahren und bis Sonntag im Sauerland zu bleiben. Die Tage vor Ort wollten sie dann nutzen, um mit jedem zu sprechen, der Sonja näher gekannt hatte – angefangen mit ihrer Mutter. Bei der Gelegenheit konnten sie sich auch gleich den Wilzenberg ansehen, um ihn in dem Bericht mit der passenden Atmosphäre darstellen zu können.

Jan nahm sich noch mal den letzten Artikel vor, den er im Internet über Sonjas Ermordung gefunden hatte. Er hatte in einer Lokalzeitung gestanden, war verblüffend gut geschrieben und mit aussagekräftigen Bildern versehen. Sauberer Journalismus, weder reißerisch aufgemacht noch der Schülerzeitungsstil, wie man ihn häufig im Lokaljournalismus fand. Die Überschrift lautete *Rotkäppchens einsames Ende*, und der Journalist hatte sie wahrscheinlich aufgrund der Farbe des Kleides gewählt, das Sonja zum Zeitpunkt ihrer Ermordung trug.

Irgendetwas an dem Geschriebenen ließ Jans Sinne anspringen. Er konnte es nicht benennen, spürte aber, dass der Lokaljournalist mit seiner These über eine tragisch endende Liebesbeziehung der Wahrheit recht nahe kam. Vielleicht, weil sie sich so gut mit seiner eigenen deckte. Auch Jan war davon überzeugt, dass persönliche Motive der Auslöser für den Mord gewesen waren.

Er war gerade mit dem Artikel durch, als die Tür aufging und Mütze hereinkam. Sie trug eine schwarze Lederjacke und dunkelgraue Jeans, unter der schwarze Chucks hervorschauten. Wie immer sah sie hinreißend aus, selbst als sie den Mund aufriss und gähnte. Dann setzte sie sich mit der einen Hälfte ihres Hinterns auf seine Schreibtischkante und wollte wissen, ob er in den letzten Tagen noch einmal etwas von Sarah gehört hatte.

Allein schon die Frage bereitete ihm Bauchschmerzen. Äußerlich ungerührt zuckte er die Schultern und sagte: »Ich habe von ihrer Anwältin einen Brief bekommen, in dem ziemlich genau das steht, was Sarah bereits am Telefon gesagt hat. Ergänzt um ein paar Drohungen das Sorgerecht betreffend, falls ich mich *uneinsichtig* zeigen sollte.«

»Oh Mann«, sagte sie und schüttelte den Kopf. »Was für ein verfickter Rosenkrieg! Wenn ich solche Geschichten höre, bin ich immer froh, nicht verheiratet zu sein.«

Das solltest du aber, dachte er. Oder zumindest gebunden. Wenigstens verliebt.

Ihr Job, die Wohnung, dazu eine Katze, die ihr in schöner Regelmäßigkeit aufs Parkett kotzte – das konnte nicht genug sein, nicht für jemanden wie sie. Aber immer, wenn er darauf zu sprechen kam, bekam er die Standardantwort der meisten weiblichen Singles zu hören – zu hohe Ansprüche und überhaupt, einen geeigneten Partner zu finden, wäre verdammt schwierig. Was nüchtern betrachtet meist Bullshit war. Zumindest, wenn man in Betracht zog, dass diese Singles dann später häufig mit einem Partner ankamen, bei dem man sich kopfschüttelnd fragte, welche Ansprüche das wohl gewesen sein sollten, denen ausgerechnet *der* genügte.

Aber er schwieg. Auch weil er wusste, dass er momentan nicht gerade für die Rolle desjenigen prädestiniert war, der anderen Menschen kluge Beziehungsratschläge geben sollte.

»Ich habe uns für das Wochenende schon zwei Termine gemacht«, unterbrach Mütze seine Grübeleien. »Zum einen mit Sebastian Waldheim, dem ehemaligen Klassenlehrer von Sonja, und zum anderen mit Maria Risse, Sonjas Mutter. Sie klang allerdings nicht gerade begeistert, als sie hörte, dass wir einen Bericht über den Tod ihrer Tochter schreiben wollen. Kann sein, dass mein Anruf verdrängte Erinnerungen geweckt hat.«

»Für wann hast du die Besuche festgemacht?«

»Sebastian Waldheim wäre es am liebsten, wenn wir direkt am Freitag kommen würden. Wir haben jetzt 20 Uhr ausgemacht, damit wir zuvor noch im Hotel einchecken und etwas essen gehen können.«

»Und das Treffen mit der Mutter?«

»Samstags, am besten gegen Mittag. Sie hat aber bereits betont, dass sie nicht wisse, worüber sie mit uns reden solle.«

Das klang nicht gut in seinen Ohren. Wenn die reine Interviewanfrage schon solche Reaktionen hervorrief, kam bei dem anschließenden Besuch selten etwas Vernünftiges heraus.

»In Ordnung«, sagte er dennoch. »Dann haben wir den Sonntag frei, falls sich vor Ort noch andere Möglichkeiten ergeben. Und wir haben genug Zeit, um auf den Wilzenberg zu gehen und uns dort in Ruhe umzusehen.«

Sie beugte sich ihm entgegen. »Hast du dir den Berg mal bei Google Earth angesehen? Wenn nicht, solltest du das unbedingt nachholen! Ich sag's dir ... das ganze Gelände sieht verdammt unheimlich aus.«

»Hm«, machte er abwesend.

Sie stemmte die Fäuste in die Hüften. »Hörst du mir überhaupt zu?«

»Ich muss immer wieder an die Spieluhr denken«, erwiderte er. »Wenn wir davon ausgehen, dass Sonja sie nicht selbst mitgebracht hat, kann sie nur vom Täter stammen. Das Ganze wirkt so ... ich weiß auch nicht, *arrangiert*. Ich glaube, dass diese Uhr – oder die Melodie, die sie spielt – für den Mörder eine enorme Bedeutung haben muss.«

»Vielleicht will er aber auch nur, dass wir das glauben. Vielleicht hat er sie damals ganz bewusst platziert, damit die Polizei sich darüber den Kopf zerbrechen kann, genauso wie wir jetzt. Hast du daran mal gedacht?«

Hatte er.

Aber er glaubte es nicht.

Manchmal kannte man die Wahrheit einfach, ohne sie beweisen zu können. Vielleicht aufgrund von Erfahrungswerten, vielleicht aufgrund eines Bauchgefühls. Die Spieluhr stammte vom Täter, und sie war ihm wichtig, da war er sich sicher. Er wusste nur noch nicht, was der Mörder damit mitteilen wollte.

Nachdem Mütze sein Büro wieder verlassen hatte, nahm Jan sich die von der Polizei freigegebenen Tatortfotos vor, die er vor sich auf dem Schreibtisch ausbreitete. Er betrachtete Bild für Bild und versuchte, die Geschichte dahinter zu erkennen. Es gab immer eine solche Erzählung – mal offensichtlich, mal verborgen in den Details. Manchmal stand den Toten der Mund offen, als hätte es ihnen die Sprache verschlagen. Manchmal machten sie einen ungläubigen Eindruck, als wenn sie erst im letzten Moment ihres Daseins festgestellt hätten, dass die Welt nur ein einziger großer Schwindel ist. Vielleicht war ihr Blick im Moment des Todes auf einen Sonnenstrahl gerichtet, der durch das Laubdach der Bäume fiel, oder auf den Menschen, der ihnen ihr Leben nahm. Ab und zu sah es so aus, als würde den Toten eine Träne in den Augenwinkeln haften, oder sie hatten die Arme ausgebreitet, als wollten sie ihr Schicksal einer höheren Macht anvertrauen.

Jan hätte nur zu gern geglaubt, dass diejenigen, die eines gewaltsamen Todes starben, von einem liebevollen Gott getröstet wurden, der sich fortan auf eine besondere Weise um sie kümmerte. Er wollte darauf hoffen, dass Sonja Risses Tod nicht umsonst gewesen war; dass irgendjemand sie jetzt für das Leid, das sie zu Lebzeiten erlitten hatte, entschädigte.

Leider gab es nichts, das darauf hindeutete.

Auf den achtzehn mal fünfundzwanzig Zentimeter großen Bildern sah er ihren durch das dünne Kleid nur notdürftig bedeckten Körper, die Haut weiß wie Porzellan. Laub hatte sich wie ein Leichentuch über ihr ausgebreitet, die Lippen waren rot, die Augen ins Nirgendwo gerichtet. Sie wirkte unglaublich verletzlich, selbst im Tod. Ein Teenager auf dem Weg zur Frau, die sie niemals geworden war.

Länger als alles andere betrachtete er ihre Augen. Sie wirkten nicht erloschen, aber auch nicht zornig. Statt-

dessen spiegelten sie eine tiefgehende Verständnislosig-
keit wider.

Jan wusste, dass der Blick dieser Augen ihn nicht loslassen würde. Er würde ihn verfolgen, bis er das Geheimnis dahinter gelüftet hatte.

*

Als Mütze ihre Wohnungstür aufschloss, war sämtliche
Energie aus ihr herausgeflossen. Sie fühlte sich müde
und leer, fast wie ausgebrannt. Sie wusste, dass sie dazu
neigte, sich in solche Fälle zu verbeißen und sie persönlich zu nehmen, und auch jetzt spürte sie, dass sie an
einen Punkt gelangt war, an dem Sonjas Geschichte begann, zu ihrer eigenen zu werden. Zu etwas, das sie nicht
mehr loslassen würde, bis sie alle Möglichkeiten ausge-
schöpft hatte, die sich ihr boten. Ihr Verlangen, die Wahrheit herauszufinden, glich dem Drang eines Ertrinken-
den, an die Wasseroberfläche zu gelangen.

In Momenten wie diesen bewunderte sie Jan für seinen Pragmatismus, obwohl er sie damit regelmäßig zur
Weißglut trieb. Für ihn waren Aussagen wie »wir werden sehen« oder »das wird sich schon zeigen«, vollkommen befriedigende Antworten auf offene Fragen. Sie war
da anders. Sie hasste es, wenn Dinge in der Schwebe waren, konnte es manchmal fast buchstäblich nicht ertragen. Für sie musste alles einer klaren Ordnung folgen.
Wenn das nicht der Fall war, erwachte sofort die Angst,
die Kontrolle zu verlieren. Sie brauchte die Kontrolle,
und wenn das nicht möglich war, zumindest die Illusion
davon. Wahrscheinlich hätte jeder Psychiater einen Hei-
denspaß mit ihr gehabt.

In dem Moment kam Cleo rutschend um die Ecke gestürmt, miaute mit vor Aufregung zitterndem Schwanz und versuchte so, von dem Gewölle abzulenken, welches sie mitten im Wohnzimmer erbrochen hatte. Seufzend verdrehte Mütze die Augen, zog ihre Chucks aus und hängte die Lederjacke an den Haken. Dann putzte sie Cleos Hinterlassenschaften weg und ging anschließend in die Küche, um sich einen starken Feierabend-Kaffee zu machen.

Mit der heißen Tasse in der Hand ließ sie sich anschließend aufs Sofa sinken und spürte, wie der Stress des Tages langsam von ihr abfiel. Sie hatte eine alte CD von Rio Reiser in den Player gelegt, dessen wehmütige Stimme nun durch die Wohnung flutete, als er davon sang, dass alles »für immer und dich« sei. Mütze hatte nie zuvor und nie danach einen Sänger gehört, in dessen Stimme so viel Traurigkeit lag. Ohne jedes Selbstmitleid sang er davon, was er alles für den Menschen tun würde, den er liebte und der ihn verlassen hatte. Er sang und schrie und brannte, und er wollte regnen und schneien, den Himmel himmelblau streichen und den Regenbogen biegen.

Aber auch der *König von Deutschland* konnte nicht verhindern, dass ihre Gedanken wieder zu Sonja Risse zurückkehrten. Zu dem Mord an ihr, verübt auf einem abgeschiedenen Berg, in einer vollmondbeschienenen Nacht. Alles daran erschien ihr so symbolhaft, so bedeutungsschwanger. Das rote Kleid, die zarte Melodie der Spieluhr. Und plötzlich wusste sie auch, warum.

Es war so ... zärtlich gewesen.

Sicherlich, ein Mord war immer ein grausamer Akt. Aber dennoch, der Täter hatte alles getan, um es ... *liebevoll* zu gestalten.

Nur ein einziger Stich. Mitten ins Herz. Kein langes Leiden.

Dann das Drapieren der Leiche, als würde sie schlafen. Die daneben aufgestellte Spieluhr. Mütze konnte regelrecht hören, wie sie nach der Tat ein Gute-Nacht-Lied für das Mädchen gespielt hatte. Sie fragte sich, ob der Mord vielleicht das tödliche Ergebnis des Tanzes zweier Liebender war. Dazu würde auch das rote Kleid passen, das Sonja getragen hatte. Solche Sachen zog man an, wenn man ein Date hatte. Aber warum musste dieses Date dann ausgerechnet mitten in der Nacht und auf einem abgelegenen Berg stattfinden?

Sie trank einen weiteren Schluck Kaffee und kraulte gedankenverloren die Katze, die zu ihr aufs Sofa gesprungen war. Ihr sanftes Schnurren beruhigte sie und gab ihr ein Gefühl von Geborgenheit, während sie sich weiter mit dem Mord auseinandersetzte. Sie war schon fast von ihrer Theorie der Liebenden überzeugt, als ihr ein Interview einfiel, das sie vor einiger Zeit in einem Nachrichtenmagazin gelesen hatte. Darin war es um einen NATO-Soldaten gegangen, der im Kosovo gedient hatte und dessen Aufgabe es gewesen war, im Häuserkampf gegnerische Scharfschützen möglichst lautlos zu eliminieren. Sie konnte sich nicht mehr an den kompletten Inhalt des Interviews erinnern, wusste aber noch, dass der Soldat davon erzählt hatte, wie schwierig es war, jemanden mit einem gezielten Stich ins Herz zu töten. Man musste ganz genau wissen, wo man ansetzte, und dann diesen Punkt auch exakt treffen. Dabei gab es einfach zu viele Unwägbarkeiten: Das Messer konnte von den Rippen abprallen, das Opfer sich im letzten Moment bewegen. Die Gefahr, dass ein solcher Stich nicht tödlich ausfiel, war so groß, dass die Methode als Vorgehensweise für Nahkämpfer nicht infrage kam.

Und dennoch hatte der Täter sie verwendet.

Hatte voll auf sein Können vertraut.

Das sprach für einen Profi. Was wiederum bedeutete, dass er nicht zum ersten Mal getötet hatte. Was die ganze hübsche Theorie, die sie sich gerade zurechtgelegt hatte, einstürzen ließ.

Sie richtete sich auf und stellte die Kaffeetasse so fest auf den Tisch, dass die Glasplatte klirrte. Schubste Cleo weg, die mit einem protestierenden Miauen vom Sofa sprang. Spürte, wie ihre innere Unruhe zunahm.

Was Mütze jetzt brauchte, waren Fakten. Viel mehr Fakten, als sie bislang hatte. Sie wusste, dass nur Fakten ihre wilden Theorien einfangen und wieder in geordnete Bahnen lenken konnten. Nur mit ihrer Hilfe konnte sie Theorien ausschließen oder untermauern. Alles andere gab ihr das Gefühl, Stück für Stück durchzudrehen.

*

Der nächste Freitag gehörte zu den schönsten Tagen des Herbstes. Die Blätter der Bäume strahlten rot und golden im Sonnenlicht, die Luft war frisch und klar. Alles wirkte wie geschaffen für einen Ausflug.

Jan und Mütze brauchten nicht lange, um herauszufinden, dass sie nicht die Einzigen waren, die an diesem Freitagnachmittag mit dem Auto unterwegs waren. Sie waren erst kurz vor Bergisch Gladbach, als sie schon im Stau standen, und auch der weitere Weg an Gummersbach und Olpe vorbei gestaltete sich zähflüssig. Besser wurde es erst, als sie die A4 bei der Ausfahrt Krombach wieder verließen und anschließend einer Landstraße folgten, die über sanfte Hügel und durch weite Täler hinweg ständig bergauf oder bergab führte.

Unterwegs sah Jan Rotwild, das zwischen den Bäumen graste, und Greifvögel, die am Himmel ihre Kreise zogen. Die mächtigen Eichen, das träge wogende Laubdach über ihnen, die Wiesen, die so satt aussahen, als hätte sie jemand grün angestrichen – all das vermittelte den Eindruck einer einsamen und wilden Vegetation, die nahezu unberührt war vom Motorenlärm oder dem Abgasgestank der Großstädte.

Sie fuhren durch weit geschwungene Kurven und passierten kleine Ortschaften, die wie Mustersiedlungen für ein deutsches Disneyland aussahen. Sauber und aufgeräumt, wie frisch herausgeputzt. Ein Eindruck, der durch die vor einem blauen Herbsthimmel stehende Sonne noch verstärkt wurde, deren Strahlen die Blätter der Bäume zum Glühen brachte.

Jan musste lächeln – im Grunde wirkte das gesamte Sauerland, als wäre es nie im einundzwanzigsten Jahrhundert angekommen.

»Ist die Gegend nicht atemberaubend?«, fragte er.

»Ja«, entgegnete Mütze ohne große Begeisterung. »Vor allem gibt es so viel davon.«

Er verdrehte die Augen und schaltete das Radio ein. Er wusste, dass Mütze durch und durch ein Stadtmensch war und beabsichtigte, das auch ihr Leben lang zu bleiben. Sie konnte nicht verstehen, wie man die Errungenschaften der Zivilisation gegen ein Leben auf dem Land eintauschen konnte. Ihr fehlte hier schlicht und einfach die Auswahl an Kinos und Theatern, an Nationalitäten und Meinungen – vom Nachtleben ganz zu schweigen.

Außerdem schätzte sie die Anonymität, die einem das Leben in einer Millionenstadt bot. Kein Nachbar fragte, warum man den Bürgersteig nicht gefegt hatte, niemanden interessierte es, wo man abends hinging, wann man zurückkehrte und mit wem man die Zeit dazwischen verbracht hatte. Das Land mochte Weite bieten, hatte sie einmal gesagt, aber das Leben dort war von Enge bestimmt.

Jan selbst war sich da nicht so sicher. Als Reporter für die Bereiche Reisen und Sport hatte er zwar viel von der Welt gesehen, aber wenig von Deutschland. Er wusste nicht viel über regionale Bräuche oder wie verschiedene Orte aussahen und rochen. Früher hatte er immer gewitzelt, dass er abgelegene Inseln im Indischen Ozean oder Fußballstadien in Brasilien besser kannte als die norddeutsche Tiefebene, doch das änderte sich gerade. In den letzten Jahren hatten ihn seine Recherchen für die *Ungeklärten Kriminalfälle* oft ins Bergische Land oder in die Eifel geführt, und jedes Mal war ihm das Herz aufgegangen. Er saugte die Natur regelrecht in sich auf. Für ihn bedeutete das Landleben vor allem Zusammenhalt – gerade jetzt, wo seine eigene Familie auseinanderbrach. Hier gab es noch intakte Gemeinschaften, alles kam ihm weniger kalt und anonym vor. Behaglicher. Er schätzte die Kombination aus Natur und Vertrautheit so sehr, dass er sich sogar vorstellen konnte, irgendwann einmal in einer solchen Gegend zu leben. Ein Gedanke, der laut Mütze zu blöd war, um ihn auch nur mit einem Kommentar zu würdigen.

Den Rest der Fahrt verbrachten sie meist schweigend, und als sie gegen sechs Uhr ihr Hotel erreichten, war das Wetter komplett umgeschlagen. Der Himmel hatte sich zugezogen und am Horizont zogen Gewitterwolken auf, die nur darauf warteten, sich endlich zu entladen.

»Lass uns am besten direkt zu Waldheim fahren«, schlug er vor, nachdem sie eingecheckt hatten. »Sofern du nicht den Riesenhunger hast, können wir das Essen ja auf später verschieben.«

Sie sah ihn zweifelnd an. »Einverstanden – sofern wir in dem Kaff dann überhaupt noch was bekommen.«

Das Haus, in dem Sonjas ehemaliger Lehrer lebte, lag am Rande des kleinen Ortes Grafschaft, keine fünfzig Meter vom Waldrand entfernt. Die zweigeschossige Fassade war beigefarben gestrichen, darüber thronte ein imposantes Satteldach aus Schiefer. Umgeben war das Haus von einem großen Garten, in dessen Pfützen jetzt Regentropfen wie kleine Bomben platzten.

Jan und Mütze sprangen aus dem Auto, liefen auf die Haustür zu und klingelten. Kurz darauf öffnete ihnen eine etwa sechzigjährige Frau, die sich als Elke Wörlitz vorstellte und ungefragt mitteilte, dass sie nur die Haushaltshilfe sei, die zweimal pro Woche vorbeikam. Dann bat sie sie, ihre nasse Garderobe abzulegen, und führte sie in ein in dunklen Holzfarben gehaltenes Esszimmer, wo Sebastian Waldheim bereits auf sie wartete. Jan hatte mit Mütze zuvor vereinbart, dass er hier die Gesprächsführung übernehmen würde. Eine Taktik, die sich in der Vergangenheit stets bewährt hatte, weil der Gesprächspartner dann nicht das Gefühl bekam, von zwei Seiten in die Zange genommen zu werden.

Auf die Aufforderung Waldheims hin nahm Jan in einem Sessel aus braunem Büffelleder Platz und schlug die Beine übereinander, wobei er unauffällig sein Gegenüber betrachtete.

Das Gesicht Waldheims wirkte aristokratisch und war mit Falten durchsetzt, die wie mit dem Skalpell gezogen aussahen. Seine Augen waren dunkel, das Haar eisengrau und glatt nach hinten gekämmt, was seinem gewaltigen Schädel ein löwenartiges Aussehen verlieh.

Seine Gesichtszüge wirkten wie gemeißelt – eine Adlernase, ein voller Mund, ein Kinn mit Grübchen –, aber der Gesamteindruck des Gesichts war der einer unbeschriebenen Steintafel, die nur darauf wartete, dass jemand Gebote in sie einritzte.

»Danke, dass Sie uns empfangen haben«, sagte Jan dann. »Ich hoffe, unser Besuch bereitet Ihnen keine Umstände.«

»Ganz im Gegenteil«, erwiderte Waldheim. »In meinem Alter ist man für jede Abwechslung dankbar. Sagen Sie mir einfach, wie ich Ihnen helfen kann!«

Bevor Jan antworten konnte, deutete Waldheim unvermittelt auf Jans Ringfinger, an dem er immer noch seinen Ehering trug. »Ich sehe, Sie sind verheiratet?«

»Nur noch auf dem Papier, und auch das nicht mehr lange. Meine Frau hat mich verlassen und will jetzt mit unserem Sohn nach Bayern ziehen.«

Ein echter Gesprächskiller. Waldheim rutschte verlegen hin und her.

»Sie wissen ja, warum wir hier sind«, sagte Jan, bevor das Schweigen peinlich wurde. »Wir möchten in unserem Magazin über Sonjas Tod berichten und wollen dabei auch die dazugehörigen Umstände aufarbeiten. Uns geht es also nicht nur um den Stand der polizeilichen Ermittlungen, sondern auch um Dinge wie ihren persönlichen Hintergrund. Dabei soll Sonja vor allem als Mensch dargestellt werden, nicht nur als Opfer. Wir möchten schildern, wie sie gewesen ist und wie sie von anderen wahrgenommen wurde. Sie waren sieben Jahre lang ihr Klassenlehrer, bevor Sie sie zum Ende ihrer Schulzeit als Schulleiter betreut haben. Wenn Sie heute an Sonja denken – was für einen Menschen haben Sie dann vor Augen?«

Waldheim lehnte sich zurück und dachte über die Frage nach. Dann sagte er: »Auf den Punkt gebracht: Sonja war ein wundervolles Kind! Aufgeschlossen, intelligent und wissbegierig. Eine der wenigen Schülerinnen, an die man sich auch Jahre später noch mit Freude erinnert.«

»Sie hatte also keine Probleme in der Schule?«

Er schüttelte den Kopf. »Ich habe ihre Noten nicht mehr im Kopf, weiß aber, dass ihr Abitur zu den besten ihres Jahrgangs gehörte. Eine Leistung, die umso erstaunlicher ist, wenn man das Elternhaus kennt.«

»Was stimmt denn damit nicht?«

»Der Vater ist gestorben, als Sonja noch sehr jung gewesen ist, und ich glaube, sie hat lange unter dem Verlust gelitten. Und die Mutter … haben Sie sie schon kennengelernt?«

»Erst morgen.«

»Dann machen Sie sich bitte Ihr eigenes Bild von ihr. Ich möchte Sie da nicht beeinflussen.«

Jan tat so, als würde er sich Notizen machen, während er über den ersten Eindruck nachdachte, den Waldheim auf ihn machte. Einerseits war der ehemalige Lehrer freundlich und aufgeschlossen, andererseits aber auch diskret. Augenscheinlich kein Mensch, der zum Streuen von Gerüchten neigte. Er stellte fest, dass der Mann ihm sympathisch war.

»Sie mochten Sonja sehr, stimmt's?«

Als Waldheim antwortete, hatte seine Stimme an Volumen gewonnen und Jan bekam einen Eindruck von der Eindringlichkeit, über die er als Lehrer verfügt haben musste. »Wissen Sie, ich war fast vierzig Jahre lang an der Schule tätig. In dieser Zeit habe ich Tausende Schülerinnen und Schüler kennengelernt. Sie kommen, durchlaufen die einzelnen Stufen und gehen wieder. Die meisten vergisst man, von anderen bleiben einzelne Eindrücke zurück, aber ab und zu kommt es vor, dass ein Kind darunter ist, dessen Gesicht man auch Jahre später noch vor Augen hat. Es gibt nicht viele davon, in all den Jahren vielleicht ein gutes Dutzend. Sonja war eines davon. Sie war ... ich weiß auch nicht ... irgendwie *rein*. Nicht unschuldig, das meine ich nicht, eher so, als ob sie von innen heraus geleuchtet hätte. Schauen Sie, meine Frau ist schon vor Jahren gestorben und uns waren leider keine Kinder vergönnt – aber wenn ich eine Tochter gehabt hätte, hätte ich mir gewünscht, dass sie so wie Sonja geworden wäre.«

»Denken Sie, Sonja hat nach dem Tod des Vaters eine klassische Familie gefehlt?«

»Das weiß ich nicht. Kinder, die nur noch einen Elternteil haben, besitzen oftmals eine andere Vorstellung von Familienglück. Sie hegen andere Erwartungen, die nicht unbedingt mit dem Vorhandensein beider Elternteile verknüpft sein müssen. Das habe ich bei ähnlichen Fällen oft mitgekriegt. Aber um Ihre Frage zu beantworten: Meiner Meinung nach hatte Sonja sich mit dem Tod des Vaters abgefunden, die Mutter war das Problem. Sie war die harte Wirklichkeit, sonst nichts.«

»War Sonja manchmal einsam?«

»Bestimmt.«

»Hat sie sich zu Hause isoliert gefühlt?«

»Sicher auch das. Ihre Mutter ist kein Mensch, der einem Kind das Gefühl von Nestwärme vermitteln kann. Oder will ... Zumindest hatte ich damals nicht den Eindruck.«

»Wie war es um Freunde bestellt?«

Wieder dachte Waldheim einige Augenblicke nach, bevor er antwortete. »Sonja hatte ein paar gute Freundinnen. War sie beliebt? Ja, wahrscheinlich schon, obwohl sie nicht zu jener Sorte Mädchen gehörte, die immer im Mittelpunkt stehen müssen. Sie war eher zurückhaltend. Nicht schüchtern, aber fokussiert auf die Menschen, die ihr wichtig waren.«

»Wer war das? Können Sie sich noch an die Namen der Freundinnen erinnern?«

»Da fragen Sie mich was«, entgegnete er. »Aber lassen Sie mich nachdenken ... eine hieß Rebecca, Rebecca Kaiser. Sie ist mit Sonja in der gleichen Klasse gewesen. Bei der anderen bin ich mir nicht sicher: Ich glaube, Kathrin Hürdler oder so ähnlich. Ein Mädchen aus Sonjas Parallelklasse. Wenn es für Sie wichtig ist, kann ich im Schulsekretariat nachfragen; da gibt es sicher noch Aufzeichnungen.«

Jan notierte sich die Namen. »Sie wissen nicht zufällig, ob die beiden noch in Schmallenberg wohnen?«

Waldheim schüttelte den Kopf. »Es tut mir leid, aber da bin ich überfragt. Ab dem Moment, wo die Kinder die Schule verlassen, bekomme ich meist nicht mehr mit, was später aus ihnen geworden ist. Leider. Manchmal wünschte ich mir, es wäre anders.«

»Mir fällt da gerade etwas auf«, meldete sich Mütze

zu Wort. »Sie sagen, dass Sonja gute Abiturnoten hatte. Dennoch hat sie vor ihrem Tod laut unseren Informationen als Servicekraft gearbeitet – das ist doch sonderbar.«

»Stimmt«, sagte Waldheim und lächelte. »Ich denke, Sonja war sich nach dem Abitur nicht sicher, was sie studieren sollte. Ich könnte mir gut vorstellen, dass sie sich deshalb eine Auszeit genommen hat. Ist ein Jahr lang jobben gegangen, bevor sie sich entscheiden wollte, wie es weitergeht.«

»Wie sah es mit Jungs oder Männerbekanntschaften aus?«

»Mein Gott, sie war ein ganz normaler Teenager.« Er machte eine Geste, als sei damit alles gesagt. »Sicherlich hat sie diesbezügliche Erfahrungen gesammelt, obwohl ich anfangs immer den Eindruck hatte, dass sie an Jungs nicht sonderlich interessiert wäre. Sie hatte dann aber doch einen Freund, von dem sie sich jedoch, glaube ich, bereits getrennt hat, bevor sie die Schule verließ.«

»Erinnern Sie sich noch an seinen Namen?«

Waldheim kratzte sich am Kinn. »Tim Soundso«, sagte er dann. »Den Nachnamen weiß ich nicht mehr. Er starb ein halbes Jahr, bevor Sonja ermordet wurde. Hatte einen Motorradunfall, irgendwo zwischen hier und Bad Berleburg.«

»In den Akten der Polizei steht, dass sie danach noch mit einem anderen Jungen zusammen war. Stefan Wahlert. Kennen Sie ihn?«

»Der Name sagt mir nichts, aber das muss nichts heißen. Vielleicht stammte er aus einem anderen Ort oder war auf einer anderen Schule. Außerdem war das ja dann schon nach Sonjas Schulzeit. Wenn Sie mehr über diese Zeit wissen wollen, sollten Sie sich besser mit Rebecca

Kaiser unterhalten. Die beiden waren damals unzertrennlich.«

Jan legte eine kurze Pause ein, bevor er fragte: »Etwas ganz anderes: Sagt Ihnen das Lied *Hush, little baby* etwas?«

»Das ist doch ein Schlaflied, oder?«

»Genau. Im Zusammenhang mit Sonja klingelt da nichts bei Ihnen?«

Waldheims verständnisloser Blick war Antwort genug.

Damit war Jan auch schon durch, was seine Fragen anging. Ein schneller Blick zu Mütze zeigte ihm, dass auch sie keine weiteren mehr hatte. Er wollte sich gerade erheben, als ihm doch noch etwas einfiel: »Sie haben Sonja Risse ziemlich gut gekannt und Sie kennen auch die Gegend hier, sind hier zu Hause. Haben Sie jemals einen Verdacht gehegt, wer Sonja auf dem Gewissen haben könnte?«

»Ich war mir von Anfang an sicher, dass sie ihren Mörder gekannt hat und dort im Wald mit ihm verabredet war. Mir fällt einfach kein anderer Grund ein, der sie mitten in der Nacht zum Wilzenberg geführt haben könnte.« Er legte eine kurze Pause ein. »Wissen Sie, der Berg hat einen sonderbaren Ruf in der Gegend. Für die einen ist er fast eine Wallfahrtsstätte, für die anderen ein Ort, von dem man sich besser fernhält, gerade in der Dunkelheit. Ich bin sicher, dass Sonja da nie und nimmer grundlos hingegangen wäre. Nicht mitten in der Nacht. Sie war ein nettes und kluges Mädchen, aber keine Abenteurerin. Niemand, der sich mit einem Fremden an einem solchen Ort treffen würde. Der Mörder muss aus ihrem direkten Umfeld stammen. Vielleicht hat sie ihn sogar auf der Arbeit kennengelernt.«

»Wo hat Sonja denn gearbeitet?«

»In einem Haus am Fuße des Berges, oberhalb des Dorfes Winkhausen. Soweit ich weiß, war das ein Gästehaus, das irgendeinem großen Unternehmen gehört hat. Sonja hat dort wohl die Zimmer sauber gehalten, sich um die Gäste gekümmert und das Essen serviert. Zusammen mit Rebecca Kaiser übrigens – das hat Rebecca mir mal erzählt, als ich sie beim Einkaufen getroffen habe. Mittlerweile wurde das Haus jedoch abgerissen.«

»Wissen Sie noch, wann das war?«

Er tippte sich mit dem Zeigefinger gegen das Kinn. »Vielleicht ein, zwei Jahre nach dem Mord? Ich kann es Ihnen leider nicht genauer sagen. Im Alter haben Jahreszahlen einfach nicht mehr die Bedeutung wie früher. Sie werden immer unwichtiger, je weniger Zukunft man hat. Wahrscheinlich sind Sie noch zu jung, um das verstehen zu können.«

Waldheim täuschte sich, er verstand genau. Vor allem aber verstand er, dass der Tod von Sonja ein Loch in Waldheims Herz gerissen hatte, das bis heute nicht verheilt war.

*

Nachdem sie sich von Sonjas ehemaligem Lehrer verabschiedet hatten, fanden sie im historischen Zentrum Schmallenbergs ein gemütliches Lokal, dessen Küche noch geöffnet war. Es lag auf einer Ecke, direkt an einer der größeren Ausfallstraßen. Ein schiefergeschütztes Gebäude mit Fenstern aus kleinen Butzenglasscheiben, neben denen grüne Klappläden angebracht waren. Jan und Mütze traten ein. Nur wenige Tische in dem in dunklem Holz gehaltenen Restaurantbereich waren besetzt.

Nachdem sie sich einen Platz in Fensternähe gesucht hatten, warfen sie einen Blick in die Speisekarte, die in einer verchromten Halterung auf dem Tisch stand.

Während Jan sie studierte, hörte er, wie aus unsichtbar angebrachten Lautsprechern eine alte Nummer von Nena drang, *Es regnet*, die er ewig nicht gehört hatte. Er fand die Musik aus der Zeit, in der er ein Teenager gewesen war, immer noch klasse, eigentlich war er ihr nie entwachsen. Ähnlich verhielt es sich auch mit seiner bevorzugten Fußballmannschaft und dem Essen.

Als die Kellnerin – eine stämmige Blondine Ende dreißig – an den Tisch trat und nach ihren Wünschen fragte, bestellte er den Sauerbraten mit Klößen und Rotkohl, während Mütze Tortellini mit Kräuterpesto orderte: das einzige Gericht auf der Karte, das kein Fleisch enthielt. Dabei fiel ihm auf, dass Mütze ihn anschaute.

»Was?«, fragte er.

»Machst du dir eigentlich nie Sorgen um dein Cholesterin? Von deinem Gewicht mal ganz abgesehen.«

»Sollte ich?« Er schaute an seinem Körper herunter.

»Wie viel wiegst du?«

»92 Kilo. Warum?«

»Und wie groß bist du?«

»Eins sechsundachtzig«, erwiderte er.

»Fällt dir da nichts auf?«

Jan zuckte die Schultern. »Meine Mutter hat immer gesagt, ich hätte schwere Knochen.«

Zum Glück kam kurz darauf das Essen und er machte sich über den Sauerbraten her, während Mütze ihr Nudelgericht weit weniger zu genießen schien. Sie aßen größtenteils schweigend und hörten der leisen Musik zu. Nena war durch irgendeinen Schlagersänger abgelöst worden, dem jetzt Tom Astor folgte: ein Countrysänger, der im Sauerland geboren war und immer noch hier lebte. Wenn es nach Jan gegangen wäre, hätte Nena gerne weitersingen dürfen.

»Und?«, fragte er, nachdem die Kellnerin die Teller abgeräumt hatte. »Was hältst du von Waldheim?«

»Ich glaube, es macht ihm immer noch zu schaffen. Der Tod von Sonja, meine ich. Hast du gemerkt, dass seine Augen feucht wurden, als er von ihr sprach?«

»War nicht zu übersehen.«

»Ich denke, er hat sie wirklich gemocht. Nicht falsch verstehen, auf eine väterliche Art und Weise, meine ich. Wahrscheinlich war sie seine Lieblingsschülerin, bei der er sich immer sicher gewesen war, dass sie ihren Weg im Leben erfolgreich beschreiten würde. Die Nachricht von ihrem Tod muss für ihn wie ein Schock gewesen sein.«

»So, wie Waldheim ihren Charakter beschrieben hat, war sie ja auch liebenswert. Höflich. Intelligent. Freundlich. Vielleicht schon zu perfekt.«

Während Jan redete, schaute er sich gleichzeitig in dem Gastraum um. Sein Blick blieb an einem älteren Pärchen haften, beide um die siebzig. Die Dame lächelte ihn freundlich an, während ihr Mann in einem regionalen Magazin namens *Woll* blätterte. Ihm fiel auf, dass die beiden noch kein Wort miteinander gesprochen hatten, seitdem sie hereingekommen waren.

Vielleicht hatten sie sich ja schon vor Jahren alles gesagt, was es zu sagen gab. Vielleicht rührte ihr Schweigen aber auch gar nicht daher, dass sie sich nichts mehr zu sagen hatten, sondern sie schwiegen, weil sie sich auch ohne Worte verstanden.

Weil sie im Leben nichts weiter brauchten als die Gesellschaft des anderen. In einer Welt, in der 19-jährige Mädchen scheinbar grundlos getötet wurden, glaubte er gern an so etwas.

»Was denkst du?«, wollte Mütze wissen.

»Wirre Gedanken. Nichts, was mit unserer Story zu tun hat.«

»Weißt du, Jan«, fuhr sie nachdenklich fort. »Manchmal frage ich mich, warum es im Leben immer die Falschen trifft. Bei allen Geschichten, die wir bislang für die *Ungeklärten Kriminalfälle* recherchiert haben, waren die Opfer stets … na ja … gute Menschen. Sie sind es auch, die am häufigsten Krebs bekommen oder viel zu jung bei einem Autounfall sterben. So, als wollte ein egoistischer Gott die Besten immer früh zu sich holen. Ich will jetzt nicht melancholisch klingen, aber manchmal frage ich mich schon, wo da der Sinn liegt.«

»Das sind große Fragen, Mütze. Und ich habe keine Antworten darauf. Alles, was wir in unserem Job tun können, ist, den Guten ein Gesicht zu geben. Zeigen, dass sie wertvolle Menschen und nicht bloß Opfer gewesen sind. Wenn du einen Sinn in dem suchst, was wir machen, versuch es damit.«

Sie lächelte. »Manchmal kommt mir das Ganze wie ein Zweikampf mit der Wahrheit vor. Oder mit dem Täter, je nachdem. Er will, dass die Vorgänge und seine Identität im Dunklen bleiben, wir wollen ihn und seine Motivation ans Licht zerren. Und jetzt genug davon. Lass uns lieber eine Flasche Wein bestellen und uns einen antrinken. Dann torkeln wir ins Hotel zurück und fallen todmüde ins Bett – wie klingt das?«

»Das klingt nach einem fantastischen Plan!«

Der Plan funktionierte so weit auch perfekt, mündete allerdings im Anschluss in einen der seltsamsten Träume, die er je gehabt hatte. Er saß in einem dieser amerikanischen Pick-ups mit V8-Maschine und bretterte über wellige Straßen und Holzbrücken hinweg, deren Balken unter den Reifen donnerten. Er fuhr geradewegs in die Wildnis, fort von den Fesseln der Vernunft, in eine Welt der fünfziger oder sechziger Jahre, der Petticoats und des Countrys, der Farmer und Schwarzbrenner, der Rebellen und Rednecks, die sich an kein Gesetz hielten, billigen Whiskey tranken und Reis mit Bohnen aßen. Der Countrysänger Tom Astor saß neben ihm auf dem Beifahrersitz und sang eine der letzten Johnny- Cash-Nummern, *Hurt*, wobei er ein eiskaltes Bier in der Hand hielt, von dem Kondenstropfen wie kleine Perlen zu Boden fielen.

Dann durchkreuzte er überflutetes Sumpfland, wo der Lauf der Sonne das einzige Zeitmaß war. Sah Männer in verdreckten Jeans, deren Enden in Cowboystiefeln steckten und die die Hand kurz zum Gruß erhoben, bevor sie sich wieder um das Land kümmerten, dessen Erde genauso braun gebrannt war wie ihre Gesichter. Ein Teil von ihm wusste selbst im Schlaf, dass das Ganze nur ein Traum war, aber die Sehnsucht nach einem solchen Ort ließ sein Herz schmerzen und schürte ein Verlangen in ihm, das mit dem Begriff Fernweh nur unzureichend beschrieben war. Irgendwann wachte er auf, halb noch dort und halb im Hier, und wusste, dass er gerade eine Ahnung davon bekommen hatte, wie das Leben sein konnte, wenn man die Fesseln der Vernunft durchschnitt, mit denen die eigene Haut an die Vorgaben der Normalität genäht war.

LENNESTADT/SAUERLAND
KURZ NACH 21 UHR

Als Anne Lehmann die Wohnungstür hinter sich schloss, schob sie als Erstes den schweren Metallriegel vor, mit dem die Tür auf der Innenseite gesichert war. Dann lehnte sie sich mit dem Rücken dagegen und atmete tief durch. Sie war unglaublich müde, ihre Augen brannten, aber sie konnte noch nicht ins Bett. Zuerst musste sie überprüfen, ob auch wirklich alle Fenster und die Balkontür fest verriegelt waren. Sie hatte sie zwar den ganzen Tag über geschlossen gehalten, wollte aber auf Nummer sicher gehen.

Nachdem sie damit fertig war, ging sie ins Wohnzimmer und schaltete das große Deckenlicht ein. Dabei fiel ihr auch die dünne Staubschicht auf, die sich auf der Kommode im Wohnzimmer abgesetzt hatte. Sie holte einen Lappen aus Mikrofaser aus der Küche und wischte sie gründlich ab, bevor sie sie liebevoll betrachtete. Die Kommode war Ende des 19. Jahrhunderts aus massivem Holz gefertigt worden und das Glanzstück ihrer Einrichtung. Sie liebte sie und konnte es einfach nicht mit ansehen, wenn Fingerabdrücke oder Staub ihren Glanz beeinträchtigten.

Dann ging Anne ins Badezimmer, wusch sich Hände und Gesicht und putzte die Zähne, alles in strenger Reihenfolge. In den Spiegel schaute sie dabei nicht, weil ihr dann wieder schmerzhaft bewusst geworden wäre, wie unverhältnismäßig stark sie gealtert war. Die dunklen Augenringe, die strähnigen blonden Haare, die knochige Figur. Nichts, was Männer gerne hatten, aber das war ihr egal. Mit dem Thema Beziehungen hatte sie sowieso abgeschlossen, trotz ihrer erst 42 Jahre.

Anschließend begab sie sich ins Schlafzimmer und schlüpfte unter die Decke. Sie zog die Knie an und schlang ihre Arme darum. Starrte zur Decke, todmüde, und wusste gleichzeitig, dass sie nicht so schnell würde einschlafen können.

Nicht, seitdem sie wieder so oft an Sonja und Rebecca denken musste. An diesen lange zurückliegenden Sommer, in dem sie 22 Jahre alt gewesen war und eine Schönheit, der die Männer zu Füßen lagen. Sie war damals in einem Alter gewesen, in dem man Freunde noch für Seelenverwandte hielt und davon überzeugt war, dass wahre Freundschaft die Zeiten überdauerte. Insbesondere zu Sonja hatte sie eine Verbundenheit gespürt, wie sie sie nie zuvor und nie danach einem anderen Menschen gegenüber empfunden hatte. Doch dann hatte sich alles geändert. Sonja war ermordet worden und Rebecca nach Berlin gezogen. Anfangs hatten sie und Rebecca noch häufiger miteinander telefoniert, aber auch das war von Jahr zu Jahr weniger geworden, bis die gegenseitigen Anrufe dann irgendwann ganz ausblieben und Anne begann, mehr in der Vergangenheit als in der Gegenwart zu leben.

Und ihre Vergangenheit war das Haus am Wilzenberg.

Damals hatte noch ein Leben vor ihr gelegen, das alle Möglichkeiten bereitzuhalten schien, aber dann war sie ein paar Mal falsch abgebogen, hatte sich an den Weichen des Lebens für die falschen Abzweigungen entschieden, bis sie an einem Ort angekommen war, von dem aus es kein Zurück mehr gab.

Aber vielleicht, wer wusste das schon, machte sie sich mit solchen Gedanken auch nur etwas vor. Vielleicht war im Herbst 1997 auch schon alles entschieden gewesen. Vielleicht hatte sich dort, in einer einzigen Nacht, ihr gesamtes Leben abgezeichnet. Ihr fortwährendes Versagen, ihre Schwäche und die Unfähigkeit, in einer schwierigen Situation die richtige Entscheidung zu treffen.

Sie hielt sich nicht für einen bösen Menschen, ganz und gar nicht, aber manchmal taten auch gute Menschen Dinge, die nicht richtig waren. Manchmal tat man sogar Menschen, die man liebte, schlimme Dinge an, um Menschen zu gefallen, die man hasste. Nicht alles ließ sich später richtigstellen oder gar wiedergutmachen.

Genau genommen gar nichts.

Anne streckte die Beine aus, zog die Bettdecke höher und schloss die Augen. Wenn er in dieser Nacht, nach all den Jahren, zu ihr kommen würde, um sie zu töten, würde sie sich nicht wehren.

Sie würde noch nicht einmal schreien.

*

Maria Risse lebte außerhalb der Schmallenberger Innenstadt in einem Ortsteil, der Gleidorf hieß. Anders als in der aufgehübschten Kernstadt zeigten hier bereits viele Häuser deutliche Spuren des Zerfalls. Jan und Mütze sahen ungepflegte Fassaden mit fehlenden Schieferplatten; abbröckelnder Putz und verdreckte Satellitenschüsseln bestimmten das Bild.

Das Haus, indem Sonjas Mutter wohnte, war ein typischer Fünfziger-Jahre-Bau. Nach dem Krieg billig hochgezogen, um Wohnraum zu schaffen, war es in den Jahrzehnten danach nie modernisiert worden. Schmutz und Regenwasser hatten auf der ehemals weißen Fassade deutliche Spuren hinterlassen. Man sah keine Blumenkästen vor den Fenstern, stattdessen Briefkästen, deren verbeulte Fächer aussahen, als seien sie nicht nur einmal aufgebrochen worden. Auf dem kleinen Stück Wiese, welches das Haus vom Bürgersteig trennte, lag ein Dreirad mit den Rädern nach oben. Das Bild erinnerte Jan an eine Szene aus einem Stephen-King-Film; er wusste nur nicht mehr, welcher.

Sie mussten mehrmals klingeln, bevor endlich der Türsummer ertönte. Die Frau, die sie dann in der zweiten Etage erwartete, war übergewichtig und mochte wie der Schulleiter um die siebzig sein, wirkte aber deutlich älter. Sie trug eine lilafarbene Hose und einen ehemals dunkelgrünen Pullover, dessen Farbe vom vielen Waschen ausgeblichen war. Ihr Rücken war leicht gebeugt, der Blick hart und misstrauisch.

»Sie sind die Zeitungsfritzen, was?«, sagte sie mit einer Stimme, die seltsam verwaschen klang. »Kommen Sie rein, aber ich sage Ihnen direkt, dass ich von solchen Geschichten nichts halte. Sonja ist tot, und es wäre mir am liebsten, wenn Sie sie in Frieden ruhen lassen würden.«

»Möchten Sie denn nicht, dass der Mörder Ihrer Tochter gefasst wird?«, fragte Mütze, während sie der

Frau ins Wohnzimmer folgte. »Dass er dafür bezahlen muss, was er ihr angetan hat?«

Die Alte schnaufte. »Das hat die Polizei lange genug versucht, Mädchen! Glauben Sie etwa, Sie schaffen etwas, was die nicht hinbekommen haben?«

Dann schlurfte sie weiter und deutete auf die abgewetzte Couch, die vor einer bunt gemusterten Tapete stand. Sie selbst nahm in einem Sessel Platz. Das Wohnzimmer war altmodisch und einfach eingerichtet: Auf dem Boden lagen kleine Brücken, die Polsterbezüge der Möbel waren mit Blumenmustern bestickt. Ein Ventilator hing unter der Decke, war aber ausgeschaltet, und auf einer wuchtigen Regalwand stand ein Strauß Blumen in einer kristallenen Vase. Ein leicht unangenehmer Geruch hing in dem Zimmer, den Jan immer mit den Wohnungen alter Menschen verband.

Maria Risses Brust hob und senkte sich, während sie ihre Besucher mit wachsamer Miene betrachtete. Jan rutschte unter ihren Blicken unruhig hin und her und freute sich jetzt schon darauf, die Wohnung wieder verlassen zu können. Diese Frau, diese Einrichtung, dieser Geruch – es hatte nur Sekunden gebraucht, um ihn eine fast schon körperlich zu spürende Abneigung entwickeln zu lassen.

Nur Mütze ließ sich von der angespannten Stimmung nicht beeindrucken. In aller Ruhe holte sie einen Stift aus ihrer Umhängetasche, breitete ein Notizheft auf den Knien aus, schaute die Rentnerin freundlich an und sagte: »Frau Risse … können Sie uns etwas darüber erzählen, was für ein Mensch Ihre Tochter gewesen ist? Wir haben gestern schon mit Sebastian Waldheim gesprochen, Sonjas altem Lehrer, und der hat sie in den höchsten Tönen gelobt. Aber sicher kannte er sie nicht annähernd so gut wie Sie.«

»Was soll meine Sonja schon für ein Mensch gewesen sein?« Sie zuckte die Schultern. »Sie war jung und hübsch, und jetzt ist sie tot. Was gibt es da noch zu sagen?«

Es gab gute und schlechte Interviewpartner, und dann gab es noch solche wie Maria Risse – die Höchststrafe.

»Sie war Ihre Tochter«, fuhr Mütze unbeeindruckt fort. »Wir versuchen nur, uns ein stimmiges Bild von ihr zu machen, wobei wir auf Ihre Hilfe angewiesen sind.« Dann beugte sie sich vor und räusperte sich. »Lassen Sie mich ganz offen sein, Frau Risse – Sie machen auf mich den Eindruck eines Menschen, dem man nichts vormachen kann. Sie haben mir ja schon am Telefon gesagt, dass Sie von Journalisten nichts halten, und das respektiere ich. Ich mag Menschen, die wachsam sind, nicht jedem direkt vertrauen und schnell auf den Punkt kommen. Aber«, jetzt lächelte sie, »genau damit erinnern Sie mich an meine eigene Mutter, und ich weiß noch genau, dass es in meiner Kindheit nichts gab, was ihrer Aufmerksamkeit entgangen wäre. Wissen Sie, ich konnte meiner Mutter einfach nie etwas vormachen, egal, wie oft ich es auch versucht habe, und ich glaube, dass es bei Sonja und Ihnen ganz genauso gewesen ist. Oder sollte ich mich da täuschen?«

Sie gab dem Affen Zucker, und es wirkte. Das Gesicht der Alten wurde um mehrere Nuancen milder. »Sonja war ein gutes Mädchen«, sagte sie, und zum ersten Mal bemerkte Jan die Alkoholfahne, die sie ausatmete. »Hat immer fleißig im Haushalt geholfen und mit zwölf, dreizehn schon Zeitungen ausgetragen, um mich finanziell zu unterstützen. Das musste sie auch, das Geld war ja knapp. Wissen Sie … dem Staat ist es doch völlig egal, wie eine alleinstehende Frau über die Runden kommt.«

Mütze warf ihr einen verständnisvollen Blick zu. »Wem sagen Sie das! Was meinen Sie, wie oft wir das hören, aber schert das die Politiker? Kein Stück, versichere ich Ihnen! Aber wir schweifen leider ab … Was mich jetzt besonders interessieren würde, ist, was Sonja in ihrer Freizeit gemacht hat. Hat sie irgendwelche Hobbys gehabt? Gab es irgendetwas, womit sie ihre Zeit besonders gerne verbrachte?«

Die Alte schüttelte den Kopf, wobei ihr Hals hin und her wabbelte wie der eines Truthahns. »Nein«, sagte sie. »Sonja hat immer nur für die Schule gelernt oder gearbeitet. Nicht, dass es dagegen etwas zu sagen gäbe, aber bei ihr grenzte das fast schon an Besessenheit. So, als wäre unser Leben nicht gut genug gewesen. Sie wollte etwas *aus sich machen*, verstehen Sie? Das war das Problem mit ihr. Seit sie ein Teenager gewesen ist, hat sie sich für etwas Besseres gehalten, und man sieht ja, wo das hingeführt hat.«

»Wie meinen Sie das?«

»Ich will Ihnen mal was erzählen«, sagte Maria Risse, die plötzlich gar nicht mehr schweigsam war. »Ich habe meinen Mann mit achtzehn Jahren geheiratet, vollkommen unberührt, wenn Sie verstehen, was ich meine. Und auch danach habe ich keinen anderen rangelassen, selbst nach Pauls Tod nicht. So etwas gehört sich nicht für eine Frau, die keinen schlechten Ruf bekommen will, richtig? Aber Sonja hat sich an keine Regeln gehalten, an gar keine. Ich habe weiß Gott getan, was ich konnte, aber diese *Veranlagung* habe ich ihr nie austreiben können.«

»Weil sie zum Zeitpunkt ihres Todes einen Freund hatte? Stefan Wahlert?«

Maria Risse stieß ein verächtliches Lachen aus. »Um den ging es doch gar nicht! Von mir aus hätte sie den Kerl auch heiraten können, da wäre ich glücklich gewesen.« Wieder legte sie eine Pause ein, die sie mit einer abwertenden Handbewegung beendete. »Wissen Sie, ich will mich an diese alten Geschichten auch gar nicht mehr erinnern, sonst rege ich mich nur unnötig auf. Ich habe sowieso Probleme mit dem Herzen.«

Jan sah, wie Mütze die Lippen zusammenkniff, und nur mit Mühe konnte er ein Kopfschütteln unterdrücken. Sonjas Mutter war ein echtes Herzchen, und er verstand jetzt auch, was Sebastian Waldheim mit »fehlender Nestwärme« gemeint hatte.

»Wie sah es denn mit Freundinnen aus?«, hakte Mütze nach. »In der Schule war Sonja ja ziemlich beliebt.«

»Ach, Freundinnen ... die Einzige, die mir einfällt, ist Rebecca Kaiser. Und Anne Lehmann – ein richtiges Früchtchen, kann ich Ihnen sagen! Unzertrennlich sind die drei damals gewesen. Wahrscheinlich, weil sie alle hoch hinaus wollten.«

»Wissen Sie, was aus den Mädchen geworden ist?«

»Bei Anne kann ich es nicht sagen, und es ist mir ehrlich gesagt auch egal. Rebecca ist irgendwann nach Berlin gezogen.« Sie kicherte. »Ich glaube allerdings nicht, dass sie dort gefunden hat, wonach sie suchte.«

»Ich verstehe«, sagte Mütze, obwohl Jan sicher war, dass sie nichts verstand. »Haben Sie nach Sonjas Tod denn noch weiterhin Kontakt zu Rebecca gehabt?«

Maria Risse schüttelte den Kopf. »Sie hat sich nicht

mehr gemeldet, obwohl sie früher oft bei uns gegessen hat. Glauben Sie vielleicht, die wäre nach der Beerdigung auch nur einmal vorbeigekommen, um mich zu fragen, ob sie mir helfen kann? Können Sie vergessen! Aber das wundert mich nicht. Schon mein Paul hat immer gesagt: *Undank ist der Welten Lohn.*«

Mütze machte sich Notizen. Dann hob sie den Kopf und sagte: »Sebastian Waldheim hat uns auch erzählt, dass Sonja und Rebecca in einem Haus nahe der Ortschaft Winkhausen gearbeitet haben, welches mittlerweile wohl abgerissen wurde. Leider wusste er nicht mehr darüber.«

»Hören Sie bloß auf!« Wieder dieser abwertende Tonfall. »Dadurch hat Sonja dieses Luder von Anne ja erst kennengelernt. Alle drei haben sie da gearbeitet. Sonja, Rebecca und Anne. Ich hatte natürlich keine Ahnung, was mein Mädchen dort zu tun hatte, mit mir hat ja niemand gesprochen. Sonja hat immer nur gesagt, dass sie sich um die Leute kümmern müsse, die dort untergebracht waren. An einigen Tagen hat sie tagsüber gearbeitet, an anderen bis mitten in die Nacht hinein. Na ja … wenigstens hat sie genug verdient, um hier Miete zahlen zu können.« Mittlerweile war ihr Kopf rot angelaufen. »Kurz vor ihrem Tod hat Sonja dann angefangen, komplett rumzuspinnen. Sie hat immer davon geredet, nach Italien zu gehen und dort zu studieren – dabei konnte sie noch nicht einmal italienisch! Und was aus mir werden sollte, war ihr anscheinend auch egal. Das war nicht mehr mein kleines Mädchen, sage ich Ihnen. Ich hatte manchmal das Gefühl, ich kenne sie nicht mehr.«

Jan und Mütze saßen jetzt fast Knie an Knie, brauchten einfach eine gewisse körperliche Nähe in diesem

Raum, in dem es immer kälter zu werden schien. Je länger Maria Risse redete, desto stärker verfestigte sich Jans Bild von Sonja. Ein Bild, das immer noch nicht scharf war, aber so langsam Ecken und Kanten bekam. Ein intelligentes und attraktives Mädchen, das der Enge des Elternhauses entfliehen wollte. Eine junge Frau, die andere Pläne gehabt hatte als jene der Mutter, der es am liebsten gewesen wäre, wenn Sonja ihren ersten Freund geheiratet und dann möglichst schnell Kinder bekommen hätte.

Unberührt, versteht sich.

Er konnte jetzt nicht länger den Mund halten: »Mir kommt es vor, als hätten Sie nicht die beste Meinung von Ihrer Tochter gehabt. Ich glaube, Sie haben sie für die Art verachtet, wie sie ihr Leben geführt hat. Und aus irgendeinem Grund, den ich noch nicht nachvollziehen kann, sind Sie wütend auf sie gewesen …«

»Das stimmt nicht!«, erwiderte Maria Risse aufgebracht. »Sonja war ein gutes Kind, das habe ich Ihnen doch gesagt. Hören Sie bloß auf, mir irgendwelche Dinge in den Mund zu legen!«

Sie stemmte sich aus dem Sessel hoch, trat an den Wohnzimmerschrank und holte eine Flasche Obstbrand und ein Schnapsglas heraus. Sie füllte das Glas, trank es aus und schüttete nach. »Sie wollen mir für Ihre Zeitungsgeschichte doch nur etwas anhängen«, sagte sie dann. »Es so hindrehen, als hätte ich bei Sonjas Erziehung etwas verkehrt gemacht, aber da irren Sie sich. Ich bin eine gute Mutter gewesen! Ich hatte nicht viel, aber ich habe alles für mein einziges Kind gegeben, da können Sie jeden im Ort fragen. Was immer Sonja auch getan hat, ich habe damit nichts zu tun gehabt.«

»Niemand hat Ihnen unterstellt, etwas Falsches getan zu haben«, versuchte Mütze, sie zu beruhigen. »Und auch Sonja nicht. Sonja war das Opfer, nicht der Täter. Und nach allem, was ich gehört habe, ist sie ein wunderbarer Mensch gewesen.«

Maria Risse trank auch das zweite Glas Schnaps in einem Zug aus, dann senkte sie den Kopf. »Ein wunderbarer Mensch, denken Sie? Soso!«

Dann ging sie wieder an den Schrank, um sich erneut nachzuschenken. Sie hatte ihnen immer noch den Rücken zugewandt, als sie sagte: »Ich möchte, dass Sie jetzt gehen. Auf Wiedersehen!«

Jan schaute Mütze ratlos an.

Er verstand nicht, warum Maria Risse sich so verhielt. Warum sie genauso wütend auf ihre tote Tochter war wie auf sich selbst. Warum sie immer noch ein schlechtes Gewissen hatte oder warum sie ihnen nicht in die Augen sehen konnte. Warum sie in dem muffigen Wohnzimmer herumschwebte wie ein Geist, der mit der Flasche in der Hand gestorben war.

Und, ehrlich gesagt, interessierte es ihn auch nicht.

Alles, was er wusste, war, dass Sebastian Waldheim und Maria Risse ihnen von zwei völlig unterschiedlichen Menschen erzählt hatten.

*

Nachdem sie das Haus verlassen hatten, musste Jan tief durchatmen. Mütze schien es ähnlich zu gehen. Sie schaute ihn mit hochgezogenen Augenbrauen an und sagte: »Home, sweet Home!«

Er grinste.

»Und jetzt?«, fragte sie.

»Sollen wir den restlichen Tag nutzen und uns den Wilzenberg ansehen? Nach dem Mief da drinnen können wir frische Luft sicherlich gut vertragen! Ich habe keine Ahnung, was die Frau für ein Problem hat, aber eines ist klar: Ich kann voll und ganz verstehen, warum Sonja alles darangesetzt hat, diesem Elternhaus zu entfliehen.«

»Stimmt.«

Er drehte sich zu ihr. »Was war das eigentlich gerade mit deiner Mutter? War sie wirklich so?«

»Nein.«

»Wie dann?«

»Jan ...«

»Du erzählst nie von deinen Eltern oder deiner Kindheit. Warum? Gibt es da ...«

»Irgendwann erzähle ich dir alles, was du wissen willst. Versprochen!«

»Aber irgendwann ist nicht heute, richtig?«

Sie nickte nur. Dann stiegen sie ins Auto, ließen Gleidorf hinter sich und folgten der Landstraße, bis der Wilzenberg vor ihnen auftauchte. Es war kein großer Berg, nichts Imposantes, aber er war schön. Seine dicht bewachsenen Hänge erhoben sich inselartig über sanft geschwungene Wiesen, und auf dem Gipfel konnte Jan ein Kreuz erkennen, das sich scharf vor dem blassblauen Himmel abzeichnete. Den Wegweisern folgend erreichten sie kurz darauf einen Waldparkplatz, der ungefähr auf halber Höhe des Berges lag. Jan schloss den Wagen ab und schaute sich um. Dabei stellte er fest, dass das gesamte Gebiet vollkommen anders aussah als auf den Fotos, die er gesehen hatte. Dunkel und bedrückend war der Berg ihm da vorgekommen. Ein unheilvoller Ort, massiv und bedrohlich. Jetzt aber, im hellen Sonnenlicht, wirkte hier alles einfach nur friedlich. Er hörte Vögel zwitschern und sah ein Rentnerehepaar, das mit seinem Hund gerade zum Parkplatz zurückkehrte und sie freundlich grüßte.

»Wanderstunde?«, fragte er, und Mütze nickte.

Sie folgten einem asphaltierten Weg, der leicht bergauf führte, bis sie nach wenigen Minuten ein Holzschild erreichten, das nach links ins Unterholz wies. *Bruderteich* stand darauf, und der unbefestigte Pfad dorthin war kaum noch als solcher erkennbar. Das auf dem Boden liegende Laub war noch feucht vom gestrigen Regen, und die Luft roch wunderbar erdig. Leicht modrig vielleicht, aber keineswegs unangenehm.

Jan wusste nicht mehr, wie lange sie schon unterwegs waren, als der Teich endlich vor ihnen auftauchte. Er war kleiner als erwartet und fast kreisrund. Vielleicht zehn Meter im Durchmesser. Sein Wasser schimmerte, als wenn es mit flüssigem Glas überzogen wäre. Die Oberfläche war teilweise von Herbstlaub bedeckt, und auf dem Grund konnte er mit Grünalgen bewachsene Steine erkennen. Sämtliche von Menschen erzeugten Geräusche fehlten, und Jan hatte das Gefühl, die Stille des Ortes mit Händen greifen zu können.

Neben dem Teich stand eine Parkbank, deren Holz stellenweise mit Moos bewachsen war. Er ging darauf zu und setzte sich. Dann schloss er die Augen und dachte an Sonja. Öffnete sie wieder und glaubte, ihre Leiche vor sich liegen zu sehen. Das rote Kleid, auf dem sich das Blut kaum abzeichnete. Die geöffneten Augen, die ungläubig in den Himmel starrten. Ihre Haut, weiß wie Porzellan.

Die Spieluhr hatte keinen Meter von der Toten entfernt gestanden, und unbewusst begann er, die Melodie zu summen. Dann hob er den Kopf zu den Baumwipfeln, die hoch über ihm aufragten, und stellte sich vor, wie dieser Platz nachts aussehen musste, wenn fahles Mondlicht durch die Wipfel schien. Dunkel und unheimlich, gewiss, aber ein anderer Eindruck war noch stärker: Der eines verwunschenen Ortes, an dem Geister und Feen lebten und Kobolde durch das Unterholz streiften. Es war eine Kulisse wie aus einem Märchenfilm, zauberhaft und düster zugleich.

Hush, little baby, don't say a word …

»Es ist herrlich«, sagte selbst Mütze, die ein paar Meter entfernt stand und mit landschaftlichen Reizen bekanntermaßen eher wenig anfangen konnte.

Er erwiderte nichts. Seine Gedanken waren mit etwas anderem beschäftigt. Selbst jetzt, bei Tageslicht, war es ihnen nicht leichtgefallen, den Teich zu finden. Nachts musste es unmöglich sein, wenn man den Weg nicht kannte. Vom Parkplatz aus hatten sie zwar nur zwanzig Minuten gebraucht, aber es waren Minuten gewesen, die ihm viel über den Mörder und sein Opfer verrieten.

Nachdem er den eigentlichen Tatort verinnerlicht hatte, schaute Jan sich die weitere Umgebung an. Unmittelbar hinter der Parkbank führte der Hang wieder steil bergauf, und durch die dichtstehenden Bäume hindurch konnte er das Gipfelkreuz erkennen. Es bestand aus einer Metallkonstruktion, die durch Stahlseile in Position gehalten wurde – eine Sicherheitsmaßnahme angesichts der Stürme, die in den kälteren Monaten regelmäßig die Gegend heimsuchten.

»In der Tatnacht müssen beide den Weg genommen haben, den wir auch gegangen sind«, sagte er. »Täter und

Opfer. Wahrscheinlich sind sie sogar zusammen gekommen.«

»Das glaube ich nicht«, widersprach Mütze. »Ich denke, Sonja war zuerst da. Sie hat am Teich auf ihren Mörder gewartet. Genau hier, wo wir jetzt stehen. Sie war da, weil sie mit ihm verabredet war, und sie haben diesen Treffpunkt gewählt, weil er einerseits markant und andererseits abgelegen ist. Kein Mensch, der sie zusammen sehen würde. Niemand, der ihre Gespräche belauschen könnte. Sie hat ihrem Mörder vertraut. Als er zustach, muss es völlig unerwartet gekommen sein.«

Er ging ein paar Schritte auf und ab. »Mit wem würdest du dich mitten in der Nacht hier treffen? Ganz allgemein gesprochen – mit welchem Personenkreis?«

Mütze überlegte kurz, dann sagte sie: »Mit meiner Familie vielleicht, wenn es einen Grund dafür geben würde. Mit meinem Freund oder Lebensgefährten, wenn ich einen hätte. Mit dir natürlich auch, aber das war es dann auch schon.«

Er nickte zustimmend. »Sonjas Familie – das war nach dem Tod ihres Vaters nur noch die Mutter. Ich kann die Alte zwar nicht ausstehen, glaube aber nicht, dass sie Sonja umgebracht hat – außerdem hätte es für die beiden keinen Grund gegeben, sich hier zu treffen. Bleibt also nur noch der Freund übrig, der für die Tatzeit allerdings ein bombensicheres Alibi hat. Es sei denn, es hätte noch einen weiteren Mann in Sonjas Leben gegeben. Jemand, von dem ihre Mutter nichts wusste.«

»Und das bedeutet …«

»Wir müssen herausfinden, wer das gewesen sein könnte. Wer war Sonja so wichtig, dass sie sich mitten in der Nacht mit ihm an einem solchen Ort treffen wollte?«

»Das hat die Polizei auch schon versucht.«

»Dann versuchen wir es eben noch einmal. Auf unsere Art. Mit unseren Möglichkeiten. Irgendwelche Theorien?«

Sie schürzte die Lippen. »Aus dem Bauch heraus würde ich auf einen verheirateten Mann tippen. Das würde zumindest erklären, warum die beiden nicht zusammen gesehen werden wollten.«

Eine naheliegende Möglichkeit, gewiss, aber sicher nicht die einzige.

Jan warf einen letzten Blick auf das Gipfelkreuz und nahm den Duft des Waldes noch einmal in sich auf, die Schönheit des Ortes. Sah, wie kleine Vögel vom Gipfel des Berges aufstiegen wie in die Luft geworfenes Konfetti, dann abdrehten und in die Ferne zogen.

»Wir müssen nach Berlin«, sagte er dann. »Wenn jemand eine Antwort darauf weiß, dann Rebecca Kaiser.«

DER UHRMACHER

Vor anderthalb Stunden war der Uhrmacher in Meschede auf die A46 gefahren und später auf die A44 abgebogen. Anschließend folgte er der A1 in Richtung Norden, wobei er den Blick ständig auf die Fahrbahn gerichtet hielt, während die Autobahn monoton unter ihm dahinzog, als ob der Wagen den Asphalt fressen würde.

Kurz vor der Ausfahrt Lengerich setzte er den Blinker und schaltete das Radio aus, um sich auf die vor ihm liegende Aufgabe zu konzentrieren. Auf das Zusammentreffen mit dem Mann, der alles ausgelöst hatte. Zwanzig Jahre lag das jetzt zurück, und es waren Jahre gewesen, in denen die Welt sich einfach weitergedreht hatte. Regierungen waren gekommen und gegangen, Kriege waren begonnen und wieder beendet worden. Milliarden Menschen hatten das Licht der Welt erblickt, Milliarden andere sie wieder verlassen. Angesichts dieser Vorstellung mochte das Leben eines Einzelnen nicht viel bedeuten, nicht für die Welt.

Für ihn schon.

Der Uhrmacher wusste, dass man seinem Schicksal nur eine Zeitlang entkommen konnte. Nicht ewig. Es war hartnäckig. Blieb einem auf der Spur, auch wenn man dachte, es hinter sich gelassen zu haben. Irgendwann erwischte es einen und packte zu. Heute war so ein Tag, und das Schicksal würde keine Vergebung kennen, weil der Mann, zu dem er unterwegs war, keine Vergebung verdient hatte.

In der Ferne tauchte hinter einer Baumgruppe sein Ziel auf. Ein kiesbedeckter Parkplatz, auf dem eine kleine Imbissbude stand. Der Uhrmacher steuerte seinen Wagen darauf, hielt dicht bei den Bäumen an und schaltete den Motor aus. Es war eine dieser an Bundesstraßen so typischen Fressbuden, die mit günstigen Preisen und großen Portionen lockten. LKW-Fahrer verbrachten dort gerne ihre Mittagspausen, aber heute war Sonntag, es waren kaum Lkws unterwegs, und falls sich andere Gäste zum Mittagessen eingefunden hatten, waren sie schon wieder verschwunden. Bis zum Abend würde es ruhig bleiben, und Ruhe war genau das, was der Uhrmacher brauchte.

Er stieg aus und ging mit zielstrebigen Schritten auf den Laden zu, öffnete die Tür, trat ein. Ein penetranter Geruch nach Frittierfett schlug ihm entgegen. Sein Blick fiel auf eine Theke, deren verschmiertes Glas die Sicht auf ein paar kümmerliche Salatschüsseln freigab, die sich den Platz mit panierten Schnitzeln, Frikadellen und Schaschlikspießen teilten. Dann hörte er eine Stimme: »Was darf's denn sein?«

Der Mann war Mitte fünfzig und stark übergewichtig. Sein Schnauzbart hing traurig nach unten, seine verbliebenen Haare waren straff nach hinten gekämmt. Auf der ehemals weißen Schürze zeichneten sich undefinierbare Flecken ab. Wenn der Uhrmacher Appetit gehabt hätte, wäre er ihm spätestens jetzt vergangen.

»Jägerschnitzel mit Pommes«, orderte er.

Der Mann wandte sich ab, warf Schnitzel und Fritten in eine Fritteuse und sah zu, wie das heiße Fett Blasen warf. Während der penetrante Geruch zunahm, prüfte der Uhrmacher mit einem schnellen Handgriff, ob seine Waffe locker genug im hinteren Hosenbund saß.

Kurze Zeit später lud der Wirt die Speisen auf einen Teller, übergoss das Fleisch mit Soße und fragte, ob er noch Ketchup oder Mayo wollte. Der Uhrmacher verneinte und schaute den Teller stumm an.

»Stimmt was nicht?«

»Das ist eine sehr große Portion. Mehr als genug für einen. Möchten Sie sie vielleicht mit mir teilen?«

Der Imbissbesitzer hatte in seinem Leben wahrscheinlich schon viel gehört, ein solches Angebot noch nicht. Er lachte. »Essen Sie einfach, so viel Sie können. Kein Problem, wenn was übrig bleibt. Das ist mir lieber, als wenn Sie hungrig nach Hause gehen.«

»Teilen Sie nicht gerne?«

»Was?«

»Ich habe Sie gefragt, ob Sie nicht gern teilen. Eine ganz einfache Frage. Liegt es daran, dass Sie kein Jägerschnitzel mögen? Würde es Ihnen besser gefallen, wenn ich meine Frau mit Ihnen teilen würde?«

Der Blick des Mannes wurde unsicher. »Was soll der Mist?«

»Kommen Sie – eine Frau oder ein Stück Fleisch, wo ist da der Unterschied? Beides kann man mit anderen Männern teilen. Beides ist überall verfügbar und beides kann man sich nehmen, wenn einem danach ist. Habe ich nicht recht?«

Er sah dem Imbissbesitzer an, dass dieser ihn für einen Spinner hielt. Unangenehm, gewiss, aber harmlos. Das würde sich ändern.

»Ich verstehe das nicht«, fuhr er fort. »So eine einfache Frage und Ihnen fällt keine Antwort darauf ein?«

»Ich weiß nicht, was …«

»Sie wissen *was* nicht?« Er schüttelte den Kopf. »Ehrlich gesagt, bin ich ein wenig enttäuscht von Ihnen. Ein Kerl wie Sie, der es gewohnt ist, sich zu nehmen, was er will, hat plötzlich Hemmungen, wenn es um ein Schnitzel geht?«

Das Gesicht des Mannes veränderte sich. Auf seiner Stirn zeichneten sich Schweißtropfen ab, die vorher noch nicht da gewesen waren. Mit leiser Stimme fragte er: »Kennen wir uns?«

»Ja und nein«, antwortete der Uhrmacher und wog den Kopf hin und her. »Das ist nicht so leicht zu beantworten. Sagen wir so: Unsere Schicksalslinien sind miteinander verbunden.«

»Was soll das wieder heißen?«

»Ganz einfach: Es gibt gemeinsame Erlebnisse, deren Folgen die Jahrzehnte überdauert haben. Sie wissen, was der Butterfly-Effekt ist? Geringste Änderungen in der Ausgangssituation, die spätere Entwicklungen drastisch und unvorhersehbar verändern können.«

Der Mann nickte.

»Sie haben vor langer Zeit den ersten Flügelschlag getätigt, und der war noch nicht einmal zärtlich. Daraufhin veränderte sich alles.«

Im Gesicht des Mannes zeichnete sich die zurückkehrende Erinnerung ab. Das langsame Verstehen. Die Angst und die offenen Fragen. Als er wieder etwas sagte, klang seine Stimme heiser und rau: »Das Haus am Wilzenberg, richtig? Dieses Mädchen … diese …«

»Bravo«, gratulierte der Uhrmacher überschwänglich. »Ich wusste doch, dass Sie das nicht vergessen haben! Wie könnten Sie auch? Sie haben damals so viel Spaß gehabt, erinnern Sie sich? All die Schläge. Der verflucht geile Sex mit Frauen, die keinen Sex mit Ihnen wollten.«

»Raus!« Die Stimme des Mannes überschlug sich fast. »Ich scheiß auf Sie und Ihr blödes Schnitzel! Was soll die Nummer überhaupt? Wie kommen Sie dazu, hier einfach reinzuplatzen und mit diesem Mist anzufangen? Diesen Auftritt werden Sie noch bereuen, das schwöre ich Ihnen! Spätestens, wenn ich Bescheid sage, dass Sie mich aufgesucht und belästigt haben.«

»Das glaube ich nicht.«

»Das sollten Sie aber!«

»Ich glaube nicht, dass ich das bereuen werde. Und ich glaube auch nicht, dass Sie irgendjemandem Bescheid sagen werden.«

Der Zorn des Mannes verschwand so schnell, wie er gekommen war. Seine Augenlider zuckten. »Was, verdammt noch mal, wollen Sie eigentlich von mir?«

»Erlösung«, antwortete der Uhrmacher.

Dann zog er die Waffe.

KÖLN

Am Abend kehrte Jan müde und ausgelaugt aus dem Sauerland zurück. Er zog seine durch den Waldspaziergang dreckig gewordenen Schuhe aus und pfefferte sie in die Ecke, dann stellte er den Fernseher an. Wie die meisten Menschen, die alleine leben, war Stille das, was er am meisten fürchtete.

Dann zog er sich vollständig aus, sprang unter die Dusche, trocknete sich ab und ging in die Küche, um sich sein Abendessen zuzubereiten. Während die Nudeln kochten, dachte er an die Antworten, die sie in Schmallenberg erhalten hatten, und an die Fragen, die offengeblieben waren. Es war ihnen nicht gelungen, mehr über Sonjas ehemalige Arbeitsstätte herauszubekommen. Niemand in dem kleinen Ort Winkhausen wusste, wem das abgerissene Haus gehört oder was genau es damit auf sich gehabt hatte. Von dem Gebäude selbst waren nur noch Fundamente übrig geblieben, und selbst die hatte die Natur zum Großteil bereits zurückerobert. Alle Hoffnungen, noch mehr herauszubekommen, ruhten jetzt auf dem Besuch bei Rebecca Kaiser und der Anfrage, die Mütze morgen wegen Sonjas Arbeitsstätte bei der Schmallenberger Stadtverwaltung stellen wollte.

Dieses Haus war ein Rätsel. Jan konnte nicht glauben, dass eine Firma dort jahrelang ein Gästehaus betrieben hatte, ohne dass irgendwelche Spuren von ihr zu finden waren. Es musste Grundbucheinträge geben, einen Mietvertrag, irgendwas. Außerdem war die Ortsauswahl ungewöhnlich. Warum sollte ein Unternehmen seine Gäste ausgerechnet im Sauerland unterbringen, fernab von jedem größeren Industriekomplex? Wie konnte …

Es klopfte an der Wohnungstür.

Seufzend stand er auf und öffnete. Vor ihm stand Christina Guerin, seine Nachbarin, und schaute ihn verlegen an. Keine Kanten, viele Kurven. In der linken Hand hielt sie eine kleingefaltete Broschüre, mit der rechten strich sie sich die Haare zur Seite, bevor sie fragte, ob sie gerade stören würde.

Jan schüttelte den Kopf: »Was gibt's denn?«

»Ich habe mir gestern ein neues Handy gekauft und komme damit irgendwie nicht klar.« Ihre Stimme klang wie Zucker. »Zumindest schaffe ich es nicht, die Nummern vom alten Handy aufs neue zu übertragen.«

Erst jetzt sah er, dass die Broschüre eine Bedienungsanleitung war. »Haben Sie die Geräte dabei?«

Sie schüttelte den Kopf. »Ich wollte erst sehen, ob Sie überhaupt zu Hause sind. Die Handys liegen in meiner Wohnung.«

Widerwillig folgte er ihr. Er war noch nie in ihrer Wohnung gewesen, und als er sie jetzt zum ersten Mal betrat, stellte er fest, dass sie ein exaktes Spiegelbild seiner eigenen war, nur völlig anders eingerichtet. Er wusste nicht, wie man den Stil nannte, protzig-cool vielleicht.

Alles war in schwarz-weiß gehalten und wirkte ebenso teuer wie ungemütlich.

Christina führte ihn ins Wohnzimmer, wo sie sich auf die helle Ledercouch setzte und auffordernd auf den freien Platz neben sich klopfte. Das eng sitzende Kleid, das sie trug, rutschte dabei ein Stück weit nach oben.

»Kann ich Ihnen vielleicht ein Glas Rotwein anbieten?«

Jan schüttelte den Kopf. »Ansonsten gerne, aber heute war ein langer Tag. Wo haben Sie die Handys denn?«

Sie beugte sich zu einem Tischchen herab, das auf ihrer Couchseite stand, und hielt ihm kurz darauf zwei Mobiltelefone entgegen. Das eine schwarz, das andere weiß. Beide sahen so unbenutzt aus, dass man unmöglich sagen konnte, welches neu gekauft worden war. Mit einem Lächeln griff er danach. Er brauchte nur eine Minute, um herauszufinden, dass Christina sämtliche Nummern lediglich auf dem alten Telefon, nicht aber auf der SIM-Karte gespeichert hatte. Eine weitere, um die beiden Geräte mittels Bluetooth miteinander zu verbinden.

Während er mit den Handys beschäftigt war, rutschte sie näher und schaute ihm interessiert zu. Ihre Brust berührte dabei seinen Oberarm. Ein kurzes Zucken, und Jan konnte spüren, dass sie keinen BH trug. Seine Finger arbeiteten jetzt hektischer, um schneller fertig zu werden. Christina war nicht unbedingt sein Typ, aber sie war eine attraktive Frau und er ein Mann, der zu lange allein gewesen war.

Als er die Telefonkontakte übertragen hatte, legte er die Handys auf den Tisch und stand auf. Betonte noch einmal, wie müde er war und dass er dringend ins Bett musste.

Sie grinste.

Er verabschiedete sich von ihr, wobei er sich Mühe gab, es nicht wie eine Flucht wirken zu lassen. Mehr schlecht als recht, vermutete er. Wenn er eine Burg und sie die angreifende Armee war, hatte sie in den letzten Minuten deutliche Löcher in seine Mauer geschlagen, und er wusste nicht, wie lange er weiteren Angriffen noch würde standhalten können.

»Vielen Dank nochmals«, rief sie ihm hinterher. »Und vielleicht kann ich mich ja irgendwann mal dafür revanchieren!«

Er brauchte zehn Minuten, um sich abzureagieren und die schmerzhafte Beule in seiner Hose loszuwerden, dann konzentrierte er sich wieder auf seinen Job. Wenn man von ihrer Arbeitsstelle absah, hatte Sonja ein völlig normales Leben geführt, eines wie Millionen anderer Mädchen auch. Ohne besondere Auffälligkeiten. Es gab da nichts, was ungewöhnlich erschien.

Bis auf das Haus.

Bis auf diese Firma.

Bis auf die seltsamen Aussagen ihrer Mutter.

Wie Fäden liefen die einzelnen Informationen zusammen, berührten sich, überkreuzten sich sogar hier und da, nur um sich dann wieder zu trennen. Ein Geflecht, dessen Sinn er nicht verstand. Wenn er …

Das Telefon klingelte.

»Gut, dass du noch wach bist«, sagte Mütze, nachdem er abgehoben hatte. »Ich wollte dir nur sagen, dass ich gerade mit Rebecca Kaiser telefoniert habe und wir morgen Abend zu ihr kommen können. Am besten gegen 20 Uhr. Dann liegt ihre Tochter schon im Bett und sie hat Zeit für uns. Ich habe sogar schon Flüge gebucht: 16.40 Uhr ab Köln-Bonn.«

»Okay«, sagte er nur.

Sie schwieg, hatte wahrscheinlich mit einer anderen Reaktion gerechnet. Sagte dann: »Jan?«

»Ja?«

»Ich habe noch mal über alles nachgedacht. Irgendwie werde ich das Gefühl nicht los, dass der Mord an Sonja eine ganz persönliche Sache war.«

»Ist Mord das nicht meistens?«

»Schon, aber das hier ist anders. Intensiver irgendwie. Kennst du das Lied *Rosenrot* von Rammstein?«

Er musste kurz überlegen, dann hatte er zumindest den Refrain im Kopf. »Was ist damit?«

»Schau dir mal das Video dazu an. Dieses Mädchen auf dem Land, das den Priester zu einem Mord anstachelt und ihn dann von der Dorfgemeinschaft verbrennen lässt – irgendwie erinnert sie mich an Sonja.«

»Am besten rufst du sofort den Kommissar an und sagst ihm, er soll Till Lindemann verhaften.«

»Verarsch mich nicht, Römer«, schnaufte sie. »Was ich damit sagen wollte, ist, dass mich dieses Video an die Tatortfotos erinnert. Die Umgebung dort wirkt genauso unwirklich wie die Lichtung am Wilzenberg. Und dann ist da noch die Sache mit der Spieluhr … wusstest du, dass die Band auch ein Lied mit dem Titel hat?«

»Rammstein hat *Hush, little baby* gesungen?«

Sie stöhnte. »*Spieluhr*, du Depp!«

Wieder musste er lachen.

»Lach nur.«

»Das tue ich!«

Einen Moment lang blieb es still in der Leitung. Dann

sagte sie: »Ich weiß, wie blöd sich das anhört, und ich behaupte ja auch nicht, dass dieses Lied irgendetwas mit Sonjas Tod zu tun hat. Es ist nur … ach, ich weiß auch nicht.«

»Dann sind wir schon zu zweit. Schlaf gut, Mütze – wir sehen uns dann morgen am Airport!«

Ohne eine Antwort zu geben, hängte sie ein. Einen Moment lang blieb Jan unentschlossen sitzen. Dann stand er auf, um den Rechner einzuschalten und sich ein paar Rammstein-Videos anzuschauen.

BERLIN

Als der Flieger zum Landeanflug auf Berlin-Tegel ansetzte, durchstieß er eine schmutzig graue Wolkendecke, die bleiern über der Stadt hing. Jan beugte sich vor und blickte durch das kleine Fenster der Kabine auf die nicht enden wollenden Häuserschluchten unter ihm. Mehr als dreieinhalb Millionen Herzen schlugen hier, eines davon gehörte Rebecca Kaiser.

»Ich steh ja total auf diese Stadt«, sagte Mütze, die sich von dem schlechten Wetter nicht beeindrucken ließ. »Gegen das hier ist selbst Köln ein Kaff – von den von dir bevorzugten Gegenden ganz zu schweigen.«

Er nickte.

»Hier ist einfach alles ...«

»Ich hab's verstanden, Mütze. Berlin ist toll, Landleben ist doof. Du musst dich nicht wiederholen.«

Sie blickte ihn missmutig an, öffnete den Mund und schloss ihn wieder. Schaute fortan stumm aus dem Fenster, bis der Pilot so hart auf der Landebahn aufsetzte, als wolle er die Hauptstadt in den Boden rammen.

Rebecca Kaiser wohnte im Stadtteil Moabit, und als das Taxi Jan und Mütze dort absetzte, fiel ihr erster Blick auf ein Mietshaus, das weder schön noch hässlich, weder besonders gepflegt noch auffallend dreckig war. Es war eines jener anonymen Wohngebilde, wie es sie in jeder Großstadt gibt: beigefarbener Putz, Fenster mit Doppelverglasung, ein kleiner Balkon für jede Wohnung. Wer hier wohnte, hatte meist nicht übermäßig viel Geld, kam aber über die Runden.

Die Frau, die ihnen kurz darauf öffnete, sah wie Anfang dreißig aus, obwohl sie um die vierzig sein musste. Sie hatte lange braune Haare und dunkelbraune Augen, dazu ein fein geschnittenes Gesicht, aus dem Intelligenz sprach. Sie war attraktiv, ohne klassisch schön zu sein. Freundlich blickte sie den Besuchern entgegen. Als sie lächelte, bekam Jan augenblicklich eine Ahnung davon, welche Ausstrahlung sie haben musste, wenn sie weniger angespannt war.

Die beiden folgten ihr in ein Wohnzimmer, das in hellen Erdfarben gestrichen war und eine angenehme Kombination aus modern und gemütlich darstellte. Ein anthrazitfarbenes Sofa in L-Form, zwei Sideboards aus Pinienholz und ein Flachbildfernseher, der an der Wand hing, waren die auffallendsten Einrichtungsgegenstände. Alle Sachen passten zueinander und waren mit Geschmack ausgesucht worden. Rebecca Kaiser hatte sichtlich Mühe darauf verwendet, aus der Wohnung ein Heim zu machen, in dem ihre Tochter und sie sich wohlfühlen konnten. Sie bot ihnen einen Platz auf der längeren Seite der Couch an, bevor sie sich selbst auf die kürzere setzte und wartete.

Jan schwieg.

»Niemand ist nach dem Mord zu mir gekommen, um mich zu befragen«, sagte Rebecca nach einer kurzen Pause. »Nein. Das stimmt nicht. Die Polizei war da. Ein einziges Mal, kurz nach der Tat.«

Jan nickte, schwieg aber weiter.

»Keinen hat es interessiert, was damals in dem Haus vor sich gegangen ist. Vielleicht war es einfach nicht interessant genug oder hatte mit Sonjas Tod überhaupt nichts zu tun. Aber seit der Nacht, in der Sonja ermordet wurde, träume ich schlecht. Ich habe immer noch Angst, wenn ich ans Sauerland oder den Wilzenberg denke, und … es ist mir immer noch unangenehm, darüber zu sprechen.«

»Viele Menschen tragen schlechte Erinnerungen aus ihrer Jugendzeit mit sich herum«, sagte er. »Glauben Sie mir – niemand weiß das besser als ich. Sie sollten sich deshalb nicht schämen. Manches Mal wird man sie nur los, wenn man darüber spricht.«

»Ich habe mir immer gesagt, dass Gott Sonjas Mörder bestrafen wird. Dass er ihn in die Hölle schickt, wo er hingehört.«

»Vielleicht passiert das ja auch.«

»Vielleicht«, sagte sie. »Aber ich würde mich besser fühlen, wenn ich wüsste, dass er schon zu Lebzeiten büßen muss.«

»Dann erzählen Sie uns, was passiert ist. Vielleicht können wir ja dafür sorgen, dass es dazu kommt.«

Sie nickte, während ein Ruck durch ihren Körper ging. Dann nahm sie Jan und Mütze mit auf eine Reise, zurück ins Jahr 1997. Ins Sauerland. Auf den Wilzenberg.

*

»Angefangen hat alles mit Anne Lehmann«, begann sie. »Anne kam aus Lennestadt, einem Nachbarort, und war vielleicht zwei, drei Jahre älter als wir. Sonja und ich haben damals beide nach einem Job gesucht, dem Trinkgeld wegen am besten als Kellnerin, und Anne hat uns auf einer Party von dem Haus erzählt, in dem sie arbeitete. Sie sagte, dass ein Unternehmen dort für längere Zeit Gäste unterbringt, um die man sich kümmern sollte. Ein ganz einfacher Job: Zeitungen besorgen, die Zimmer reinigen, im Gemeinschaftsraum die Mahlzeiten servieren, abräumen und spülen. Alles ohne Stress und bei bester Bezahlung. Ein paar Tage später haben wir angefangen.«

»Wissen Sie noch, wie die Firma hieß, der das Haus gehörte?«

»Das war irgendein Fantasiename, *Simblock GmbH*, glaube ich. Wir haben damals immer nur Kontakt zu Edgar Münch gehabt, der so eine Art Geschäftsführer gewesen ist. Außer ihm haben noch zwei weitere Männer dort gearbeitet, die aber ständig wechselten, so dass wir zu den Einzelnen keinen wirklichen Kontakt bekamen. An unserem ersten Tag hat Münch uns erzählt, dass die Simblock GmbH eine Import-/Exportfirma ist und dass die Gäste aus ganz Europa kommen würden, meistens jedoch aus Deutschland.«

»Das stimmte aber nicht, oder?«

»Nein«, antwortete sie nach kurzer Bedenkzeit. »Aber bis zum Schluss habe ich nie ganz verstanden, um was es dabei in Wirklichkeit ging.«

»Wissen Sie noch, wo diese Simblock GmbH beheimatet war? Ob sie irgendwo ein Büro oder weitere Firmengebäude besaß?«

Sie schüttelte den Kopf. »Tut mir leid, aber ich glaube, mehr kann ich Ihnen zu der Firma selbst gar nicht sagen. Ich habe niemals ein offizielles Schreiben oder Dokument gesehen. Wissen Sie ... wir haben das damals sehr locker gehandhabt, was Verträge anging.«

»Sie meinen, Sie haben schwarzgearbeitet?«

Sie nickte. »Wir bekamen unser Geld bar auf die Hand, und es war weit mehr als das, was man normalerweise für so einen Job bekommt. 130 Mark am Tag, für die Schicht ab dem frühen Abend noch mehr. Vielleicht halten Sie mich für naiv, aber wir haben uns einfach über das Geld gefreut und nicht weiter über die Hintergründe nachgedacht.«

»Obwohl die Rahmenbedingungen so auffällig gut waren?«

»Vielleicht gerade deswegen«, erwiderte sie. »Vielleicht wollten wir es einfach nicht genauer wissen. Einmal habe ich Münch gefragt, was die Simblock GmbH denn genau importiere und was die Besucher über Wochen hinweg im Sauerland machen würden. Er hat mich nur gefragt, ob ich gerne dort arbeiten würde, und als ich das bestätigt habe, hat er gesagt, dass ich mir dann über solche Dinge keine Gedanken machen sollte.«

»Aber Sie haben die Leute gesehen, die dort wohnten. Waren das nur Männer oder auch Frauen? Alt oder jung? Wie lange sind sie geblieben?«

Rebecca lehnte sich zurück. »In der Zeit, in der ich da war, habe ich immer nur Männer gesehen. Die meisten von ihnen waren jung, Mitte zwanzig bis Mitte dreißig vielleicht. Untereinander haben sie sich ständig mit Allerweltsnamen wie Peter oder Michael angesprochen, aber ich hatte immer das Gefühl, dass das nicht ihre richtigen Namen waren. Auf Fragen nach ihren Familien oder ihrem Beruf haben sie nie geantwortet oder sind ausgewichen, und irgendwann habe ich den Versuch dann aufgegeben, mehr über sie zu erfahren.«

»Hat Münch es Ihnen verboten?«

»Nicht direkt … Er hat mir und den anderen Mädchen lediglich das Gefühl vermittelt, dass es unerwünscht war.«

Er dachte kurz über das Gehörte nach, während Mütze sich fleißig Notizen machte. »Ich kann mir nicht vorstellen, dass ein intelligenter Mensch wie Sie nicht neugierig ist. Sie haben fast ein Jahr lang dort gearbeitet – irgendetwas müssen Sie herausgefunden haben.«

Sie sah ihn mit dunklen Augen an, und was bis zu diesem Moment nur ein unbestimmtes Gefühl gewesen war, wurde zur Gewissheit. Rebecca verschwieg etwas. Kein unwichtiges Detail, sondern etwas Entscheidendes.

»Frau Kaiser«, sagte er leise und beugte sich ihr entgegen. »Da draußen läuft ein Mörder frei herum. Seit 20 Jahren. Der Mann, der Ihre beste Freundin getötet hat. Sie selbst haben gesagt, dass Sie sich wünschen, dass der Kerl dafür büßen muss. Wenn Sie also etwas wissen, sagen Sie es uns. Jetzt. Die Vergangenheit verschwindet nicht einfach, wenn man nur lange genug schweigt.«

Sie ging nicht direkt auf seine Ansprache ein, aber als sie fortfuhr, hatte der Klang ihrer Stimme sich verändert. »Zusätzlich zu den Männern, die dort arbeiteten oder wohnten, kamen manchmal auch weitere zu Besuch. Sie trugen Waffen, und sie hatten etwas … ich weiß auch nicht … *Militärisches* an sich. Aufrechte Haltung, kurz geschnittene Haare, verstehen Sie? Mit uns Mädchen haben sie kaum geredet. Wir hatten auch Angst vor ihnen.«

»Und dann?«

»Meistens sind diese Männer mit einzelnen Gästen in einem Besprechungsraum verschwunden, zu dem wir dann die ganze Zeit über keinen Zugang hatten. Sie sind mehrere Stunden geblieben und haben ihn nur verlassen, wenn einer mal auf die Toilette musste. Münch war meistens mit dabei.«

Er tippte sich gegen das Kinn. »Können Sie diesen Edgar Münch beschreiben?«

»Damals war er vielleicht Anfang vierzig, mittelgroß und schlank. Er hatte dunkelblonde Haare. Kurz geschnitten. An die Augenfarbe kann ich mich nicht mehr erinnern, aber ich weiß noch, dass mich sein ganzes Auftreten immer an einen Beamten erinnert hat.«

»Warum?«

»Ich weiß nicht … vielleicht wegen der Art, wie er sich ausgedrückt hat. Sehr … präzise, verstehen Sie?«

»Hat er Hochdeutsch gesprochen?«

Sie dachte darüber nach. »Wenn ich mich recht entsinne, hatte er einen leichten Dialekt«, sagte sie dann. »Ich denke, er kam aus Hessen, aber da kann ich mich auch irren.«

Mütze tippte mit dem Kugelschreiber auf ihren Notizblock. »Sie haben gesagt, Sie hätten immer noch Angst, wenn Sie an den Wilzenberg denken. Sie haben sich uns anvertraut, Sie wollten etwas loswerden. Was genau, Frau Kaiser?«

Man sah ihr an, wie schwer es ihr fiel, darauf zu antworten. Jan hätte es ihr gerne erspart. Seine Erfahrung sagte ihm aber, dass jetzt der richtige Zeitpunkt gekommen war, um zu dem entscheidenden Punkt vorzudringen. Sie hatte Vertrauen zu ihnen aufgebaut, und wenn sie zu lange warteten, konnte ihr im Stillen gefasster Entschluss wieder ins Wanken geraten.

»Meine Kollegin hat recht«, setzte er deshalb nach. »Was ist damals passiert? Was macht Ihnen bis heute Angst?«

Sie blickte ihn und Mütze abwechselnd an. Einen Moment lang glaubte er, so etwas wie Scham in ihren Augen erkennen zu können. »Wir ... ab und zu gab es auch Partys in dem Gemeinschaftsraum, der unten im Haus lag. Nichts Wildes, nur ein bisschen Musik und Alkohol und so. Und dann ...« Sie fuhr sich verlegen mit der Hand über den Mund. »An solchen Abenden kam es vor, dass einige der Gäste ein stärkeres Interesse an uns zeigten, verstehen Sie? Manchmal hat einer der Männer zu viel getrunken. Manchmal ...«

Sie brach ab.

»Was ist dann passiert? Hat einer der Männer Sonja oder Sie vergewaltigt?«

»Nein«, entgegnete sie kopfschüttelnd. »Zu so etwas ist es nie gekommen! Mein Gott, ich weiß gar nicht, wie ich es Ihnen erklären soll ... ich komme mir so erbärmlich vor, aber wir waren damals so jung, so ... *lebenshungrig*. Wir haben getanzt, Witze gemacht und mit einigen der Männer geflirtet. Niemand hat uns bedrängt, aber manchmal war klar, was die Gäste wollten. Münch hat uns dann zu verstehen gegeben, dass wir diesem Drängen ruhig nachgeben konnten, sofern wir es auch wollten. Am nächsten Tag hat er uns dann Geld dafür gegeben. Immer genau 300 Mark.«

Mütze schaute sie mit hochgezogenen Augenbrauen an. »Sie wollen damit sagen, dass Sie sich in dessen Auftrag prostituiert haben?«

»Nein«, erwiderte Rebecca. »So war es nicht. Münch hat uns nie dazu aufgefordert, mit diesem oder jenem Gast ins Bett zu steigen, und wenn einer der Männer aufdringlich wurde und wir das nicht wollten, hat er sie zurechtgewiesen. Ihm ging es eher darum, dass sie in der Abgeschiedenheit nicht durchdrehten, und wenn wir unseren Teil dazu beitrugen, hat er es belohnt, verstehen Sie? Wie weit es auf den Partys ging, hat immer nur an uns gelegen.«

Fast schon mechanisch fragte Jan: »Wie oft ist es dazu gekommen? Dass Sie Sex gegen Geld hatten?«

Sie schaute ihm nicht in die Augen, als sie antwortete. »Ich weiß es nicht, wirklich nicht. Vielleicht sieben oder acht Mal. Häufiger nicht, und bei Sonja war es ähnlich. Anne war freizügiger, was das anging. Bei ihr hatte ich allerdings auch immer das Gefühl, dass sie das völlig kaltlassen würde. Vielleicht, weil sie schon ein wenig älter war und mehr Erfahrung hatte.«

Jetzt war klar, warum sich die Besitzer damals alle Mühe gegeben hatten, die Vorgänge in dem Haus vor den Anwohnern geheim zu halten. Nicht nur, was den Sex betraf. Auch, was die Identität der Männer anging. Das Ganze glich einer Szene aus dem Film *Der Pate*, in dem die Mafiosi *auf die Matratzen gingen*, wie sie es nannten. Sie zogen sich dabei in sichere Unterschlüpfe zurück, während draußen der Gangsterkrieg tobte, und kamen erst wieder heraus, wenn sich die Situation beruhigt hatte oder eine Entscheidung gefallen war. Dieses Bild war nicht hundertprozentig stimmig, passte aber in weiten Bereichen. Zum ersten Mal hatte Jan das Gefühl, sich der Lösung des Rätsels wirklich zu nähern.

Dann wendete er sich wieder Rebecca zu. »Sie sagten,

es wären immer nur Männer gewesen und dass diese Männer nicht ihre richtigen Namen verwendeten. Hatten Sie denn das Gefühl, dass sie sich untereinander kannten?«

Sie schüttelte den Kopf.

»Wie viele Männer waren denn gleichzeitig dort untergebracht?

»Das variierte. In der Zeit, in der ich dort gearbeitet habe, nie weniger als vier und nie mehr als sechs oder sieben.«

Eine kleine Gruppe also, für die dieser Edgar Münch aber einen enormen Aufwand betrieben hatte. Was ein starkes Indiz dafür war, wie wichtig diese Männer für Münch oder die Leute hinter ihm gewesen sein mussten.

Jan beschloss, Rebecca gegenüber die Gangart zu verschärfen, um noch mehr zu erfahren. Immer noch hatte er das Gefühl, dass sie ihm nicht alles erzählt hatte. Mit harter Stimme fragte er: »Was ist dort mit Sonja passiert?«

»Was soll mit ihr passiert sein?«

»Kommen Sie, das kann doch nicht alles sein! Was macht Ihnen bis heute Angst? Was wissen Sie über ihren Tod?«

Rebecca wurde leichenblass. Der Schmerz war so offensichtlich, so deutlich, dass Jan fast den Blick abgewandt hätte. Der Angriffsmodus war schön und gut, aber ganz egal, wie die Wahrheit am Ende aussehen mochte, sie sprachen über den Tod der besten Freundin dieser Frau. Weiter so, Römer, dachte er: Mach ihr Druck und hol alles aus ihr heraus – den morgigen Tag kannst du ja damit verbringen, zu verdrängen, wie du dich dabei gefühlt hast.

»Es gab in dem Haus jemanden, der an Sonja besonders interessiert war«, fuhr sie dann stockend fort. »Mehr als die anderen und nicht nur, was Sex anging.«

»Weiter!«

»Er war ... versprechen Sie mir, dass niemand erfährt, woher Sie das wissen?«

»Mache ich. Wenn Sie jetzt endlich reden.«

»Dieser Mann ...«

»Wie hieß er?«

»Ich habe Ihnen doch gesagt, dass ich die richtigen Namen nicht kenne.« Sie klang jetzt verzweifelt. »Die anderen haben ihn Viktor genannt. Er war noch jung, um die dreißig vielleicht. Sehr groß und auffallend schlank.«

»Was hat dieser Viktor gemacht?«

»Nichts! Ich glaube, er war in Sonja verliebt und sie auch in ihn.«

Er schüttelte den Kopf. »Sie sollten jetzt nicht auf halber Strecke stehen bleiben, Rebecca. Rücken Sie einfach mit allem heraus, was Ihnen durch den Kopf geht, und wenn es nur Vermutungen sind.«

Wieder rieb sie sich die Augen. »Ich ... ich hatte damals den Eindruck, dass Sonja und Viktor sich heimlich getroffen haben. Draußen, meine ich, was strengstens verboten war. Irgendwann hat Sonja auch eine dementsprechende Bemerkung gemacht, und ich habe ihr gesagt, dass ich davon nichts wissen will. Sie sagte, dass sie meinen Rat bräuchte, und ich ... ich habe sie ziemlich barsch abgewiesen. Ich bereue das bis heute, das müssen Sie mir glauben, aber Münch hatte jeden privaten Kontakt zwischen den Gästen und uns Angestellten außerhalb des Hauses verboten und ich wollte nicht ...«

»Sie wollten davon nichts wissen, weil Sie Angst um Ihren Job hatten, stimmt's? Um all das schöne Geld.«

»Nein!« Jetzt schluchzte sie. »Es war nur … ich mochte diesen Viktor nicht. Er hat mir Angst gemacht. Anne und ich haben Sonja gesagt, dass sie die Finger von ihm lassen soll, aber sie hat nichts davon wissen wollen. Stattdessen hat sie mir von einem Leben vorgeschwärmt, das sie mit ihm führen wollte, irgendwo in Italien. Sie war total verliebt, ich kam gar nicht mehr zu ihr durch, und irgendwann konnte ich es einfach nicht mehr hören. Ich habe ihr dann gesagt, dass sie mich mit ihrem Viktor in Ruhe lassen soll und dass ich …«

Sie schlug die Hände vor den Augen zusammen. Jan hörte ihr Schluchzen und sah, wie Tränen über ihre Wangen liefen. Es brach ihm fast das Herz, und er hasste sich für das, was er gerade getan hatte. Gleichzeitig wusste er aber auch, dass es anders nicht ging. Manchmal muss man es auf diese Art machen.

»Ich habe keine Ahnung, wer Sonja umgebracht hat«, sagte Rebecca, nachdem sie sich beruhigt hatte. »Wirklich nicht! Als ich von ihrem Tod gehört habe, wollte ich nur noch weg. Weg von diesem Haus und weg aus Schmallenberg. Ich hatte Angst, verstehen Sie das nicht?«

Doch, das verstand er.

Sehr gut sogar.

Gleichzeitig wurde ihm aber auch bewusst, dass dies nicht das Ende der Geschichte sein konnte. Wenn sein Verdacht stimmte, dann hatte Münch für eine Absicherung gesorgt, bevor er Rebecca gehen ließ. Eine Rückversicherung für Fälle wie diesen.

»Sie wissen, wie Sie Edgar Münch erreichen können, stimmt's? Er hat Ihnen gesagt, was Sie tun sollen, wenn irgendwann Leute wie wir auftauchen. Menschen, die anfangen, in der alten Geschichte herumzuwühlen.«

Ihr Gesichtsausdruck war Antwort genug. »Das stimmt«, sagte sie leise. »Er hat mir eine Karte mit einer Telefonnummer gegeben, die ich anrufen soll.«

»Können wir sie sehen?«

Sie stand auf und ging an das Sideboard, wo sie die oberste Schublade öffnete und darin herumwühlte. Als sie sich wieder umdrehte, hielt sie eine Visitenkarte in der Hand, auf der nur der Name Edgar Münch und eine Rufnummer abgedruckt war.

»Machen Sie damit, was Sie wollen«, sagte Rebecca. »Ich kann Sie nur bitten, ihm nicht zu verraten, woher Sie diese Nummer haben. Nicht meinetwegen, sondern wegen Leona, meiner Tochter. Sie ist erst sechs und hat mit dem, was damals passiert ist, nichts zu tun.«

Er sah die Angst in ihrem Gesicht und die Verzweiflung. Gleichzeitig erkannte er aber auch den Mut, der dazu geführt hatte, ihnen alles zu erzählen und ihnen diese Karte zu geben.

Rebecca Kaiser mochte in ihrer Jugend falsche Entscheidungen getroffen haben, das konnte sein. Jetzt aber bewunderte er sie.

»Da braut sich ein Unwetter zusammen«, sagte Mütze nach einem prüfenden Blick in den Himmel, als sie wieder auf der Straße standen.

Als Jan nicht antwortete, stieß sie ihn mit dem Ellbogen an. »Hörst du mir überhaupt zu?«

»Ich habe Rebecca Kaiser gerade mehr zugesetzt, als ich wollte. Ich habe sie fertiggemacht, obwohl sie sichtlich verzweifelt war. Ich hätte das nicht tun sollen.«

»Blödsinn!« Mütze schüttelte den Kopf. »Sie hat ihre beste Freundin im Stich gelassen, als diese sie am dringendsten brauchte. Sie hat ewig den Mund gehalten über das, was damals passiert ist. Dagegen sind ein paar vergossene Tränchen gar nichts!«

»Das ist hart.«

»Nein, als Sonja Risse ein Messer in den Leib gerammt wurde, das war hart! Es gibt einen großen Unterschied zwischen Tätern und Opfern, Jan. Das Opfer ist das Opfer, niemand sonst. Du solltest das nicht durcheinanderbringen, nur, weil Rebecca Kaiser dir sympathisch ist.«

Wie immer achtete Mütze auf klare Verhältnisse. Die Dinge folgten in ihrer Weltsicht einer sauberen Schwarzweiß-Ordnung. Er schätzte dies an ihr, wusste aber gleichzeitig, dass er mehr Platz brauchte. Für Grautöne, für Zweifel.

In diesem Moment brach über ihnen ein Ast ab, und es klang, als hätte jemand ein Gewehr abgeschossen. Mütze zuckte zusammen, dann sagte sie: »Lass uns ein Taxi rufen und zurück zum Flughafen fahren. Mir hat es im Sturm unter Bäumen noch nie gefallen.«

*

Auch am Tag darauf hatte Jan immer noch ein schlechtes Gewissen wegen Rebecca. Wie er während des Gesprächs bereits vorausgeahnt hatte, konnte er an diesem Morgen kaum in den Spiegel schauen. Wäre das nicht auch anders gegangen? Rücksichtsvoller? Mit weniger Druck?

Im Prinzip hatte er den ganzen Tag über an nichts anderes gedacht, mittlerweile war es Abend geworden, und wenn er seine innere Ruhe wiederfinden wollte, musste er dringend auf andere Gedanken kommen. Sport war dafür ein probates Mittel, Arslans Boxstudio der perfekte Ort.

Volle zwei Stunden lang powerte er sich an den Geräten aus, bis jeder Muskel schmerzte und der Kopf wieder frei war. Dann duschte er heiß, zog sich um und setzte sich zu Arslan, der an der Bar des Studios hockte und einen giftgrünen Energydrink vor sich stehen hatte.

»Genau so einen will ich auch«, sagte er zu der Kellnerin und deutete auf Arslans Drink.

»Alles gut bei dir?«, fragte Arslan. »Du wirkst so angespannt – gibt es etwa neuen Stress mit Sarah?«

Wie immer fiel es Jan schwer, seine Sorgen anderen Menschen anzuvertrauen, und um Hilfe fragen, war beinahe ein Ding der Unmöglichkeit. Zumindest dann, wenn es um sein Privatleben ging. Das lag nicht an seiner Erziehung, wenigstens glaubte er das nicht. Er war einfach nicht dazu geschaffen, vor Dritten einen Seelenstriptease hinzulegen. Mütze war da eine Ausnahme, aber auch sie hatte mal gesagt, dass er lieber fünfzehn Meter von einem öffentlichen Strand entfernt ertrinken würde, als die Badegäste um Hilfe zu rufen. Das war keine Frage von Zuneigung oder Vertrauen, auch nicht von Gefühllosigkeit – er empfand seelischen Schmerz wie jeder andere auch. Aber wenn ihn jemand fragte, ob es ihm gut ging, brachte er es nicht über sich, ehrlich zu antworten – und wenn es ihm noch so beschissen ging.

Bei beruflichen Problemen war das erstaunlicherweise anders. Da hatte er im Laufe der Zeit gelernt, dass man in vielen Fällen allein nicht weiterkam und Offenheit eine der Grundvoraussetzungen für erfolgreiche Teamarbeit war.

»Das mit Sarah habe ich schon im Griff, keine Sorge«, erwiderte er deshalb. »Es ist mehr die Arbeit, die mich mitnimmt. Genauer gesagt der Fall, mit dem wir gerade beschäftigt sind und bei dem wir nicht so recht weiterkommen. Willst du die Story hören?«

Arslan nickte neugierig, also erzählte er. Das war einer der Vorteile des Journalistendaseins – anders als Polizisten war man nicht zur Vertraulichkeit verpflichtet. Man konnte Freunden erzählen, woran man gerade arbeitete. Selbst wenn diese Freunde dubios wirkende Ex-Boxer waren, die von sich selbst behaupteten, eine »etwas problematische Kindheit« gehabt zu haben.

»Voll abgefahren«, meinte Arslan begeistert, als er fertig war. »Das klingt ja fast wie ein Horrorfilm, ›Die Spieluhr des Todes‹ oder so. Hast du denn gar keine Idee, was dahinterstecken könnte?«

Jan schüttelte den Kopf.

»Wenn ich helfen kann, sag Bescheid, okay?« Er legte ihm die Hand auf die Schulter. »Wenn ich ehrlich bin, ist mir gerade eh voll langweilig. Immer dieselben Fressen hier und keine richtige Action. Ich schwöre, Kumpel, wenn das so weitergeht, mache ich noch irgendeinen Blödsinn: Heiraten oder so.«

Genau auf eine solche Antwort hatte Jan gehofft. Dank Arslans Hilfe hatte er bereits zwei Fälle gelöst, die Mütze und ihn bis an die Grenzen getrieben hatten. Fälle, die außerhalb der Norm lagen. Dazu musste man wissen, dass die meisten Tötungsdelikte einem klaren Muster folgten, und aus den Formen des Musters konnte die Polizei meist schon frühzeitig auf den Täter schließen. Aber Jan erinnerte sich auch an David Berkowitz, den *Son of Sam*, der Mitte der siebziger Jahre in New York City mehrere Menschen getötet hatte. Meist, indem er sie in ihren Autos sitzend erschoss. Berkowitz war einfach auf die Fahrzeuge zugegangen und hatte die Insassen getötet, ohne irgendeine erkennbare Auswahl: schwarz oder weiß, Mann oder Frau, es war ihm schlichtweg egal gewesen. Nach der Festnahme hatte er dann behauptet, Satan wäre ihm in der Gestalt eines großen schwarzen Hundes erschienen und hätte ihm die Taten befohlen.

Genau aus diesem Grund war es für die Polizei auch so schwierig gewesen, ihn zu fassen. Es hatte keine Verbindungen zwischen den Opfern gegeben, kein greifbares Motiv, und so hatte auch niemand voraussagen können, wo der Täter als Nächstes zuschlagen würde.

Doch David Berkowitz gehörte zu den Ausnahmen. Meistens töteten Menschen in ihrem engsten Umfeld. Den Ehepartner, den Chef oder den Konkurrenten, der einem die Frau ausgespannt hatte. Und fast immer wusste irgendjemand über das Motiv Bescheid, ein Dritter. Dieser Jemand meldete sich dann bei der Polizei und sagte: »Hey, Frank hatte Krach mit Peter, weil Peter mit Franks Frau ins Bett gegangen ist. Zwei Tage später war Peter tot.« Und die Polizei? Ging anschließend zu Frank und fand die Tatwaffe im Nachttisch, weil Frank in seiner Panik nach der Tat nicht gewusst hatte, wohin damit.

So einfach war das in den allermeisten Mordfällen.

Wenn es komplizierter wurde, musste man anderes vorgehen. Mit Mitteln, die sich nicht immer mit dem Gesetz vereinbaren ließen oder die der Polizei aus anderen Gründen nicht zur Verfügung standen. Arslan war ein solches Mittel, und Jan wusste nie, was bei dem Türken schneller war: das Mundwerk oder die Fäuste. Vor drei Jahren hatte Arslan noch als einer der besten Boxer der Republik gegolten, hatte kurz vor einem Europameisterschaftskampf im Halbschwergewicht gestanden. Dann hatte eine Knieverletzung mit Mitte zwanzig seine Karriere viel zu früh beendet. Seitdem war er zu so etwas wie Jans Allzweckwaffe für Situationen geworden, die brenzlig enden konnten.

»Da gibt es in der Tat etwas, wobei du mir helfen könntest«, sagte Jan, nachdem er darüber nachgedacht hatte. »Ich will noch einmal ins Sauerland. Am besten nachts, um eine Theorie zu bestätigen, die mir seit dem Wochenende nicht mehr aus dem Kopf geht. Am liebsten ohne Mütze, aber mit dir. Wie sieht's aus – hast du Lust?«

»Klar, aber warum ohne Mütze?«

Jan rutschte auf seinem Stuhl herum. »Mütze und ich waren in den letzten Tagen viel unterwegs, obwohl sie den Schreibtisch voll mit Arbeit hat.« Er spürte selbst, dass es wie eine Ausrede klang. »Außerdem glaube ich nicht, dass diese nächtliche Wanderung tatsächlich etwas bringt. Ich will damit nicht ihre Zeit verschwenden.«

»Aber meine schon?«

»Es ist nur ein Gedanke, mehr nicht«, druckste er herum. »Ich brauche nur eine Minute vor Ort, um ihn zu bestätigen oder zu verwerfen.«

»Und warum machst du es dann nicht allein?«

Jetzt schwieg Jan, was Arslan grinsen ließ. »Du hast Schiss, stimmt's? Du fühlst dich sicherer, wenn ich dabei bin, willst es mir aber nicht sagen.«

»Ich habe keinen Schiss. Ich möchte nur nicht gern nachts allein auf den Wilzenberg gehen.«

»Und warum willst du das nicht?«

»Weil ich Schiss habe!«

Arslans Lachen dröhnte durch den Raum. Die Kellnerin fuhr herum und lachte mit, ohne zu wissen, worum es ging.

Als der Boxer sich wieder beruhigt hatte, spreizte er die Beine, knetete sich den Schritt und genoss seine Rolle. »Alter – klar bin ich dabei! Und wenn uns ein Typ mit einer Spieluhr über den Weg läuft, sorge ich dafür, dass sie das Schlaflied nur für ihn spielt.«

*

Nur sieben Kilometer entfernt hockte Mütze immer noch im Büro und rieb sich die Augen. Hinter ihren Schläfen pochte es. Ein dumpfer Kopfschmerz, der von zu vielen Stunden vor dem Monitor herrührte. Im Laufe des Tages hatte sie die Grundstücksanfrage bei der Schmallenberger Stadtverwaltung eingereicht, im Internet nach weiteren Hinweisen gesucht und dreimal versucht, die Nummer auf der Visitenkarte zu erreichen, die Rebecca Kaiser ihnen gegeben hatte. Jedes Mal war eine Mailbox ohne Hinweis auf den Inhaber des Anschlusses drangegangen, lediglich mit der Bitte, eine Nachricht zu hinterlassen. Beim letzten Versuch hatte Mütze dann auf Band gesprochen und kurz angedeutet, worum es ging und wer sie war. Seitdem herrschte Funkstille.

Sie hatte auch noch versucht, mehr über Stefan Wahlert zu erfahren, den letzten Freund von Sonja Risse. Auch wenn die beiden damals bereits getrennt gewesen waren und er für die Tatzeit ein Alibi hatte, war er neben Rebecca Kaiser und Anne Lehmann doch einer der wenigen, die in den letzten Monaten vor Sonjas Tod engeren Kontakt zu ihr hatten. Vielleicht hatte Sonja sich ja wegen diesem Viktor von ihm getrennt und ihm dabei etwas gesagt, das Rückschlüsse auf die Identität des Mannes zuließ. Doch egal, was Mütze auch versuchte – sie fand im Internet keine Spur von ihm. Stefan Wahlert war in keinem aktuellen Telefonbuch zu finden, in keinem sozialen Netzwerk aktiv und hatte nie Kommentare unter einem Onlinebericht hinterlassen, zumindest nicht unter seinem richtigen Namen. Wenn es nach den Suchergebnissen im Web ging, gab es ihn gar nicht. Oder zumindest nicht mehr?

Mütze rief sich zur Ordnung. Das war nun wirklich ein vorschneller Schluss. Viele Menschen achteten gewissenhaft darauf, im virtuellen Raum keine Spuren zu hinterlassen. Entweder weil sie einen speziellen Grund dafür hatten, kriminelle Machenschaften zum Beispiel, oder aber sie gingen einfach nur besonders sorgsam mit ihren persönlichen Daten um. Sie selbst handelte ja nicht anders, wenn sie vor dem Rechner saß. Nur weil Stefan Wahlert online nicht zu finden war, hieß das noch lange nicht, dass er abgetaucht oder tot war. Es bedeutete nur, dass sie intensiver würde suchen müssen, wenn sie ihn ausfindig machen wollte.

Aber nicht mehr heute.

Sie war fertig. Vielleicht auch, weil sie das Gefühl nicht loswurde, dass irgendetwas nicht zusammenpasste oder dass sie einem entscheidenden Hinweis nicht genügend Bedeutung zugemessen hatte. Immer wieder dachte sie über die Geschichte der drei jungen Frauen nach, denen die Zukunft offen gestanden hatte und die sich dennoch als Prostituierte betätigen. Es war nicht so, dass Mütze Frauen, die ihren Körper verkauften, generell verurteilte. Manche mochten gute Gründe dafür haben, die sich im ersten Moment auch plausibel anhörten.

Wirtschaftliche Zwänge beispielsweise, äußerer Druck, eine falsch verstandene Liebe zu falschen Männern. Doch unabhängig davon, was diese Frauen dazu bewogen hatte, war Mütze überzeugt, dass dieser Weg Spuren hinterlassen musste. Weniger am Körper, mehr an der Seele. Kleine dunkle Flecken, die sich auch nicht beseitigen ließen, wenn dieses Kapitel schon lange hinter ihnen lag. So musste es auch bei den drei Mädchen gewesen sein – und Rebeccas schamvolle Reaktion, als das Thema zur Sprache kam, war für Mütze der beste Beweis dafür, dass ihre Theorie stimmte.

Irgendetwas an dem Gespräch gestern Abend zerrte an ihr, ließ sie nicht mehr los, rumorte in den dunklen Ecken ihres Kopfes weiter, gerade außerhalb der Reichweite ihres Bewusstseins. Sie war davon überzeugt, dass die schlimmsten Dinge, die Menschen einander antaten, häufig nur das Ergebnis eines unglücklichen Aufeinandertreffens von Personen und Ereignissen darstellten. Nur ein paar kleine Veränderungen in der Abfolge und …

Ein Verbrechen war ein Geflecht aus unzähligen Emotionen und kleinen und großen Handlungen, an dem viele Menschen in ungezählten Stunden gewebt hatten. Keiner dieser Menschen hatte anfangs ahnen können, was später daraus entstehen würde. Mütze wollte alles über dieses Geflecht, das letzten Endes ein Leben ausgelöscht hatte, erfahren – und wusste doch, dass das ein Ding der Unmöglichkeit war. Wahrscheinlich würde sie noch nicht einmal herausbekommen, wie die ganze Sache wirklich begonnen hatte.

Eigentlich hatte sie vorgehabt, noch mit Anne Lehmann Kontakt aufzunehmen, aber das verschob sie auf morgen. Sie hatte zwar deren Adresse und die Telefonnummer ausfindig gemacht, fühlte sich jetzt aber zu müde für ein Gespräch, bei dem sie hellwach sein musste.

Mit einem Ächzen stand sie auf, fuhr den Rechner herunter und packte ihre Unterlagen zusammen. Es war spät geworden, die Redaktionsräume lagen verwaist vor ihr. Auch die Tiefgarage, in der ihr Wagen stand, war bis auf wenige Stellplätze leer. Ihre Schritte brachen sich an den nackten Betonwänden, gleichmäßig wie das Ticken einer Uhr, auf die niemand achtete. Sie musste die Tiefgarage komplett durchqueren, bis sie an ihrem Auto angekommen war, das in einer der hintersten Ecken stand und von den Deckenlampen nur unzureichend beleuchtet war.

Schon auf dem Weg dorthin hatte sie ihren Schlüssel aus der Handtasche geholt. Jetzt drückte sie auf den Knopf, der die Türverriegelung öffnete, was ihr Fahrzeug mit dem Aufleuchten der Blinklichter quittierte. Noch drei Schritte, noch zwei, dann hatte sie den Türgriff in der Hand und zog daran. Die Tür öffnete sich und Mütze ließ sich auf den Fahrersitz fallen, während sie gleichzeitig ihre Handtasche auf den Beifahrersitz warf.

Als sie den Motor starten wollte, fiel ihr Blick durch die Windschutzscheibe auf die Wand vor ihrem Auto. Auf das Schild mit ihrem Namen, mit dem der Parkplatz reserviert wurde. Sie hatte wahrscheinlich schon Hunderte Male darauf geblickt, das Schild jedoch bisher nie bewusst wahrgenommen. Sie hatte es noch nicht einmal mehr beachtet, weil es schon immer da gewesen war. Und plötzlich wusste sie, was sie die ganze Zeit übersehen hatten.

*

Nachdem Jan Arslan verlassen hatte und nach Hause gefahren war, rief er sofort bei Lukas an. Es war kurz vor neun, und wenn er noch mit ihm sprechen wollte, bevor er ins Bett musste, sollte er es jetzt tun, um Sarah keine Munition – *verantwortungsloser Rabenvater* – zu liefern.

Es klingelte drei, vier Mal, dann ging Lukas ran. Sarah hatte Jans Nummer wahrscheinlich im Display gesehen und den Anruf direkt an Lukas weitergegeben, um nicht in die Verlegenheit zu kommen, mit ihm über das Schreiben ihrer Anwältin reden zu müssen.

»Papa!«, drang es begeistert durch den Hörer, und dieses eine Wort genügte bereits, um die Dämme brechen zu lassen. Er presste eine Hand auf den Mund, seine Augen wurden feucht.

»Papa?«

Er hielt das Telefon von sich weg, damit Lukas ihn nicht hören konnte. Sein Sohn sagte irgendwas, blechern und fern, wie aus einer anderen Welt. Dann ein ruckartiger Atemzug, und Jan beruhigte sich wieder. Er konnte es sich jetzt nicht leisten, die Fassung zu verlieren. »Hey, mein Großer, wie geht es dir?«, rief er. »Ich wollte auf keinen Fall schlafen gehen, ohne noch einmal deine Stimme zu hören. Wie war dein Tag?«

»Mama kauft mir einen Hund, wenn wir in Bayern sind. Ist das nicht toll?«

Er hätte Sarah erwürgen können.

»Das ist ja großartig«, erwiderte er. »Den hast du dir doch immer schon gewünscht! Aber wer soll denn mit ihm Gassi gehen, wenn Mama arbeiten muss und du in der Schule bist?«

»Der Sven«, krakeelte Lukas. »Sven war heute bei uns und er wohnt auch da und er hat gesagt, er kann sich um den Hund kümmern, weil er ja Grafiker ist und den ganzen Tag von zu Hause arbeitet.«

Wer zur Hölle war Sven?

»Welcher Sven denn, mein Großer?«

»Na, der Sven halt. Ist ein Freund von Mama und voll nett. Er hat mir heute auch ein FC-Bayern-Trikot mitgebracht, mit allen Unterschriften von allen Spielern!«

Jan wusste nicht, wen er gerade mehr hasste – seine Exfrau oder diesen Typen. Gewalt war keine Lösung, sicher nicht, und dennoch war er versucht, sich umgehend ins Auto zu setzen, nach Bayern zu fahren, diesen Sven aufzusuchen und ihm handfest klarzumachen, wohin er sich seine durchsichtigen Manöver stecken konnte. *Ein FC-Bayern-Trikot mit allen Unterschriften von allen Spielern.* Wie armselig war das denn?

Sie telefonierten noch eine Zeit lang über Alltägliches, dann hörte er, wie Lukas gähnte. »Lass uns jetzt Schluss machen«, sagte Jan. »Du bist müde und musst morgen früh raus.«

Ein paar Sekunden lang erwiderte sein Sohn nichts, dann: »Ich vermisse dich, Papa!«

»Ich dich auch. Ganz wahnsinnig sogar.«

»Wie soll ich den Hund denn nennen? Mama findet Filou toll, aber ich finde den Namen blöd.«

»Filou ist wirklich saublöd«, sagte er und freute sich über seine zugegebenermaßen kindische Rache. »Wie wäre es denn mit Paul? Es sei denn, der Hund fällt bei der kleinsten Berührung um, dann kannst du ihn Arjen oder Robben nennen.«

»Häh?«

»Das erkläre ich dir beim nächsten Mal. Jetzt schlaf erst mal. Und vergiss nicht, wie sehr ich dich liebe!«

»In einer Million Jahre nicht!«

Dann hängte Lukas ein, und Jan stand seufzend auf, um an den Kühlschrank zu gehen und sich ein Bier zu nehmen. Anschließend schlug er die Kühlschranktür so fest zu, als könne er auf diese Weise die Traurigkeit einsperren.

Natürlich wusste er, dass Alkohol keine Lösung war.

Limonade aber auch nicht.

Während er sein Bier trank, pendelten seine Gedanken zwischen Lukas und Sonja Risse hin und her, ohne sich auf einen der beiden festlegen zu können. Doch während er bei Lukas vorerst nur abwarten konnte, wie die Dinge sich entwickelten, konnte er bei Sonja selbst aktiv werden. Erneut griff er zum Hörer und rief Harald Menz an, einen ehemaligen Kollegen, der jetzt für die Wirtschaftsredaktion eines Kölner Fernsehsenders arbeitete. Während ihrer gemeinsamen Zeit bei *Die Reporter* waren sie immer gut miteinander ausgekommen, und Jan schätzte Menz nicht nur menschlich, sondern auch aufgrund der Kontakte, die er hatte.

Harald Menz war der geborene Investigativjournalist. Ein perfekter Ansprechpartner, um mehr über die Simblock GmbH herauszufinden. Und wenn Edgar Münch tatsächlich der richtige Name des Mannes war, der dort als Geschäftsführer gearbeitet hatte, würde Menz auch seinen wirtschaftlichen Hintergrund recherchieren können, angefangen bei seinen Vermögensverhältnissen über die eingereichten Steuererklärungen bis hin zu möglichen Schufa-Einträgen.

Zu seinem Bedauern erreichte Jan nur den Anrufbeantworter, auf dem er eine Nachricht hinterließ, in der er um Rückruf bat. Dann stand er auf, zog sich um und putzte sich die Zähne, bevor er schlafen ging. Er lag anschließend noch lange wach, während er versuchte, die Gesichter zu vertreiben, die sich unablässig in seinem Kopf drehten. Da war Sonja, die tot am Wilzenberg lag. Ihre alkoholkranke Mutter, die umgeben von Geistern einen Schnaps nach dem anderen kippte. Das freundliche Gesicht von Sebastian Waldheim, dem Lehrer. Und immer wieder Rebecca Kaiser ...

Als Jan am nächsten Morgen wach wurde, hatte er die Gesichter direkt wieder vor dem inneren Auge. Das änderte sich auch nicht am Vormittag, den er in der Redaktion verbrachte. Eigentlich hatte er vorgehabt, einige Berichte zu korrigieren, merkte aber schnell, dass er sich kaum auf sie konzentrieren konnte.

Er war allein im Büro, Mütze zu irgendeinem Interviewtermin unterwegs. Er hatte sich gerade einen Kaffee eingeschüttet und versuchte, eine passende Headline für eine Reportage zu finden, die die nicht mehr vorhandene Pressefreiheit in der Türkei betraf, als es an der Tür klopfte. Jan blickte auf. Drei Typen in Anzügen kamen herein. Keiner von ihnen lächelte.

*

Als Mütze am späten Nachmittag endlich in der Redaktion eintraf, war Jan schon wieder allein. Er hörte nicht das Öffnen der Tür und nicht ihre Schritte. Wenn Mütze wollte, konnte sie sich wie eine Katze bewegen. Wie jemand, der die Erde kaum berührte.

Er schob die Tastatur seines Rechners zur Seite und sah sie verärgert an.

»Stimmt was nicht?«, fragte sie.

»Alles in bester Ordnung. Ein ganz normaler Tag. Ich sitze hier über meinem Text, da geht die Tür auf und der Verfassungsschutz marschiert herein. Sie sind zu dritt, also muss es wichtig sein. Sie fragen, was ich über einen Mann namens Edgar Münch weiß. Ich frage, wer das sein soll? Sie sagen, du hast dich bei der Stadtverwaltung in Schmallenberg im Namen der *Reporter* nach dem Haus erkundigt, in dem Sonja gearbeitet hat, und ebenso nach der Simblock GmbH. Ich sage, na und? Sie sagen, dass du dabei etwas von mysteriösen Begleitumständen erzählt hättest, die geheim gehalten werden sollen. Ich weiß nicht, was ich darauf erwidern soll, und der Alphabulle, ein Typ namens Franzen, will wissen, wie wir darauf kommen. Ich kann ihm keine Antwort geben, und sie sagen, du sollst dich schnellstens bei ihnen melden. Seine Visitenkarte liegt auf deinem Tisch.«

Sie starrte ihn an, weiterhin lässig mit dem Rücken gegen die Wand gelehnt.

»Hoppla.«

»*Hoppla* trifft es! Kannst du mir erklären, wieso der Verfassungsschutz sich plötzlich für einen Mord interessiert, der vor zwanzig Jahren begangen wurde?«

»Das ist die Millionen-Dollar-Frage.«

Er stieß die aufgestaute Luft aus. »Dann sollten wir darauf besser schnell eine Antwort finden, bevor es unangenehm wird. Dieser Franzen macht nicht den Eindruck, als würde er sich gerne hinhalten lassen.«

Sie kam näher und legte ihm beruhigend die Hand auf die Schulter. Noch immer wirkte sie kein bisschen beunruhigt. So war sie eben. Unter Druck wurde sie dermaßen cool, dass sie Eiswürfel pinkeln konnte. »Fahr den

Rechner runter und lass uns bei Pietro eine Kleinigkeit essen gehen. Dort reden wir.«

Das *Pietro's* war eine dieser Pizzerien, bei denen man das Gefühl hatte, es hätte sie immer schon gegeben, weil ein Viertel ohne sie kaum vorstellbar war. Sämtliche Wände waren mit Schwarzweiß-Aufnahmen bedeckt, die das alte Italien zeigten. Kopfsteinbedeckte Gassen und mit Holzläden versehene Fenster. Kleine Marktplätze mit Blumen. Die junge Gina Lollobrigida, die lachend auf einer Vespa saß. Am besten jedoch gefielen ihm die verblichenen Aufnahmen alter Menschen, die in Gruppen auf Bänken zusammenhockten, die Hände um ihre Gehstöcke gelegt, und die Sonne genossen.

Der Wirt empfing die beiden mit einer Umarmung und brachte sie an einen Tisch im hinteren Teil des Lokals, von wo aus man einen Blick in den begrünten Innenhof hatte. Als der Kellner zu ihnen trat, bestellten sie eine Flasche Rotwein und Mineralwasser, dazu zweimal das Tagesgericht, eine Gemüse-Lasagne. Anschließend schaute Jan Mütze erwartungsvoll an.

»Also?«

»Ich verstehe nicht, warum du immer noch so angefressen bist«, erwiderte sie. »Ich habe nur das gemacht, was wir abgesprochen haben. Das Internet durchforstet und die Anfrage bei der Stadtverwaltung eingereicht. Das war's. Ach ja … und ich habe eine Nachricht auf dem Anrufbeantworter von Edgar Münch hinterlassen.«

»Ich bin nicht sauer«, erwiderte er. »Ich bin beunruhigt! Kommt es dir nicht bemerkenswert vor, dass eine simple Internetrecherche und eine Grundstücksanfrage direkt den Verfassungsschutz auf den Plan rufen?«

»Klar. Vor allem wirft es die Frage auf, woher sie davon wussten.«

»Noch entscheidender ist, warum den Verfassungsschutz das Haus überhaupt interessiert. Was, bitte, ist damals dort vorgegangen? Wer waren diese *militärisch aussehenden Männer*, von denen Rebecca erzählt hat?«

Mütze erwiderte nichts – sie schien zu spüren, dass seine Fragen eher rhetorischer Natur waren.

»Es passt«, sagte er dann. »Wenn wir es nüchtern betrachten, passen die ganzen Umstände perfekt zu einer Behörde wie dem Verfassungsschutz. Die Abgeschiedenheit des Ortes, die Gäste mit ihren Tarnnamen und das Tilgen sämtlicher Spuren, nachdem das Haus abgerissen wurde. Genau wie die Tatsache, dass die Polizei den Mord an Sonja bearbeitet hat, ohne dabei ihre letzte Arbeitsstelle genauer unter die Lupe zu nehmen, obwohl selbst wir Amateure nach nur ein paar Tagen herausgefunden haben, dass damit etwas nicht stimmt. Wenn man die Geschichte in dem Licht betrachtet und sich fragt, wer die Möglichkeiten zu all dem hat, liegt die Antwort auf der Hand: eine Regierungsbehörde.«

Mütze blickte ihn nachdenklich an. »Hast du vor Jahren nicht mal eine Geschichte über einen Mord geschrieben, in den der Verfassungsschutz involviert war?«

»Habe ich«, nickte er, »und aus dem Grund weiß ich auch, dass es nichts gibt, was den Kerlen nicht zuzutrauen wäre.«

Sie sagte nichts. Das brauchte sie auch nicht.

»Es ging um den Mord an einem Ullrich Schmücker«, fuhr er von allein fort. »Das Ganze ist schon ewig her, irgendwann Mitte der siebziger Jahre. Seitdem ich damals dazu recherchiert habe, bin ich mir nicht mehr sicher, ob der Verfassungsschutz Teil der Lösung oder vielleicht doch eher Teil des Problems ist, wenn es um die innere Sicherheit geht.«

»Hilf mir mal auf die Sprünge – worum ging es genau?«

Er trank einen Schluck Rotwein und ließ ihn langsam durch die Kehle laufen. Dann nahm er sein Smartphone zur Hand, um Details bei Bedarf schnell googeln zu können, und begann zu erzählen.

*

»Angefangen hat alles 1971, als Ullrich Schmücker zwanzig war. Ein musikalisch hochbegabter Junge, äußerst sensibel und sozial eingestellt. Anfangs hatte er sogar den Wunsch, später mal Pfarrer zu werden, aber aufgrund von Erfahrungen, die er als Austauschschüler in den USA gemacht hatte, beschloss er dann, lieber gegen den Imperialismus als gegen Satan anzukämpfen – vielleicht war beides für ihn ja auch das Gleiche. Wie dem auch sei … Schmücker hat sich dann in Berlin der linksgerichteten *Bewegung 2. Juni* zugewandt, zu der auch Inge Viett gehörte, die spätere RAF-Terroristin. Gemeinsam mit dieser und einem weiteren Komplizen wurde Schmücker dann in Bad Neuenahr verhaftet, wobei die Polizei größere Mengen Sprengstoff in seinem Wagen fand. Er kam anschließend in Untersuchungshaft, wo er von einem Mann des Verfassungsschutzes aufgesucht wurde. Diesem gelang es, den eher weichen Schmücker umzudrehen und zu einem Spitzel der Behörde zu machen. Wenn ich mich recht entsinne, hieß der Mann Grünhagen, Michael Grünhagen. Egal … Schmücker legte anschließend ein

Geständnis ab, das der Verfassungsschutz ihm weitestgehend diktiert hatte. Ich weiß nicht mehr, wie lange genau es gedauert hat, aber kurz darauf kam er wieder frei.«

»Wie ging es dann weiter?«

»Für Schmücker? Übel! Er ist anschließend wieder nach Berlin gegangen, wo er noch eine Zeit lang in der linksautonomen Szene unterwegs war. Irgendwann haben einige Aktivisten dann aber von dem Geständnis erfahren, das er nach seiner Verhaftung abgelegt hat. Schmücker hatte ab diesem Moment keine Freunde mehr, vorsichtig ausgedrückt, und in der Szene mehrten sich die Stimmen, die meinten, dass man ihm den Verrat heimzahlen müsse. Er fürchtete um sein Leben, was den Verfassungsschutz aber nicht sonderlich interessiert hat. Ich glaube, es war irgendwann im Juni 1974, als Schmücker am späten Abend in Begleitung zweier Männer zum letzten Mal gesehen wurde. Die drei hielten sich in einem leer stehenden Hotel auf, keinen Kilometer von der Krummen Lanke entfernt, einem kleinen See am Rande des Grunewalds. US-Soldaten, die kurz nach Mitternacht dort eine Übung abhielten, fanden den Sterbenden dann in der Nähe des Sees.« Ein schneller Blick aufs Handy. »Man hatte ihm mit einer 9-Millimeter-Parabellum in den Kopf geschossen.«

Bevor er weiterredete, legte Jan eine kurze Pause ein, um sich wieder vor Augen zu rufen, was danach geschehen war. »Nach dem Mord an Schmücker hat ein anderer V-Mann ebenjenem Grünhagen, der Schmücker nach seiner Verhaftung angeworben hatte, die Tatwaffe gegeben, die er angeblich von einem unbekannten Täter erhalten haben wollte. *Nach dem Mord* ist hier nahezu wörtlich zu verstehen: Das Treffen zwischen den beiden fand statt, als der schwerverletzte Schmücker noch gelebt hat. Die Knarre ist anschließend in einem Tresor verschwunden, der in den Räumen des Berliner Verfassungsschutzes stand – ohne dass der Verfassungsschutz die Polizei darüber informiert hätte. Erst fünfzehn Jahre später kamen die Ermittlungsbehörden per Zufall in ihren Besitz. Sie fanden darauf nur die Fingerabdrücke von zwei Männern: die des V-Mannes und die von Michael Grünhagen.«

Mütze schüttelte den Kopf. »Das ist wirklich unglaublich«, sagte sie.

»Es wird noch besser«, erwiderte er. »Nach dem Mord an Schmücker bekam Grünhagen durch den leitenden Staatsanwalt Zugang zu sämtlichen Ermittlungsakten. In der Folge hat er dann alles getan, um seine Behörde herauszuhalten und den Verdacht auf eine linksgerichtete Gruppe aus Wolfsburg zu lenken. Er hat nachweislich Zeugen und Beweise manipuliert – und das alles mit dem Wissen des Staatsanwalts, dem das alles anscheinend vollkommen normal erschien. In der Summe hat das dann genügt, um die linksautonome Gruppe rund um die Hauptverdächtige Ilse Schwipper wegen des Mordes an Schmücker vor Gericht zu bringen.«

»Ist der Polizei das denn nicht aufgefallen? Ich meine … die müssen doch gewusst haben, dass das Mordopfer in irgendeiner Verbindung zum Verfassungsschutz stand.«

»Warte ab – die Geschichte ist ja noch nicht zu Ende.« Er räusperte sich, checkte ein paar weitere Details auf dem Handy und redete dann weiter. »Im ersten Prozess wurde Ilse Schwipper zu lebenslanger Haft verurteilt, die Mitangeklagten zu Jugendstrafen zwischen vier und acht

Jahren. Der Bundesgerichtshof hob das Urteil später allerdings wieder auf und ordnete wegen *Verfahrensunstimmigkeiten* eine neue Verhandlung an. Diese fand, glaube ich, 1979 statt und bestätigte fast im Wortlaut das erste Urteil. Ein Jahr darauf hob der Bundesgerichtshof auch dieses Urteil wieder auf. Es kam zu einem dritten Prozess, der von 1981 bis 1986 dauern sollte. Hierbei kamen erstmals die Verstrickungen des Verfassungsschutzes heraus, wenn auch nicht im vollen Ausmaß.«

Der Kellner hatte mittlerweile die Lasagne gebracht, die beide aber nicht anrührten.

»Wurden die Angeklagten wenigstens im dritten Prozess freigesprochen?«

»Natürlich nicht«, sagte Jan und lächelte. »Ilse Schwipper musste weiterhin im Gefängnis bleiben, bis zwei Jahre später zum letzten Mal Bewegung in die Sache kam. Es wurde bekannt, dass die Anwaltskanzlei ihres Verteidigers über Jahre hinweg ausspioniert wurde – und jetzt rate mal, von wem?«

Mütze grinste. »Doch nicht etwa von Leuten des Verfassungsschutzes?«

»In der Tat«, erwiderte Jan. »Genauer gesagt von einem Mitarbeiter, den Grünhagen selbst in die Kanzlei eingeschleust hatte. Als dann auch noch die Tatwaffe in den Räumen des Verfassungsschutzes auftauchte, war ein vierter Prozess nicht mehr zu verhindern. Die vorsitzende Richterin stellte diesen dann nach wenigen Verhandlungtagen ein, nachdem sie alle Angeklagten freigesprochen und ihnen Haftentschädigung zugesichert hatte. Laut ihrer Urteilsbegründung hatte der Verfassungsschutz nicht nur eine erhebliche Mitschuld am Tod Ullrich Schmückers, sondern in der Folge gemeinsam mit der Staatsanwaltschaft auch alles getan, um eine gerichtliche Aufklärung unmöglich zu machen. Ich weiß noch, dass sie in dem Zusammenhang von *massiver Behinderung* und *vielfachen Manipulationen* gesprochen hat, die verübt worden waren.«

»Und niemand hat dafür bezahlen müssen? Was ist anschließend mit diesem Grünhagen passiert?«

Jan schob sich ein Stück Lasagne in den Mund und stellte fest, dass sie nur noch lauwarm war. »Genau damit hat sich unsere Recherche damals in allererster Linie beschäftigt. Offiziell ist er laut dem Pressereferenten des Innensenats an Hautkrebs gestorben, irgendwann im Januar 1988. Exakt zu dem Zeitpunkt also, zu dem seine Verstrickungen in den Abhörskandal des Verteidigers bekannt geworden waren.«

»Du glaubst nicht daran?«

Er zuckte die Schultern. »Angeblich wurde er in Gatow beerdigt, und wir haben das damals natürlich nachgeprüft. Die Beerdigung war nicht im offiziellen Friedhofsbuch eingetragen und auch das West-Berliner Sterberegister hat keinen Tod eines Michael Grünhagens verzeichnet.«

»Ich glaub's nicht … für mich klingt das nach einem fingierten Tod und einer neuen Existenz, damit er nie vor Gericht geladen und zu einer Aussage gezwungen werden kann. Was denkst du denn – ist Grünhagen untergetaucht? Vielleicht hat er vom Verfassungsschutz ja eine neue Identität bekommen und lebt jetzt irgendwo auf Staatskosten in der Karibik.«

»Unsinn!«, erwiderte er. »So etwas würde eine Regierungsbehörde doch niemals tun. Das wäre ja gesetzeswidrig und in höchstem Maße unmoralisch!«

Sie stieg auf seinen Sarkasmus nicht ein. »Mir macht die Geschichte Angst, Jan. Wenn wir nicht einmal der Regierung, den Verfassungsschützern und Staatsanwälten trauen können, wem denn dann?«

Er sah sie an. Der fragende Ausdruck in ihren Augen. Ihre leicht geöffneten Lippen. Die langen dunkelblonden Haare, die unter der Mütze herausschauten. Mit leiser Stimme sagte er: »Uns, Mütze. Uns allein. Und ja, es macht mir auch Angst. Mehr, als irgendein Krimineller es könnte. Ich weiß nicht, wer Sonja Risse ermordet hat, und ich weiß auch nicht, welche Motive dahinterstecken. Eines jedoch kann ich dir sagen: Wenn der Verfassungsschutz mit drinsteckt, kann es richtig dreckig werden.«

»Wenn du recht hast, ist es auch noch nicht vorbei. Von dem Haus am Wilzenberg mögen mittlerweile nur noch die Fundamente stehen, aber die Menschen, die dort gearbeitet haben und untergebracht waren, leben wahrscheinlich noch. Was die Frage aufwirft: Wie weit würden die Verantwortlichen gehen, um sicherzustellen, dass keiner von ihnen redet?«

Er konnte ihr darauf keine Antwort geben. Wollte es auch nicht, weil er sich dann mit den möglichen Konsequenzen auseinandersetzen müsste. Konsequenzen, die nicht nur die Leute aus dem Haus betrafen, sondern auch Mütze und ihn.

DER BERLINER STADTTEIL
MOABIT 22.30 UHR

Mit einem Seufzen schaltete Rebecca Kaiser den Fernseher aus. Dokus, Nachrichten und die Wiederholung einer Tatort-Folge, die sie auswendig kannte. Nichts, was wichtig oder interessant genug war, um sie weiter von dem so dringend benötigten Schlaf abzuhalten. Sie stand ruckartig auf, wobei ihr eine vorwitzige Haarsträhne ins Gesicht fiel. Sie musste dringend zum Friseur. Spätestens am nächsten Ersten, wenn wieder Geld da war. Wenn ihr Konto mit dem Gehalt wenigstens so lange ausgeglichen war, bis die Miete abgebucht wurde.

Als sie die Rollladen im Wohnzimmer herunterließ, hielt sie einen Moment lang inne und blickte mit müden Augen durchs Fenster. Ab und zu streifte ein dünner Ast der davorstehenden Bäume das Glas, als würde er anklopfen. Ein Geräusch, das ihr jedes Mal durch und durch ging.

»Mami?«

Der Ruf kam aus dem Kinderzimmer.

Rebecca seufzte – wahrscheinlich hatte Leona mal wieder schlecht geträumt, was in letzter Zeit häufiger vorkam. Eine Kindheit mit einer alleinerziehenden und berufstätigen Mutter war nicht leicht für sie; gerade jetzt, wo Leona in der Grundschule war und mitbekommen hatte, dass es in anderen Familien anders aussah.

Vorsichtig öffnete sie die Tür zum Kinderzimmer und schaute hinein. Die kleine Nachtlampe unter der Decke hüllte das Bett in ein sanftes Licht, warf Sterne und Monde gegen die Wände. Ihre Tochter saß aufrecht darin, die Bettdecke bis zu den Schultern hochgezogen.

»Was ist denn los, mein Liebling?«, fragte Rebecca zärtlich.

Leona antwortete nicht und blickte sie nur starr an. So verängstigt kannte Rebecca ihre Tochter gar nicht, und sie begann, sich Sorgen zu machen. Sie ging auf das Bett zu, um sich zu setzen. »Hast du schlecht geträumt?«

Der kleine Mund öffnete und schloss sich. Dann sagte Leona leise, fast schon flüsternd: »Da ist ein böser Mann in meinem Zimmer!«

Unwillkürlich musste Rebecca lächeln, zu oft hatte sie den Satz schon gehört. Er gehörte zu den bevorzugten Tricks ihrer Tochter, wenn sie mal wieder eine Nacht in Mamas Bett schlafen wollte.

»Hier ist aber niemand, mein Schatz«, sagte sie und schaute sich demonstrativ im Kinderzimmer um. »Siehst du? Niemand da – nur du und ich.«

»Doch, Mami«, beharrte ihre Tochter. »Ich bin wach geworden und da war ein Mann ohne Gesicht.«

»Und dann?«

»Habe ich die Augen zugemacht und dich gerufen. Dann habe ich geblinzelt und er war wieder weg.«

»Du hast nur schlecht geträumt, Schätzchen. In dein Zimmer kann kein Mann kommen. Mach jetzt einfach die Äuglein zu und schlaf weiter.«

Leona schlang ihre kleinen Arme um die Taille der Mutter. »Darf ich bei dir schlafen?«

Fast war Rebecca versucht, zuzustimmen, doch dann dachte sie daran, wie früh sie am nächsten Morgen raus musste. Leona warf sich im Schlaf oft hin und her, was sämtliche Versuche, selber zur Ruhe zu kommen, zum Scheitern verurteilte.

»Heute nicht, mein Schatz«, sagte sie deshalb. »Du kannst dich hier ganz sicher fühlen, versprochen! Aber wenn du willst, schaue ich noch einmal überall nach, okay?«

Der Körper ihrer Tochter wurde steif, aber Leona war ein tapferes Mädchen. Sie blickte ihre Mutter an und nickte.

Mit einem Seufzer stand Rebecca auf. Wenn es ihr gelang, ihre Tochter zu beruhigen, konnte es doch noch eine entspannte Nacht werden, und alles, was sie dafür tun musste, war eine vorgespielte Inspektion des Zimmers.

Sie ließ sich zuerst auf die Knie sinken und warf einen Blick unter das Bett. »Hier ist schon mal niemand. Alles, was sich dort versteckt hat, sind bunte Socken und eine Barbie-Puppe.«

Zum ersten Mal lächelte Leona.

Dann stand Rebecca wieder auf und trat an den Vorhang, der das Licht der Straßenbeleuchtung vor dem Fenster aussperrte. Ihre Finger schlossen sich um den schweren, schwarzen Stoff. Ihr Herz schlug plötzlich schneller, der Mund wurde trocken. Sei nicht albern, dachte sie – anscheinend hatte sie sich von den Ängsten ihres Kindes schon anstecken lassen.

Dennoch zitterten die Finger, mit denen sie den Vorhang langsam zur Seite zog. Erst nur ein Stück weit, dann zur Gänze. Nichts. Sie blieb kurz am Fenster stehen und schaute hinaus. Im Schein der Straßenbeleuchtung sah der durch den Wind schräg fallende Regen wie kleine Hagelkörner aus. Der Gehweg war menschenleer, die Reihe der geparkten Autos eng geschlossen. Hinter den meisten Fenstern der gegenüberliegenden Häuser war es dunkel, nur ab und zu zeugte ein bläulich zuckender Schein von laufenden Fernsehgeräten.

»Siehst du, da ist niemand«, sagte sie, als sie den Vorhang wieder zuzog. »Bist du jetzt beruhigt?«

Leona sah immer noch ängstlich aus und presste ihren Rücken an die Wand neben dem Bett. »Im Schrank, Mami! Schau bitte auch im Schrank nach.«

»Aber dann gibst du kleiner Quälgeist endlich Ruhe, okay?«

Leona nickte und strahlte jetzt etwas mehr Zuversicht aus.

Der Kleiderschrank im Kinderzimmer war riesig. In ihm lagen nicht nur Leonas Sachen, sondern auch Rebeccas Sommer- oder Winterbekleidung, je nach Jahreszeit. Er war hellgrau und hatte vier große Schiebetüren, von denen die beiden mittleren mit einem Spiegel versehen waren.

Rebecca öffnete eine Schiebetür nach der anderen. T-Shirts und Jeans kamen zum Vorschein, Jacken und Kleider, kein Mann. Natürlich nicht.

Sie schloss die letzte Tür und drehte sich zu Leona um. »Glaubst du mir jetzt, dass du nur schlecht geträumt hast?«

Zögernd nickte ihre Tochter.

»Okay – ich mache dir jetzt noch mal dein Hörspiel

an und dann wird geschlafen. Morgen ist wieder Schule, und da willst du doch sicher nicht den ganzen Tag lang müde sein, oder?«

Kurz darauf lag Leona wieder in ihrem Bett und hatte die Decke bis zu den Schultern hochgezogen. Sie war jetzt beruhigt, ihre dunkelblauen Augen fielen bereits zu. Rebecca gab ihrer Tochter einen Gute-Nacht-Kuss und streichelte ihr ein letztes Mal über das seidig-weiche Haar. Es duftete ganz leicht nach Apfelshampoo, frisch und sauber. Ein Geruch, wie ihn nur Kinder verströmten.

Dann stand sie auf. Zeit, um selbst ins Bett zu gehen. Sie hatte überall nachgeschaut, wo sich ein Mensch verstecken konnte: unter dem Bett, hinter dem Vorhang, im großen Schrank.

Nur nicht hinter der offen stehenden Tür.

Rebecca schloss diese jetzt von außen und ging in Richtung des Badezimmers, wobei sie vor Müdigkeit fast über die eigenen Füße stolperte. Sie hatte gerade die Hälfte des Weges hinter sich gebracht, als ein Schrei die Stille zerriss und ihr Herz einen Schlag lang aussetzen ließ.

»Maaaaaami!«

*

Durch das Auftauchen des Verfassungsschutzes hatte sich alles verändert. Die Verdächtigen. Die Fragen. Die Dimensionen des Falls überhaupt. Aus einem gewöhnlichen Mord war einer mit einem möglichen politischen Hintergrund geworden. Im Prinzip war nur eines beim Alten geblieben: Sonja Risse war immer noch tot.

Um jetzt effektiv recherchieren zu können, brauchten

Jan und Mütze die Rückendeckung von Alexander Herold, dem Herausgeber des Magazins. Herold war einer der letzten Patriarchen in der Medienbranche, ein Mann Ende sechzig, groß und eindrucksvoll. Mit silbergrauen Haaren, die immer so perfekt frisiert aussahen, als wäre er gerade beim Friseur gewesen. Er verfügte über eine physische Präsenz, die beeindruckte – ein Mensch, der jeden Raum füllte, indem er ihn nur betrat. Auch sein Büro spiegelte seine Persönlichkeit wider. Hier war alles echt und solide. Die handgeknüpften Teppiche aus Pakistan, die Gemälde an den Wänden, der aus Massivholz gefertigte Schreibtisch.

Nachdem Jan und Mütze mit ihrer Schilderung fertig waren, nickte der Herausgeber, um ihnen zu signalisieren, dass er das Ausmaß des Problems verstanden hatte. Dann bat er um die Visitenkarte, die der Mann vom Verfassungsschutz ihnen gegeben hatte.

»Bernhard Franzen«, sagte er nachdenklich, nachdem er einen Blick darauf geworfen hatte. »Ich werde mich darum kümmern! Ich denke, er wird euch keinen Ärger mehr machen.«

»Wir sollten die ganze Sache nicht auf die leichte Schulter nehmen«, entgegnete Mütze. »Jan hat mir gestern von der Story erzählt, die er über den Mord an Ullrich Schmücker geschrieben hat, und der Verfassungsschutz …«

»Ich weiß, Frau Schneider«, sagte Herold und lächelte milde. »Vergessen Sie nicht, dass ich schon damals der Herausgeber dieses Magazins war. Mir ist die Geschichte also geläufig und Sie kennen meine Linie: Wir arbeiten gerne mit den Behörden zusammen und unterstützen sie, wo wir nur können – aber wenn sie versuchen, meine

Mitarbeiter einzuschüchtern oder Recherchen zu verhindern, kann ich unangenehm werden.«

Augenblicklich wirkte Mütze verlegen, was nur selten vorkam. Fragte dann kleinlaut, was Herold jetzt vorhatte.

Der Herausgeber ließ sich mit der Antwort Zeit. »Wie wir alle wissen, verfügt der Verfassungsschutz über enorme Machtbefugnisse, die weit über jene hinausgehen, die einer normalen Polizeibehörde zur Verfügung stehen. Aber es ist eine Macht, die sich vor allem auf die Arbeit im Verborgenen stützt. Wenn es etwas gibt, was diese Leute wirklich fürchten, dann ist es, in das Licht der Öffentlichkeit gezerrt zu werden. Was also werde ich tun? Ich werde Franzen anrufen und ihm drei Möglichkeiten anbieten. Die erste besteht darin, Frau Schneider offiziell vorzuladen, im Beisein ihres Anwalts, versteht sich, und ihr konkret darzulegen, welche Anschuldigungen er gegen sie erhebt. Die zweite ist einfach: Er wird Frau Schneider ab sofort nicht mehr behelligen! Wenn er jedoch – was ich allerdings nicht glaube – weder auf den einen noch auf den anderen Vorschlag eingeht, werde ich ihm deutlich machen, welche Folgen das haben könnte. Schlagzeilen wie ›*Was hat der Verfassungsschutz im Mordfall Risse zu verbergen?*‹ beispielsweise, oder auch ›*Warum versucht der Verfassungsschutz, die Recherchen unserer Mitarbeiter zu verhindern?*‹. Vielleicht werde ich Herrn Franzen bei dem Telefonat auch direkt um ein vorteilhaftes Foto von ihm bitten, welches wir für den Bericht verwenden können.«

Unwillkürlich musste Jan grinsen. Er mochte Herold. Nicht nur wegen seines ausgeprägten Durchsetzungsvermögens, sondern auch, weil er den Mut hatte, für die

Wahrheit zu streiten – egal, mit wem er sich dafür anlegen musste. Und er mochte den Punkt, wenn aus *einem* Anwalt »*Ihr* Anwalt« wurde, womit Herold gleichzeitig zeigte, dass er voll hinter ihnen stand.

»Dann hätten wir das ja geklärt«, sagte Jan. »Im Gegensatz zur Frage, wie es überhaupt zu dem Mord an Sonja Risse gekommen ist.«

Der Herausgeber sah ihn an. »Irgendwelche Theorien?«

»Wir können nach Franzens Besuch wohl davon ausgehen, dass die Firma, für die Sonja Risse gearbeitet hat, in irgendeiner Verbindung zum Verfassungsschutz stand. Vielleicht wurde das Haus von ihm beobachtet, vielleicht hat die Behörde selbst dort Menschen untergebracht. Wenn dem so ist, müssen wir auch die Möglichkeit in Betracht ziehen, dass der Verfassungsschutz in Sonjas Tod involviert ist. Vielleicht nicht direkt, aber indirekt, indem er den Täter schützt.«

»Ich bin der gleichen Ansicht«, unterstützte Mütze ihn. »Auch wenn diese These vordergründig nicht zu der Art passen mag, wie sie umgebracht wurde. Das rote Kleid, die Spieluhr ... all das deutet eher auf einen persönlichen Hintergrund für den Mord hin. Es sei denn, genau diese Wirkung wäre beabsichtigt.«

»Was meinen Sie damit?«, fragte Herold. »Dass der Mörder uns in die Irre führen will?«

»Nicht uns – die Polizei.« Mütze räusperte sich. »Die Vorstellung von dem Motiv eines Mörders leitet sich doch unmittelbar aus der Art und Weise ab, wie er getötet hat, richtig? Vielleicht hat unser Täter ja alles nur so inszeniert, damit man ihn genau dafür hält: für einen Mörder aus Leidenschaft. Was wäre denn gewesen, wenn er

Sonja mit einem aufgesetzten Kopfschuss getötet hätte, abgegeben aus einer schallgedämpften Waffe?«

»Ich verstehe, worauf Sie hinauswollen …«

»Die Polizei hätte viel intensiver nach anderen Motiven gesucht. Man hätte einen Auftragsmord in Betracht gezogen, die Beseitigung einer Zeugin beispielsweise. Unser Mörder ist clever, da sind wir uns doch einig, oder?«

Herold nickte.

»Mit diesem bizarren Theater lässt sich wunderbar von seiner wahren Intention ablenken. Er hätte die Polizei damit manipuliert, sie zu diesem ganzen psychologischen Quatsch angestiftet.« Sie legte eine kurze Pause ein, dann fuhr sie fort: »Alles, was wir hundertprozentig sicher wissen, ist, dass Sonja Risse am Wilzenberg ermordet wurde und zuvor in einem Haus gearbeitet hat, dessen Gäste und Betreiber in irgendeiner Verbindung zum Verfassungsschutz stehen. Wenn wir weiterkommen wollen, sollten wir uns also zunächst einmal auf dieses Haus und seine Besitzer konzentrieren.«

»Ich habe gestern bereits Harald Menz angerufen und ihm eine Nachricht auf dem Anrufbeantworter hinterlassen.« Jan warf Herold einen Blick zu. »Sie können sich noch an Menz erinnern?«

»Natürlich. Ein guter Mann. Ich habe ihn damals nicht gern gehen lassen.«

Dann schaute Jan Mütze an, die keine Ahnung hatte, von wem sie redeten. »Menz war früher Redakteur bei den *Reportern*«, sagte er. »Er hat hier aufgehört, kurz bevor du angefangen hast, und ist jetzt einer der besten Wirtschaftsredakteure beim WDR. Geldwäsche, illegale Firmenverflechtungen, dubiose Scheingeschäfte. Solche

Sachen. Wenn jemand herausfinden kann, wer hinter dieser Simblock GmbH steckt, dann er. Außerdem kann er sich dann direkt auch Edgar Münch vornehmen – bislang ist der Kerl für uns ja nur ein Name.«

»Prima«, erwiderte Mütze. »Konzentrier du dich darauf, und ich versuche, Stefan Wahlert zu finden. Vielleicht weiß Sonjas letzter Freund ja mehr über das Haus oder über die Leute, mit denen sie kurz vor ihrem Tod am meisten Zeit verbrachte.«

Herold schaute auf die Uhr. »Leider steht jetzt schon wieder der nächste Termin an. Wir sind hier aber auch durch, oder?«

Jan war das nur recht, er wollte sowieso los. In einer halben Stunde musste er in Arslans Boxstudio sein, um seinen Kumpel für den Trip ins Sauerland abzuholen. Das schlechte Gewissen, das er empfand, weil er Mütze bislang nichts von dem Ausflug erzählt hatte, verdrängte er.

Momentan, so schien es ihm, war er im Verdrängen recht gut.

*

Die Fahrt nach Schmallenberg verlief ohne besondere Vorkommnisse. Als er mit Arslan um kurz vor sechs in dem Ort ankam, war es allerdings immer noch hell – zu hell für sein Vorhaben jedenfalls.

Um die Zeit bis zum Einbrechen der Dunkelheit zu überbrücken, suchten sie eine kleine Eckkneipe im Zentrum auf, bestellten zwei Cola und sahen vier älteren Männern zu, die am Nebentisch Skat spielten. Die Männer wirkten wie Überbleibsel aus einer Zeit, in der in solchen Kneipen noch geraucht werden durfte und der

Fernseher nur drei Programme hatte. Graue Haare, graue Bartstoppeln, dröhnende Stimmen und ausgeprägte Lachfalten. Die Gesprächsfetzen drehten sich meist um ihre Familien und das Sauerland. Vielleicht, weil alles, was weiter weg auf der Welt passierte, keinerlei Bezug mehr zu ihrem Leben hatte.

»Wenn ich alt bin, will ich auch so mit Freunden abhängen«, sagte Arslan, als hätte er seine Gedanken erraten. »Das erinnert mich voll an meine Heimat.«

Jan nickte, und Arslan redete weiter. »Irgendwann musst du mit mir nach Tarsus kommen – das würde dir gefallen! Die kleinen Dörfer und die Leute, die sich alle kennen. Jedes Mal, wenn ich da bin, wird mein Herz ganz schwer, weil es so traurig und gleichzeitig so schön ist.«

So war Arslan. Härte war sein Markenzeichen, Ehre, Treue und ein weiches Herz sein Verderben.

Außerdem hatte er recht: In dieser Gegend, mit ihren freiwilligen Feuerwehren, den schiefergedeckten Häusern, den Straßen, die nach einem Regenschauer feucht und sauber schimmerten, den gepflegten Rasenflächen und Vorgärten, den mit blinkenden Lichtern versehenen Bahnübergängen, kam Jan sich vor wie in einem Deutschland, das andernorts schon lange vergangen war. Einem Land, das durch ein großes Reich im Osten bedroht und durch eine ebenso große Macht im Westen geschützt worden war. In dem auch die kleinen Leute zufrieden lebten, weil sie mit ihrer Hände Arbeit etwas erreichen konnten – ein Gefühl, dass ihn immer an seine Kindheit erinnerte, als das Auto samstags gewaschen wurde und man die Bundesligabegegnungen nicht auf Sky, sondern im Radio verfolgte. Es war nicht so, dass er sich diese Zeit zurückwünschte, aber er konnte auch nicht verhindern, dass ihn immer ein wenig Wehmut überkam, wenn er an sie dachte.

Dann musste er lachen. »Wenn Mütze jetzt hier wäre, würde sie uns wahrscheinlich auslachen und schnell aus dieser melancholischen Stimmung herausholen.«

»Spinnst du?«, entgegnete Arslan aufgebracht. »Wir sind Männer – wir können nur weich sein, wenn keine Frauen dabei sind!«

Wieder musste Jan lachen. Auch das war Arslan.

Anschließend nutzten sie die Wartezeit, um in Ruhe zu reden. Über das, was sie waren. Über das, was sie aus ihrem Leben gemacht hatten. Über das, was sie sein wollten, und das, was sie hinter sich lassen mussten, um dieses Ziel zu erreichen.

Erst als es vollständig dunkel geworden war, brachen sie auf. Wieder steuerte Jan den Waldparkplatz an, auf dem er schon mit Mütze geparkt hatte. Kein anderes Auto stand dort, kein Mensch war zu sehen. Nur ein paar aufgeschreckte Kaninchen flüchteten ins Unterholz.

»Und jetzt?«, fragte Arslan.

»Ich gehe voraus, und du folgst mir in einigem Abstand. So als wolltest du nicht, dass ich dich bemerke, aber ohne mich aus den Augen zu lassen.«

»Das ist alles?«

Er nickte. »Nach ein paar hundert Metern hängt dann ein Holzschild an einem Baum, das in Richtung des Teichs weist. Pass auf, dass du es nicht verpasst!«

Arslan zuckte die Achseln und sagte »Okay«, dann gingen sie los.

Zunächst folgte Jan dem befestigten Weg, der ihn stetig bergauf führte. Schon hier ragten die Bäume von beiden Seiten aus über den Pfad, so dass ihre Kronen über seinem Kopf ein geschlossenes Dach bildeten. Er drehte sich nicht um, wusste ja, dass Arslan hinter ihm war, auch wenn er bislang noch nichts von ihm gehört hatte.

Als er kurz darauf das hölzerne Schild erreichte, bog er auf den Pfad ab, der tiefer in den Wald hineinführte. Der Boden bestand jetzt nur noch aus festgetretenem Erdreich, und er musste aufpassen, dass er in der Dunkelheit nicht stolperte. Immer wieder ragten Wurzeln empor oder er trat auf abgefallene Äste, die unter seinen Schuhen brachen und in der Stille wie Kanonenschüsse klangen. Unvermittelt blieb er stehen und lauschte nach irgendwelchen Geräuschen, die nicht hierhin gehörten. Nichts. Auch von Arslan war weiterhin kein Laut zu hören. Vielleicht hatte sein Freund den befestigten Pfad noch nicht verlassen. Vielleicht stoppte er immer dann hinter ihm, wenn auch er anhielt.

Je tiefer Jan in den Wald vordrang, desto finsterer wurde es. Er sah auf seine Uhr, erst kurz nach acht, und dennoch wirkte der Wilzenberg bereits wie ausgestorben. Er hatte auf der gesamten Strecke keine anderen Spaziergänger mehr gesehen, niemanden, der mit seinem Hund Gassi ging.

Vorsichtig ging er weiter. Zwischen ihm und dem Teich konnten nun keine hundert Meter mehr liegen. Manchmal kam es ihm vor, als könne er ihn zwischen den Bäumen bereits erkennen. Seine ruhig liegende Oberfläche, die im Mondlicht silbrig schimmerte.

Dann knackte es laut. Er blieb wie angewurzelt stehen.

Was war das?

In dem Moment frischte der Wind auf und ließ die

Kronen der Bäume rauschen. Jan wirbelte herum. Nichts. Keine Bewegung, kein Arslan. Der Weg, auf dem er gekommen war, kam ihm jetzt noch finsterer vor, als wenn hinter ihm jemand den Lichtschalter betätigt hätte. Nichts rührte sich, und es war auch kein weiteres Geräusch mehr zu hören.

»Arslan?«, rief er.

Kein Laut.

Nach ein paar Sekunden setzte er seinen Weg fort, bis er den Teich erreicht hatte. Wieder knackte es, und dieses Mal nahm er auch eine Bewegung wahr – im dichten Unterholz rechts der Lichtung, wo der Berg wieder steiler wurde. Ein Huschen nur, vielleicht seinen angespannten Nerven geschuldet. Er spähte in den Wald hinein. Alles war schwarz, der Pfad ebenso wie die Bäume, die ihn säumten. Dennoch spürte er, dass er sich nicht geirrt hatte. Irgendetwas war da.

Irgendjemand.

»Komm raus, Arslan«, rief er. »Ich weiß jetzt, was ich wissen wollte.«

Keine Reaktion.

Starr hielt Jan den Blick auf die Stelle gerichtet, an der er das Huschen wahrgenommen hatte, doch da war nur in Schwarz gehüllte Stille. Auch der böige Wind war wieder zur Ruhe gekommen, und ein Unheil verkündendes Schweigen erfüllte den Wald, als verberge sich etwas dahinter, das nur darauf wartete, endlich losschlagen zu können.

»Das ist jetzt nicht mehr lustig«, rief er. »Du hast deinen Spaß gehabt, Arslan, jetzt ist gut!«

Er bekam keine Antwort. Er wartete noch einen Moment ab, dann ging er weiter und trat neben die Parkbank. Wieder raschelte etwas vor ihm. Er ahnte die Bewegung mehr, als dass er sie sah.

»Hallo?«

Erneut keine Antwort.

Der Wald wirkte jetzt nicht länger nur abweisend, sondern offen bedrohlich, als habe die Nacht ihn verwandelt. Jan blickte den Pfad entlang und überlegte, ob er einfach wieder zurückgehen sollte. Arslan war die ganze Sache vermutlich einfach zu blöd gewesen und er wartete am Parkplatz auf ihn. Vielleicht würde er auch hinter einem der Bäume hervorspringen und laut »Buh!« rufen. Dennoch wurde Jan das Gefühl nicht los, nicht mehr allein zu sein. Er spürte, wie seine Nerven zuckten und die Knie zitterten.

Dann hörte er es.

Die Geräusche von Schritten, die sich rasend schnell näherten. Bevor er herumfahren konnte, wurde eine Hand auf seinen Mund gepresst. Ein Arm umfasste seine Taille, der Griff fest wie ein Schraubstock.

»Ich bin's«, flüsterte Arslan hinter ihm. »Sei leise – da ist jemand!«

Direkt danach löste sich die Hand von seinem Mund, und Jan schnappte nach Luft. Auch seine Taille war jetzt wieder frei. Er drehte sich zu Arslan um und sagte so leise wie möglich: »Ich weiß. Ich habe auch etwas gesehen. Irgendwo da vorne, zwischen den Bäumen.«

»Lass uns abhauen«, sagte Arslan. »Mir gefällt's hier nicht. Ich habe echt ein Scheißgefühl.«

Trotz der Anspannung musste Jan grinsen. »Wer von uns beiden hat denn jetzt Angst? Angeblich geht dir der Arsch doch nie auf Grundeis.«

Arslan ließ seinen Blick durch den umliegenden Wald

streifen. »Ja, Mann, das tut er auch nicht. Normalerweise. Aber dieser Ort hier ist echt abgefahren! Wie so ein blöder Horrorfilm, in dem die Bäume lebendig werden. Und ich sage dir, da oben war jemand. Ich habe ihn ganz deutlich gesehen, als ich nach dir gesucht habe. Ein bisschen höher den Berg hinauf, an der Kapelle.«

»Von welcher Kapelle redest du?«

»Sieht auch aus wie aus 'nem Horrorfilm, mit lauter Kreuzen und so. Nur ein paar Meter von hier, direkt unter dem Ding da.« Er deutete auf das Gipfelkreuz, das sich scharf vor dem Nachthimmel abzeichnete. »Kennst du die nicht?«

Jan schüttelte den Kopf, dann schaute er sich ein letztes Mal um. Blickte auf die Parkbank, neben der Sonjas Leiche gefunden worden war, und auf den in der Dunkelheit kaum zu erkennenden Weg daneben, der steil nach oben führte – genau in die Richtung, aus der Arslan gerade gekommen war.

»Zeig sie mir.«

Arslan öffnete den Mund und schloss ihn wieder. Seufzte dann: »Komm mit.«

Sie gingen an dem Teich und der Parkbank vorbei, den Berg hinauf.

Tiefer in den Wald hinein.

DER UHRMACHER

Heute hatte sein Tag schon vor dem Morgengrauen begonnen. Stunden um Stunden hatte er still und geduldig in seinem Wagen verbracht und diesen nur verlassen, um in einem nahe gelegenen Gebüsch seine Blase zu entleeren. Ansonsten hielt er den Blick starr auf das zwanzig Meter entfernte Wohnhaus gerichtet. Zwei Etagen und das Erdgeschoss, drei Mietparteien insgesamt. Eine beigefarbene Fassade, eine überdimensioniert wirkende Satellitenschüssel auf dem Dach. Sauber geputzte Fenster.

Die meisten Menschen hätten eine solche Tätigkeit als öde und langweilig empfunden, er nicht. Er genoss die Phase des Auskundschaftens, des Anschleichens und der Informationsbeschaffung. So war er schon immer gewesen, auch damals, als dies noch zu seinen täglichen Aufgaben gehörte. Die Stunden des Wartens waren für ihn eine gute Gelegenheit, um in Ruhe nachdenken zu können und seine Gedanken zu ordnen. Außerdem liebte er es, ihm völlig unbekannte Menschen zu beobachten. Man konnte dabei so viel lernen, ihre Gewohnheiten studieren, sogar einen Blick in ihre Abgründe werfen.

Da war zum Beispiel dieser übergewichtige Glatzkopf, der das Haus neben seinem Zielobjekt um kurz vor acht Uhr morgens verlassen hatte. Er trug einen schlecht sitzenden Anzug und war mit hängenden Schultern auf einen älteren Opel Signum zugegangen, der vor dem Haus parkte. Augenscheinlich ein Mann auf dem Weg zu einer Arbeit, die ihn nicht mit Freude erfüllte. Als der Glatzkopf kurz darauf in seinem Auto saß, schaute er missmutig auf das Gebäude zurück und auf die Frau, die ihm von einem der Fenster aus lustlos zuwinkte – der Mann erwiderte die Geste nicht einmal.

Gegen Mittag hatte dann der Wagen eines Paketdienstes vor dem Haus gehalten, und der Fahrer war ausgestiegen. Er trug ein kleines Päckchen in der Hand, klingelte und verschwand im Inneren des Gebäudes. Als er es eine dreiviertel Stunde später wieder verließ, steckte sein Hemd unordentlich in der Hose und seine Haare waren zerzaust. Das kleine Päckchen hatte er wieder mitgebracht. Die gleiche Frau wie heute früh zeigte sich am Fenster. Sie schaute sich um, ob sonst noch jemand auf der Straße war, und als sie dem Paketzusteller zuwinkte, lag echte Zuneigung in dieser Geste.

Ein anderes Beispiel für verborgene sexuelle Begierden lieferte ihm das kostenlose Anzeigenblättchen, das in der Gegend erschien und von dem der Uhrmacher ein Exemplar bei sich hatte. Vier Seiten drehten sich nur um Sex. Die meisten gehörten zu der gewöhnlichen Sorte, aber es gab auch solche, in denen Dominas für ihre Erziehungsmethoden warben. Ausgefallene Rollenspiele. Es gab böse Mädchen, die den Po versohlt haben wollten, und andere, die versprachen, keine Tabus zu kennen. Auch Escort-Agenturen waren aufgeführt und warben um eine zahlungskräftigere Kundschaft. Es war ein großer Markt, der keine Konjunkturschwankungen kannte. Gefickt wurde immer. Die Kunden konnten es billig oder teuer haben, bizarr oder gewöhnlich. Sie zahlten mit ihrem schwer verdienten Geld, die Mädchen mit ihren Körpern und Seelen.

So war es immer schon gewesen.

Um kurz vor sechs Uhr abends verließ seine Zielperson endlich das Haus. Grauer Wollmantel, hellblaue Jeans, bequeme, aber wenig elegante Schuhe. Anne sah blass aus, ein wenig kränklich sogar. Abgekämpft und müde, nicht wild und sexy wie früher. Die vergangenen Jahrzehnte konnten nicht gut zu ihr gewesen sein: Sie hatten ihr sämtlichen Glanz geraubt und nur wenig von dem übrig gelassen, was sie einmal ausgezeichnet hatte.

Kurz überlegte er, ihr zu folgen, entschied sich dann aber dagegen. Sie hatte einen Stoffbeutel dabei, wollte wahrscheinlich noch einkaufen gehen, was ihm mindestens eine halbe Stunde Zeit verschaffen würde. Deutlich mehr, als er brauchte.

Er wartete, bis sie um die Ecke verschwunden war, dann legte er zwei Minuten obendrauf, falls sie zurückkehrte, weil sie etwas vergessen hatte. Anschließend griff er nach seinem Rucksack und ging auf das Haus zu. Er klingelte zweimal bei Lehmann, um den Schein zu wahren, und machte sich gleichzeitig mit der anderen Hand an dem Schloss zu schaffen. Er brauchte weniger als eine halbe Minute, dann war die Tür offen. Kriminaltechniker würden später feststellen können, dass sie aufgebrochen worden war, aber für einen Laien würden die Spuren nicht sichtbar sein. Keine Kratzer rund um das Schloss, kein Hakeln, wenn man es anschließend mit dem regulären Schlüssel öffnete.

Dafür war er zu gut.

Immer noch.

Auch die Wohnungstür bereitete ihm keine Probleme, aber dann stieß er auf einen unerwarteten Widerstand: einen zusätzlich angebrachten Sperrriegel. Er wollte fast schon aufgeben, als der darin verbaute Mechanismus endlich nachgab.

Nachdem er die Wohnung betreten hatte, ging er als Erstes ins Wohnzimmer, um sich dort umzusehen. In dem Raum gab es nichts, was ihn an die frühere Anne erinnerte. Alles war aufgeräumt und sauber, fast schon steril wirkend. Nur ein großes Foto im Flur, das sie in jungen Jahren zusammen mit Sonja und Rebecca zeigte, deutete darauf hin, dass sie eine Vergangenheit besaß, die sich deutlich von ihrem jetzigen Leben unterschied.

Seit seiner Rückkehr hatte er viel über Anne in Erfahrung gebracht. Er wusste, dass sie in einer Arztpraxis in Bad Berleburg arbeitete, keinen Partner hatte und zurückgezogen lebte. Aus den Briefen, die er in den letzten Tagen ihrem Briefkasten entnommen hatte, kannte er sogar ihren Kontostand. Er war leicht im Plus, solide und unauffällig, wie alles an ihr.

Nachdem er mit dem Wohnzimmer fertig war, nahm er sich die Küche und das Bad vor. Auch die Einrichtungsgegenstände dort passten zu der Frau, zu der sie jetzt geworden war: Massenware von solider Qualität.

Im Bad steckte er sich ihre Zahnbürste in den Mund, lutschte daran und stellte sie wieder weg, als er keinen Geschmack wahrnehmen konnte, der ihn an früher erinnerte. Dann war das Schlafzimmer dran.

Sein Blick fiel auf einen beigefarbenen Kleiderschrank mit Spiegeltüren. Auf eine Kommode im selben Farbton. Das Doppelbett war nicht sonderlich breit, einen Meter vierzig nur. Die eine Hälfte sah aus, als wäre sie nie benutzt worden. Auf dem Bett lag weiße Bettwäsche, die mit blauen Blumen bedruckt war, an der Wand links davon hing ein Kunstdruck, auf dem Hunde miteinander pokerten.

Wie langweilig.

Er ging auf das Bett zu, griff nach dem Kopfkissen und drückte es gegen sein Gesicht. In dem Stoff konnte er endlich ihren Geruch wahrnehmen; ein Duft, der die gewünschten Erinnerungen aufflackern ließ. Ein Stöhnen drang aus seinem Mund. Jeder seiner Atemzüge glich nun einer Zeitreise hin zu einem Ort, der ihn magisch anzog.

Er war noch nicht lange in dem Haus untergebracht gewesen, als die Party stieg, an irgendeinem Samstagabend. Eigentlich war er wegen Sonja gekommen, aber die hatte sich distanziert wie immer verhalten. Er wusste nicht mehr, ob er damit begonnen hatte, mit Anne zu flirten, um Sonja eifersüchtig zu machen, oder ob es von ihr ausgegangen war. Jedenfalls hatte er sich irgendwann mit Anne auf der Tanzfläche wiedergefunden. Sie hatte sich mit dem Rücken zu ihm gedreht, ihren Hintern an seinem Schoß gerieben und ihn über die Schulter hinweg lasziv angeschaut. Dann hatte sie gelacht und spielerisch auf seine Hand geschlagen, als er sie an der Schulter gepackt und ihren Nacken geküsst hatte. Der Druck in seinem Schritt war stärker geworden. Die Stimmung ausgelassen. Er fühlte sich gut, stark und selbstsicher.

Bis der Mexikaner kam.

Sie hatten ihn Frank genannt, und er war auch kein Mexikaner – seinen Spitznamen hatte er seiner Erscheinung und einer ausgeprägten Vorliebe für Tequila zu verdanken. Der Mexikaner war nicht besonders groß und leicht korpulent, und sein mächtiger Schnauzbart hatte den Mund wie ein Hufeisen umrahmt. Er hatte sich zu ihnen gesellt, sich vor Anne aufgebaut und mit seinen Bewegungen die ihrigen nachgeahmt. Alle drei hatten gejohlt, als der Mexikaner sich gegen sie gedrängt hatte, während er selbst immer noch hinter ihr stand. Anne war jetzt zwischen den beiden Männern eingeklemmt gewesen, hatte lachend den Kopf zurückgeworfen und die Arme nach oben gestreckt, unbeschwert, vom Alkohol berauscht. »Ihr müsst euch schon entscheiden, Jungs«, hatte sie gesagt. »Obwohl ich es locker mit euch beiden aufnehmen könnte!«

Vielleicht war die sexuelle Spannung in dem Raum anfangs nur subtil gewesen, aber das hatte sich spätestens mit Annes Aussage geändert. Jetzt war sie mit den Händen greifbar, angeheizt durch ihren straffen Körper, die Musik und die rhythmischen Bewegungen, die sie zwischen ihnen vollzog. Er hatte ihre Hand gepackt, sie umgedreht und heiser gesagt: »Komm mit auf mein Zimmer.«

Sie hatte kurz gezögert und war ihm dann gefolgt. Nach drei Schritten hatte sie sich jedoch zu dem Mexikaner umgedreht und gefragt: »Was ist mit dir?«

Das ließ Frank sich nicht zweimal sagen, sehr zum Missfallen des Uhrmachers – er hätte Anne lieber für sich allein gehabt. Zu dritt betraten sie kurz darauf sein Zimmer. Ein Schrank nur, eine kleine Kommode, ein winziger Fernseher – und das Bett, auf das sie sich fallen ließen. Er und der Mexikaner küssten Anne abwechselnd, zogen sie aus, erkundeten mit den Händen ihren Körper. Schliefen anschließend beide mit ihr.

Stunden später war er wach geworden. Anne schlief immer noch tief und fest, der Mexikaner schnarchte leise. Er überlegte kurz, was er jetzt tun sollte, dann stand er auf und griff nach seinen Sachen, die im Raum verstreut auf dem Boden lagen. Er zog sich leise an, verließ das Zimmer und ging nach unten, um seine Jacke zu holen, die er vor dem Tanzen ausgezogen hatte. Die Party war schon lange zu Ende, die Lichter ausgeschaltet, der Raum leer. Ein unangenehmer Geruch hing in der Luft – wie der einer Unterhose, die seit Monaten im Wäschekorb lag.

In dem schwachen Mondlicht, das in den Raum fiel, erkannte er, dass seine Jacke noch immer über dem Stuhl hing, auf dem er sie zurückgelassen hatte. Er griff danach und wollte den Raum gerade wieder verlassen, als eine Stimme aus der Dunkelheit ertönte. »Und, du Held – bist du jetzt stolz?«

Sonja.

Sie saß allein in einer Ecke und hatte die Arme um ihre Knie geschlungen. Er setzte sich neben sie, schweigend zunächst. Stockend begann eine Unterhaltung, wurde mit der Zeit immer flüssiger. Sie redeten, bis die Sonne aufging, und es waren Stunden gewesen, die alles veränderten.

Zumindest veränderten sie ihn.

So hatte es begonnen. Sonja löschte alles aus, was er war, und erschuf ihn neu. Zumindest hatten sie das damals geglaubt. Heute wusste er, dass die größte Eitelkeit in der Annahme bestand, die Liebe des einen Menschen könnte das Schicksal des anderen verändern.

Ein letztes Mal atmete er jetzt den kaum wahrzunehmenden Geruch ein, den Annes Kopfkissen verströmte, dann legte er es zurück und strich es glatt. Er würde ihr heute nur eine Warnung zukommen lassen, mehr nicht.

Alles, was er mit diesem Besuch bezweckt hatte, war festzustellen, wie sie jetzt lebte, und sich auf den Moment vorzubereiten, wenn er wiederkommen würde.

Er schaute auf die Uhr und stellte fest, dass er mehr Zeit in der Wohnung verbracht hatte, als ursprünglich geplant. Dennoch blieb er im Flur noch einmal kurz vor dem Foto der Mädchen stehen und betrachtete ihre Gesichter. Alle drei waren komplett unterschiedlich, und dennoch ähnelte sich der Ausdruck und die Art, wie sie lachten. Sonja, Anne und Rebecca. So jung. So lebendig.

Dann öffnete er den Mund, und seine Lippen formten Worte, die zu einer Strophe wurden und schließlich ein Lied ergaben.

»Hush, little baby, don't say a word ...«

WILZENBERG/SAUERLAND

Steil ging es vom Teich aus in Richtung Gipfel. Es war nicht weit, dennoch brannten Jans Oberschenkel. Seine Augen hatten sich mittlerweile besser an die Dunkelheit gewöhnt, so dass er Einzelheiten deutlicher erkennen konnte. Das Laub auf dem Boden. Die knorrigen Äste der Bäume, die wie Finger nach ihm griffen. Der angespannte Gesichtsausdruck von Arslan, der direkt neben ihm ging. Ab und zu drang das Rascheln nachtaktiver Tiere aus den Büschen, ansonsten herrschte Stille. Das Gefühl, beobachtet zu werden, hatte sich verflüchtigt.

Plötzlich öffnete sich der Wald und gab den Blick auf eine Lichtung frei, an deren Ende eine Kapelle stand. Sie war größer als erwartet, unheimlich und wunderschön zugleich. Ihre weiß verputzte Fassade schien im Mondlicht zu leuchten, die Seitenwände wurden durch bogenförmige Fenster durchbrochen. Auf dem schiefergedeckten Satteldach konnte man einen kleinen Turm erkennen. Das Bauwerk sah aus, als würde es aus dem 18. Jahrhundert stammen.

»Das ist doch voll krank, oder?«, flüsterte Arslan und

deutete auf etwas, das ein Stück weit hinter der Kapelle lag. Als Jan näher heranging, fiel sein Blick auf drei Holzkreuze, mit denen die Kreuzigung Christi dargestellt war.

»Das ist nur eine sogenannte Kreuzigungsgruppe«, sagte er. »Sie stellt eine der bedeutendsten Stellen aus der Bibel dar. Nichts, worüber du dir Sorgen machen musst. Wo hast du denn den Fremden gesehen?«

»Ich bin von dort gekommen«, sagte Arslan und zeigte in Richtung eines Weges, der seitlich aus dem Wald kommend auf die Lichtung führte, »und der Typ war irgendwo dort.« Jetzt deutete er in die entgegengesetzte Richtung. »Ich habe erst gedacht, du wärst es, aber als ich deinen Namen gerufen habe, ist er aufgesprungen und weggerannt.«

Die Stelle, die Arslan meinte, lag direkt am Waldrand. Das Mondlicht drang dort kaum durch das Blätterdach der Bäume hindurch, so dass Jan keine Einzelheiten erkennen konnte. Nur etwas Helles, das sich schwach vom Dunkel des Waldes abhob.

Langsam ging er darauf zu. Im selben Moment frischte der Wind wieder auf, als ob er ihn warnen wollte. Er blieb stehen und lauschte, doch alles, was er hörte, war das Rauschen der Bäume und Arslans Schritte, der jetzt nicht mehr von seiner Seite wich.

Jan war nicht sonderlich bibelfest, glaubte aber, dass man dieses kleine Gebäude, vor dem Arslan den Unbekannten gesehen hatte, ein Heiligenhäuschen nannte. Er trat näher heran und wusste plötzlich, was der Mann hier gemacht hatte.

Keine fünf Meter entfernt flackerte ein Grablicht in der Dunkelheit, wie man es von Friedhöfen kannte. Der Schein war zu schwach, um die umliegende Finsternis zu durchdringen, reichte aber aus, um eine winzige Grotte dahinter zu beleuchten. In ihr kniete eine Figur. Wenn ihn nicht alles täuschte, der heilige Antonius von Padua – Gläubige flehten ihn an, wenn sie verloren gegangene Dinge wieder zurückhaben wollten.

Jan ging vor der Grotte in die Knie und betrachtete die vor ihm liegenden Gegenstände. Neben dem Grablicht hatte jemand eine Kette und einen Ring platziert, doch was seinen Blick sofort auf sich zog, war das vergilbte Foto, welches hinter dem Grablicht stand. Auf ihm war das Gesicht einer jungen Frau zu erkennen, Sonja Risse.

Sie schaute direkt in die Kamera und lächelte. Sie sah glücklich aus. Vielleicht lag es an der Dunkelheit und dem Kerzenlicht, aber Jan bildete sich sogar ein, dass ihre Augen leuchteten.

Ihn fröstelte.

Er hatte das Gefühl, das Bild einer verstorbenen Bekannten zu betrachten. Vielleicht lag es daran, dass ihm Sonja in den letzten Tagen zu vertraut geworden war. Er wusste jetzt schon mehr über sie, als sie wahrscheinlich gewollt hätte.

Dann hörte er Arslan näherkommen. Er drehte sich um und sah ihn wortlos an.

»Noch eine Bibelgeschichte?«, fragte der Boxer.

»Nein«, erwiderte Jan. »Das ist ein Altar. Ein Altar für eine Tote.«

*

Anne Lehmann wuchtete den Beutel mit den Einkäufen stöhnend auf den Küchentisch. Dann packte sie aus, während sie darüber nachdachte, dass sich in Lennestadt in den letzten zwanzig Jahren praktisch nichts verändert hatte. Die ganze Region kam ihr wie ein Freilichtmuseum ihres eigenen Lebens vor. Dabei war es nie ihr Leben gewesen, sondern das einer anderen. Einer Person, die sie aus ihrem Kopf verbannt hatte und die niemals zurückkehren durfte.

Nach dem Besuch im Supermarkt war sie noch eine Zeit lang spazieren gegangen und dabei auch an einem kleinen Elektromarkt vorbeigekommen. Durch die Scheibe hatte sie die CD-Abteilung erkennen können. Teenager studierten dort die Neuerscheinungen, genau wie sie und ihre Freundinnen früher. Ihr war eine Frau aufgefallen, schon etwas älter, die ein Mädchen von ungefähr sieben Jahren an der Hand hielt. Als sie die Mutter genauer in Augenschein nahm, fiel ihr auf, dass sie sie kannte. Sie hieß Stefanie und war früher in einer Parallelklasse gewesen, an den Nachnamen konnte sie sich nicht mehr erinnern. Damals war Stefanie ein auffallend hübsches Mädchen gewesen, und wenn Anne nicht alles täuschte, hatte sie sie auch mal gefragt, ob sie nicht einen Job suchen und ebenfalls in dem Haus arbeiten wollte. Stefanie wollte nicht, ein Glück für sie. Ansonsten würde sie jetzt auch wie ein seelenloser Geist durch den Ort wandeln …

Dann hatten die Teenager das Interesse an den CDs verloren und waren wild durcheinanderredend nach draußen gestürmt, wobei ein etwa vierzehnjähriger Junge das kleine Mädchen hart anrempelte. Es begann zu weinen. Stefanie ging sofort in die Knie, um es zu trösten, und plötzlich strahlte ihr Gesicht vom Glanz einer bedingungslosen Liebe, wie Anne sie nie kennengelernt hatte. Rasch wendete sie sich ab und ging weiter, damit sie erst gar nicht anfing, über Dinge nachzudenken, die sich nicht ändern ließen.

Nachdem sie die Einkäufe im Kühlschrank verstaut hatte, hängte sie ihren Mantel auf einem Bügel an der Garderobe auf und ging ins Wohnzimmer, wo sie den Fernseher einschaltete, um die Einsamkeit zu vertreiben. Sie ließ die Nachrichtensendung laufen, ohne auf das zu achten, was der Sprecher sagte, und wurde das Gefühl nicht los, dass irgendetwas nicht stimmte. Die Ahnung einer Bedrohung machte sich in ihr breit, ohne dass sie verorten konnte, woher diese stammte.

Anne ging ins Schlafzimmer, um sich umzusehen und sich zu vergewissern, dass die Fenster geschlossen waren und sich niemand dort versteckte. In dem Zimmer hatte sich nichts verändert. Alles sah noch genauso aus, wie sie es zurückgelassen hatte. Das akkurat gemachte Bett, die geschlossenen Türen des Schlafzimmerschranks, die zugezogenen Gardinen. Nichts, was ihrem Gefühl Nahrung gegeben hätte. Langsam entspannte sie sich wieder.

Als sie kurz darauf in die Küche zurückkam, fiel ihr auf, dass ihr Portemonnaie nicht an seinem angestammten Platz lag. Es musste immer noch in der Manteltasche stecken, wo sie es nach dem Einkauf verstaut hatte. In ihrem Leben mussten die Dinge stets ihre Ordnung haben, und selbst eine solch minimale Abweichung störte sie.

Sie ging in den Flur, um es zu holen, und plötzlich erkannte sie, woher das bedrohliche Gefühl gekommen war. Nur weil man paranoid war, hieß das nicht, dass man nicht wirklich verfolgt wurde. Nur weil man den Großteil seines Lebens in einer Gedankenwelt verbrachte, hieß das nicht, dass diese nicht real werden konnte. Nur weil ihr Bauchgefühl sie schon mehrmals betrogen hatte, hieß das nicht, dass es nicht auch mal recht behalten konnte.

Ihr Blick war starr auf das Bild vor ihr gerichtet. Dieses seit Jahren an der Wand hängende Foto, das sie und ihre Freundinnen zeigte. Beziehungsweise: nicht zeigte. Irgendjemand hatte es herumgedreht, so dass man die Gesichter nicht erkennen konnte und nur auf die Pappe blickte, die das Bild von hinten stützte.

Ihr wurde schlecht. Sie öffnete den Mund. Kein Ton kam heraus. Plötzlich gaben ihre Beine nach und sie rutschte mit dem Rücken an die Wand gelehnt zu Boden. Winzige Sternchen tanzten vor ihren Lidern. Es fehlte nicht viel, und sie hätte sich übergeben müssen.

Alles war wieder da.

Er war wieder da.

KÖLN

Es war kurz vor Mittag. Jan saß gerade mit dem vierten Kaffee des Tages an seinem Schreibtisch, als Mütze hereinkam und beiläufig fragte, wo er denn gestern Abend gewesen wäre.

Er sagte nichts, schaute konzentriert auf den Monitor vor sich und hoffte, dass sie es dabei belassen würde.

Das tat sie nicht. Zu gern hätte er sich ein zweites Mal vor einer Antwort gedrückt, um sich die zu erwartende Schimpftirade zu ersparen, aber das würde nicht funktionieren. Mütze hatte bereits Lunte gerochen. Also erzählte er ihr von seinem Ausflug mit Arslan, über den Besuch am Wilzenberg, über das Foto dort und die Kapelle. Den anschließenden Hagel aus Vorwürfen ließ er stumm über sich ergehen, wobei er sich größte Mühe gab, möglichst schuldbewusst dreinzuschauen.

»Du bist ein miserabler Schauspieler, Römer«, fuhr sie ihn an. »Jetzt tu nicht auch noch so, als würde es dir leidtun! Warum, verdammt noch mal, hast du mir nicht Bescheid gesagt?«

»Du hattest so viel zu tun und da wollte ich …«

»Bullshit! Es hat dir einfach gefallen, mit Arslan nachts durch die Wälder zu streifen und den Helden zu spielen, während ich den ganzen Tag über im Büro hocke und die langweiligen Recherchen erledige. Stimmt's?«

»Du kannst das eben am besten«, entgegnete er kleinlaut. »Wenn Arslan oder ich auch nur annähernd dein Talent hätten, dann würden wir ...«

»Mach es jetzt bloß nicht noch schlimmer, okay? Über diese Nummer reden wir noch, aber ein anderes Mal – jetzt haben wir Wichtigeres zu besprechen.«

»Das da wäre?« Er war heilfroh, endlich von sich ablenken zu können.

»Zuerst einmal: Herold hat mit Franzen gesprochen. Wie er vermutet hat, fand der Verfassungsschutz den dezenten Hinweis nicht lustig, dass wir öffentlich ein Fass aufmachen könnten, wenn er uns weiterhin quer kommt. Ganz im Gegenteil, Franzen hat Herold sogar gebeten, die Behörde herauszuhalten, und versichert, dass der Verfassungsschutz nichts mit dem Tod von Sonja Risse zu tun hat.«

»Das hätte ich an seiner Stelle auch gesagt.«

»Richtig, und deshalb hat Herold auch nur unter der Bedingung zugestimmt, dass du und ich mit Edgar Münch reden können. Franzen hat das zunächst abgelehnt. *Nationale Sicherheit* und solcher Käse, darunter macht man es wohl nicht in dem Laden. Anschließend ging es noch eine Zeit lang hin und her, aber am Ende kam Folgendes heraus: Franzen hat Herold versprochen, sich binnen einer Woche wieder zu melden und zu schauen, was er tun kann. Natürlich nur, wenn wir im Gegenzug versichern, nichts von dem Gespräch an die

Öffentlichkeit dringen zu lassen, und unter der Bedingung, dass es Münch und ihm frei steht, auf Fragen, die nichts mit dem Tod von Sonja Risse zu tun haben, nicht antworten zu müssen.«

Damit hatte Jan nicht gerechnet. »Wenn er das Versprechen einhält, ist das mehr, als ich erhofft hatte.«

»Es geht sogar noch weiter: Dieser Wirtschaftsredakteur vom Fernsehen … wie heißt er noch gleich?«

»Harald Menz?«

»Genau der – er hat sich gestern gemeldet. Da du nicht im Büro warst, habe ich mit ihm gesprochen und ihm alles durchgegeben, was wir haben. Er hat angekündigt, dich heute noch zurückzurufen.«

Noch eine gute Nachricht.

»Vor einer knappen Stunde habe ich dann auch endlich Anne Lehmann erreicht«, fuhr Mütze ungebremst fort. »Allerdings ist dieses Gespräch nicht ganz so erfreulich verlaufen. Genauer gesagt, es kam erst gar nicht dazu. Nachdem ich ihr gesagt habe, wer ich bin und worum es geht, hat sie einfach aufgelegt. Ich habe es danach noch ein paar Mal versucht, aber sie ist nicht mehr ans Telefon gegangen.«

Er spielte mit einem Bleistift herum, der auf seinem Schreibtisch lag. »Weißt du, wo sie wohnt?«

»In Lennestadt. Das ist ein Städtchen mit 25 000 Einwohnern, rund zwanzig Kilometer von Schmallenberg entfernt.«

»Vielleicht wimmelt sie uns an der Tür nicht so schnell ab wie am Telefon.«

Mütze sah ihn durchdringend an. »*Uns*? Bist du sicher, dass du nicht lieber mit Arslan hinfahren willst?«

Er beschloss, auf ihren Seitenhieb nicht einzugehen.

»Aber bevor wir zu ihr fahren, müssen wir mehr über sie erfahren. Was meinst du – soll ich Rebecca Kaiser anrufen? Sie kennt Anne Lehmann wahrscheinlich am besten.«

Mütze zuckte die Schultern, als wenn sie »mach doch«, sagen wollte, woraufhin Jan seinen Notizblock durchblätterte, bis er Rebeccas Nummer gefunden hatte.

Er hatte keine großen Hoffnungen, sie um diese Uhrzeit erreichen zu können. Es war mitten am Tag und sie wahrscheinlich noch auf der Arbeit. Umso größer war seine Freude, als sie nach dem fünften Klingeln abhob.

»Römer hier, Jan Römer«, sagte er. »Ich hoffe, es geht Ihnen gut? Ich wollte nur kurz fragen, ob …«

»Ich habe Ihnen nichts zu sagen«, unterbrach sie ihn mit tonloser Stimme.

Irritiert hielt er inne. Er hatte nicht mit einer begeisterten Begrüßung gerechnet, so wie er sie in die Mangel genommen hatte. Aber die Frau am anderen Ende klang vollkommen anders als jene Rebecca Kaiser, die er in Berlin kennengelernt hatte. Desinteressiert und abwesend.

»Es tut mir leid, wenn ich Sie gerade störe«, fuhr er fort. »Es dauert auch nicht …«

»Auf Wiederhören, Herr Römer«, unterbrach sie ihn erneut. »Belästigen Sie mich bitte nicht mehr!«

Dann hängte sie ein, ohne eine Antwort abzuwarten.

»Glückwunsch«, sagte Mütze grinsend, die seinen verblüfften Gesichtsausdruck wohl richtig interpretierte. »Im Moment hast du echt ein Händchen für Frauen.«

»Sarkasmus ist genau das, was ich jetzt brauche!«

»Eine meiner Schwächen«, flüsterte sie, als beichte sie, auf sechzehnjährige Chinesen in Schuluniformen zu stehen.

Jan wollte ihr gerade eine Antwort geben, als er sah, wie sie lachte. Dann musste er mitlachen, es ging nicht anders, und es befreite, fegte die kleinen Wolken weg, die sich zwischen ihnen aufgebaut hatten.

»Das gerade am Telefon war eine völlig andere Person als die, mit der wir in Berlin gesprochen haben«, sagte er, nachdem sie sich wieder beruhigt hatten. »Ich meine, es war schon Rebecca Kaiser, aber sie hat sich vollkommen anders verhalten. Irgendetwas stimmt da nicht, das spüre ich.«

Mütze setzte sich auf seine Schreibtischkante. »Hast du mal daran gedacht, dass sie vielleicht gar nicht die Person ist, die du in ihr siehst? Wir wissen nicht, was die Mädchen damals verbunden hat und was genau in dem Haus abgelaufen ist. Wir haben keine Ahnung, wie ihr Verhältnis untereinander war. Ich meine … außer dem kurzen Eindruck, den wir während des Gesprächs gewonnen haben, wissen wir praktisch gar nichts über sie! Halt, das stimmt nicht – sie hat ihre Freundin in einem entscheidenden Moment im Stich gelassen und es für Kohle mit irgendwelchen Typen getrieben. Versteh mich nicht falsch, ich will das nicht verurteilen – aber Fakt ist es nun mal!«

»Mein Gott, Mütze, sie war gerade mal zwanzig … hast du in dem Alter nie Fehler gemacht? Okay, sie hat sechs oder sieben Mal Geld für etwas genommen, was sie sowieso tun wollte, und moralisch gesehen mag das vielleicht verwerflich sein, aber das macht sie noch lange nicht zu einem schlechten Menschen. Ich kapier das nicht … du verhältst dich gerade echt spießig, was das angeht!«

Sie hakte die Daumen in die Taschen ihrer Jeans. Wirkte

unbeeindruckt und lässig, während ihre braunen Augen ihn kritisch musterten. Schüttelte dann den Kopf und sagte: »Und ich denke, dass es einen Typ Frau gibt, der dein Urteilsvermögen trübt. Wenn eine brünette *Berlin-Moabit-Milf* dir schöne Augen macht, blockiert das sofort dein klares Denken. Im Privaten mag das ja dein Ding sein, da sage ich nichts, aber wenn es sich jetzt auch beruflich auswirkt, bekommen wir beide ein Problem!«

Sie hatte den letzten Satz noch nicht ausgesprochen, da stand sie schon auf und verließ sein Büro. Aufrecht gehend, wie eine Amazone im Kampf für die Gerechtigkeit.

*

Nachdem Mütze weg war, nahm Jan einen zweiten Anlauf, um die liegen gebliebenen Alltagsaufgaben auf seinem Schreibtisch abzuarbeiten. Er ging diverse Agenturmeldungen durch, schrieb ein paar Bildunterschriften und redigierte den Sportbericht eines Kollegen, der sich mit Doping im Spitzenfußball beschäftigte.

Als er damit durch war, dachte er wieder an Mütze und an das, was sie gesagt hatte. Ihr Verhalten ärgerte ihn. Vor allem, weil er den Grund für ihre Ablehnung Rebecca Kaiser gegenüber nicht verstand. Normalerweise war Mütze eine weltoffene, eher linksliberal orientierte Frau, die nicht zu Vorurteilen neigte. Warum sie gerade in diesem Fall so engstirnig reagierte, war ein Rätsel. Er glaubte nicht, dass es ausschließlich an dem lag, was Rebecca in ihrer Jugend getan hatte. Er glaubte, dass Mütze etwas in ihr sah, was für ihn selbst nicht zu erkennen war. Er hätte sie zu gerne darauf angesprochen, wusste aber, dass jetzt der falsche Zeitpunkt dafür war.

Und während er weiterhin grübelte, klingelte das Telefon.

»Na, wie laufen die Dinge in meiner ehemaligen Arbeitsstätte?«, dröhnte Harald Menz' Stimme kurz darauf durch den Hörer. »Hat der alte Herold noch immer nicht vor der Allmacht des Internets kapituliert?«

»Innerlich schon«, erwiderte Jan. »Er denkt jeden Tag darüber nach, aufs Redaktionsgebäude zu klettern und die weiße Fahne zu hissen. Wahrscheinlich haben ihn bislang nur seine morschen Kniegelenke daran gehindert.«

»Bevor es so weit ist, solltest du vielleicht den Abgang machen und auch zum Fernsehen wechseln. Hier gibt es keine Sorgen wegen ständig sinkender Auflagen, keinen Kampf um wegbrechende Werbeeinnahmen, stattdessen eine solide finanzierte Redaktion – der Gebühreneinzugszentrale sei Dank!«

»Du kennst mich. Für den Bildschirm bin ich nicht telegen genug.«

»Kein Problem«, erwiderte Menz. »Radio ist auch fein! Oder arbeite hinter den Kulissen, wo niemand dein Gesicht ertragen muss.«

Pflichtschuldig lachte Jan mit. Sagte dann: »Ich hoffe, du hast mich nicht nur angerufen, weil du mich abwerben oder beleidigen willst?«

Einen Moment lang wurde es still in der Leitung. Als Menz wieder etwas sagte, klang seine Stimme deutlich ernster. »An was bist du da dran, Jan? Könnte das auch etwas für uns sein? Du verstehst schon: Wenn es eine große Story ist, würde ich gerne ein Stück vom Kuchen abbekommen. Natürlich nicht, bevor ihr eure Geschichte veröffentlicht habt.«

Ab jetzt bewegte er sich auf dünnem Eis. Einerseits brauchte er Menz' Hilfe, andererseits wollte er nicht, dass sein ehemaliger Kollege selbstständig in der Sache herumstocherte. Rasch wägte er sämtliche Optionen ab und kam zu dem Schluss, dass er sich – solange die Vorgänge in dem Haus Menz' Zuständigkeitsbereich nicht betrafen – der Verschwiegenheit des Kollegen sicher sein konnte.

»Ich weiß noch nicht, wohin die Reise geht«, antwortete er dann wahrheitsgemäß. »Ich denke aber nicht, dass die Story etwas für dich ist. Es geht um einen ungelösten Mordfall Ende der Neunziger, in den diese Simblock GmbH inklusive ihres Geschäftsführers Edgar Münch verwickelt ist. Nichts, was mit Wirtschaftskriminalität zu tun hat, so weit ich das bisher abschätzen kann. Sollte sich bei unseren Nachforschungen dann doch noch etwas Dementsprechendes ergeben, sage ich dir sofort Bescheid. Einverstanden?«

»Okay«, erwiderte Menz. »Ich habe so eine Ahnung, dass du dich dann früher oder später bei mir melden musst, denn an der Sache ist was faul. Ich hatte bislang nicht genug Zeit, um in die Tiefen vorzudringen, aber ein paar interessante Dinge habe ich schon herausgefunden. Fangen wir vorne an: Die Simblock GmbH wurde 1994 gegründet und im Januar 1998 wieder aufgelöst. Vier Jahre, in denen sie sogar ihre Bilanzen veröffentlicht hat. Ihre Haupteinnahmen hat sie durch Rechnungsstellungen an ein Duisburger Datenunternehmen erzielt, das gleichzeitig auch als Hauptgesellschafter eingetragen war. *Kolvadus GbR* – wie man es spricht.«

Er wartete, bis Jan den Namen notiert hatte.

»Auch diese Firma gibt es nicht mehr«, fuhr er dann

fort. »Als Eigentümer waren zwei Männer eingetragen, Franz Kausius und Edgar Münch – ebenjener Münch, der auch als Geschäftsführer für die Simblock GmbH fungierte. Und jetzt pass auf: Wenn du die angegebenen Geburtsdaten der beiden nimmst, dann existieren die Männer gar nicht. Kein Franz Kausius, kein Edgar Münch. Auch die in den Unterlagen angegebenen Adressen stimmen nicht. Laut den Unterlagen hat Edgar Münch im Kölner Stadtteil Fühlingen gewohnt, in der Heidemannstraße 47. Die Hausnummern dort reichen aber nur bis 24. Die Wohnanschrift von Franz Kausius in Düsseldorf ist eine komplette Fantasieadresse. Da gibt es noch nicht einmal eine Straße, die vom Namen her ähnlich klingt.«

»Was denkst du, was dahintersteckt?«

»Laut den Unterlagen hat sich die Simblock GmbH mit Import/Export beschäftigt. Dazu passt allerdings nicht, dass sich in den Bilanzen fast nur Zahlungen einer einzigen Firma finden, ebenjener Kolvadus GbR, die als Datenunternehmen dazu mit dem angegebenen Geschäftsbereich überhaupt nichts zu tun hatte. Normalerweise würde ich sagen, ein klarer Fall von Geldwäsche.«

»Du klingst so, als wenn das noch nicht alles wäre.«

»Schau mal aus dem Fenster, Jan: Dass da draußen ist Deutschland, nicht Honduras oder sonst eine Bananenrepublik. Um eine Firma zu eröffnen, brauchst du Ausweispapiere, eine Steuernummer, ein Konto, den ganzen offiziellen Quatsch also. Schwierig für Leute, die in Straßen wohnen, die es gar nicht gibt.«

Jan versuchte, die Informationen mit dem in Verbindung zu bringen, was sie bereits wussten. »Wir reden also über gefälschte Papiere?«, fragte er dann.

»Hörst du mir eigentlich zu? Mit einem Ausweis allein

ist es nicht getan! Du brauchst auch eine Steuernummer und eine gewisse Bonität für die Banken. Allein für die GmbH wurden umgerechnet 50000 Euro als Sicherheit hinterlegt. Dazu kam der Kauf des Hauses, die Anmietung des Büros in Duisburg, die Deckung der laufenden Kosten. Und das alles nur, damit die beiden Inhaber Geld von einem Konto auf das andere überweisen können? Ein monetärer Transfer zwischen zwei deutschen Firmen, die ihnen beide gehören? Das ergibt keinen Sinn! Außerdem: Vergiss mal alle Filme, die du über das Thema gesehen hast – der Aufbau von Scheinexistenzen, die sämtlichen Überprüfungen standhalten, ist nicht so einfach, wie sich das mancher Drehbuchautor vielleicht vorstellt.«

Nicht für normale Kriminelle vielleicht, dachte Jan. Für den Verfassungsschutz dagegen sollte es kein Problem sein, die Organe des Staates zu umgehen – er *war* der Staat.

»Was würdest du als Nächstes tun, wenn du noch mehr herausfinden wolltest?«, fragte er dann.

»Ganz einfach: Folge dem Fluss des Geldes. Die Simblock GmbH wurde von der Kolvadus GbR finanziert. Jetzt musst du nur noch herausbekommen, woher die ihr Geld bekommen hat. Immer weiter und weiter, bis du irgendwann an die Quelle stößt.«

Jan sagte nichts, was Menz lachen ließ. »Ich verstehe schon: Ich soll das für dich übernehmen, stimmt's? Im Gegenzug versicherst du mir unendliche Dankbarkeit und schwörst, mir direkt Bescheid zu geben, sobald deine Story konkreter wird. Außerdem wirst du dich natürlich umgehend revanchieren, wenn ich mal deine Hilfe brauche.«

Zufrieden sagte Jan: »Ach, Harald ... Ich hätte es nicht besser ausdrücken können!«

BERLIN

Vier Stunden waren seit dem Anruf des Journalisten vergangen, und noch immer zitterten ihre Finger. Mehr als zwanzig Jahre lang war es Rebecca gelungen, die Ereignisse am Wilzenberg weitestgehend zu verdrängen. Dafür hatte sie mit Nächten voller Alpträume bezahlt, in denen ihr Unterbewusstsein sie an die drängenden Fragen nach Versagen und Schuld erinnert hatte.

Sie hatte danach ein neues Leben begonnen, in einer anderen Stadt und mit einem anderen Mann. Sie hatte ein Kind bekommen, die Trennung von dem Vater des Kindes verkraftet und es geschafft, selbstständig für sich und Leona zu sorgen. Vielleicht hatten ihre kleinen Erfolge sie in den letzten Jahren zu selbstsicher werden lassen, vielleicht hatte die Zeit ihre Wachsamkeit betäubt. Wie naiv sie gewesen war – sie hatte tatsächlich geglaubt, es sei genug Zeit vergangen, um mit den Journalisten über das Haus am Wilzenberg reden zu können.

Noch immer hatte sie keine Ahnung, wer vor zwei Nächten in ihre Wohnung eingedrungen war. Sie war herumgeschnellt, als Leona geschrien hatte, und hatte den Mann angestarrt, der im Türrahmen des Kinderzimmers stand. Alles an ihm war schwarz gewesen: die Hose, der Pullover und die Skimaske, mit der er sein Gesicht verdeckte. Er hatte auf sie wie ein Bote aus der Hölle gewirkt. Einen Moment lang hatten sie sich stumm angestarrt, dann war er auf sie zugegangen. Er war erst stehen geblieben, als sie eine Prise Pfefferminz in seinen Atem ausmachen konnte. Dann hatte der Unbekannte seinen Zeigefinger gehoben und ihn auf ihren Mund gelegt.

Hush, little baby, don't say a word …

Eine überflüssige Geste; sie war wie paralysiert gewesen und hatte an die Wand gepresst dagestanden, unfähig, in irgendeiner Form zu reagieren. Am schlimmsten aber war ihre Sorge um Leona gewesen. Die Frage, ob er ihr etwas angetan hatte, hatte ihr so viel Angst gemacht, dass sie sich fast hätte übergeben müssen. Als ihre Tochter dann irgendwann nach ihr rief, war sie vor Erleichterung fast zusammengeklappt.

Sie wusste nicht mehr, wie lange der Fremde in dieser Position verharrt hatte. Wahrscheinlich nur Sekunden, die ihr rückblickend aber wie eine Ewigkeit vorkamen. Dann hatte er sich abgewendet und war zur Wohnungstür gegangen. Hatte sich dort umgedreht und zum Abschied den Zeigefinger erneut auf die Lippen gelegt. Anschließend war sie sofort in Leonas Zimmer gestürmt und in einen Weinkrampf ausgebrochen, als sie feststellte, dass er ihrer Tochter nichts angetan hatte.

Ganz im Gegenteil.

Er hatte Leona sogar etwas da gelassen.

Die Spieluhr stand auf der Kommode neben dem Bett. Sie war aus Blech gefertigt und sah alt aus. Ihr Sockel war blau angemalt, und darauf stand eine Tänzerin, die ein rotes Kleid trug. Die Figur hatte ein Knie angezogen, die Arme nach oben gereckt und die Handflächen über dem Kopf aneinandergelegt. Rebecca musste sie nicht aufziehen, um zu wissen, welche Melodie sie spielte. Sie verstand auch sofort den Sinn dahinter.

Was sie nicht verstand, war, wie der Mann hatte wissen können, dass sie mit den Journalisten geredet hatte. An ein zufälliges zeitliches Zusammentreffen der beiden Ereignisse glaubte sie keine Sekunde. Ihr war klar, dass das Eindringen des Fremden eine Folge ihres Gespräches mit Jan Römer und seiner Kollegin gewesen war, und sie war sich ebenso sicher, dass die Spieluhr eine Warnung darstellte, sich zukünftig von den beiden Journalisten fernzuhalten.

Aber wer steckte dahinter?

Am Tag nach dem Einbruch hatte sie einen Riegel an der Tür anbringen und die Fenster durch Alarmanlagen sichern lassen. Außerdem war sie fest davon überzeugt, beobachtet zu werden, selbst in ihren eigenen vier Wänden. Sie hatte daraufhin die gesamte Wohnung nach Webcams oder Mikrofonen abgesucht. Jedes Regal, die Lampen und die Bilder an den Wänden. Als sie nichts finden konnte, beruhigte sie das nicht etwa – es verstärkte nur die Furcht vor dem Unerklärlichen.

Rebecca wusste, dass sie diese Anspannung nicht lange ertragen konnte, wenn sie nicht durchdrehen wollte. In den letzten Tagen hatte sie mehr als einmal mit dem Gedanken gespielt, Berlin fluchtartig zu verlassen. Aber wo hätte sie hingehen sollen? Wo würde es für Leona und sie Sicherheit geben?

Und heute hatte der Journalist schon wieder angerufen. Es war ihre Panik gewesen, die dazu geführt hatte, dass sie sich so schroff verhielt. Je länger sie darüber nachdachte, desto unsicherer wurde sie, ob ihre Reaktion nicht ein Fehler gewesen war. Vielleicht hatte sie nach zwanzig Jahren des Schweigens durch ihre Aussage ihre ganz persönliche Büchse der Pandora geöffnet, die sie allein nun nicht mehr zubekam. Vielleicht hätte sie dem Journalisten bei seinem Besuch die ganze Wahrheit sagen sollen. Vielleicht waren er und seine Kollegin ja der einzige Ausweg, der sich ihr bot.

Sie wusste es einfach nicht.

Sie saß mit verschränkten Fingern auf dem Sofa und starrte die Wand an, als ob dort jeden Augenblick die Antworten auf ihre Fragen erscheinen würden.

DER UHRMACHER

Wenn es etwas gab, das der Uhrmacher aus seinem früheren Leben vermisste, dann war es der Untergrund. Die Subkulturen der Großstädte, in denen sie sich damals verborgen gehalten und auf den bewaffneten Kampf vorbereitet hatten.

In Dortmund gab es noch einen Club, der ihm dieses Gefühl wenigstens ansatzweise vermittelte. Ein abgewrackter Laden am Rande eines Industriegebiets, in dem bevorzugt Punkrock lief und viele Besucher lange Haare und T-Shirts trugen, die mit einem großen A, das von einem Kreis umschlossen war, bedruckt waren – dem Zeichen für Anarchie.

Die meisten Besucher waren fast genauso alt wie er. Gescheiterte Existenzen, die ebenfalls einer Zeit hinterhertrauerten, die nie zurückkehren würde. Er beobachtete sie, während er mit dem Rücken an die Theke gelehnt dastand und ein Bier in der Hand hielt. Sein fünftes. Zwischen den Bieren hatte er immer einen Schnaps getrunken, und jetzt spürte er endlich die volle Wirkung des Alkohols.

Das wattige Gefühl im Kopf.

Die Schwere seiner Lider.

Die schweißtreibende Wärme des überhitzten Raums.

Der Typ neben ihm mochte vielleicht fünf Jahre jünger sein als er. Er hatte fettige Haare und trug eine abgewetzte Jeans und ein Unterhemd, seine Füße steckten in verschlissenen Turnschuhen. Während der Uhrmacher ihn beobachtete, drehte er sich ungerührt einen Joint, steckte ihn in den Mund und zündete ihn an. Anarchie schien hier vor allem darin zu bestehen, auf das Rauchverbot zu scheißen.

»Willst du auch?«

Der Uhrmacher schüttelte den Kopf.

»Geiles Dope, total mild. Bringt dich gut drauf.«

Er griff nach der Tüte und zog daran. Der Stoff war tatsächlich erstklassig. Der Uhrmacher rauchte drei weitere Züge und gab den Joint dann an seinen Besitzer zurück.

»Ich bin der Andi«, sagte dieser.

»Thomas«, erwiderte er. Dann drehte er sich zur Theke und bestellte zwei Pils, von denen er eine Flasche an seinen neuen Kumpel weiterreichte.

Er wusste nicht, ob man die Typen, die in solchen Läden für die Musik sorgten, auch Diskjockeys nannte. Zumindest beschloss der hier Zuständige gerade, die musikalische Ausrichtung zu ändern. Von Bands wie den Sex Pistols oder den Ramones zu Ton, Steine, Scherben. Rio Reiser. *Macht kaputt, was euch kaputt macht.*

Und auf einmal wollte er tanzen.

Was man hier so tanzen nannte.

Es war eine Art Hymne, und das Publikum sang begeistert mit. Sie fühlten mit. Das war der Song der Armen, das Resultat von tausend Jahren Klassenkampf. Alle Tanzenden kreisten um sich selbst, prallten gegeneinander, nickten mit den Köpfen und brüllten. Er ließ sich mitziehen, ergab sich, versuchte noch lauter zu sein als alle anderen. Die Welle der Wut riss ihn aus der Wirklichkeit fort.

Und, bei Gott, er war wütend: auf die Hoffnungslosigkeit, die eigenen Eltern, die Arschlöcher der Oberschicht und den Staatsapparat. Auf die Sozialprogramme der Kapitalisten und die staatlich verordnete Verblödung der Arbeiterklasse.

Macht kaputt, was euch kaputt macht.

Plötzlich fühlte er sich wohl hier, endlich angekommen. Er tanzte, sang und schrie. Die Musik hallte durch ihn durch, und er verstand jede einzelne Zeile des Songs. Hörte die Panzer rollen und die Polizisten schlagen, sah die Menschen schuften und Fabriken bauen, für Autos, für Reisen, für Geld. Der Staat schützte sich und die Banken, und wovor? Vor Menschen wie ihm.

Macht kaputt, was euch kaputt macht.

Andi knallte gegen ihn, ihr Schweiß vermischte sich, sie lachten und sangen. Stießen wieder gegeneinander und fielen um. Standen auf und tanzten weiter. Sie schrien den Refrain mit aller Kraft, und als der Song zu Ende war, musste er aufs Klo.

Er stand vor dem Urinal und wankte, mit seinem Schwanz in der Hand. Der Boden unter ihm klebte. Wenn er einen Fuß bewegte, erzeugte dieser ein schmatzendes Geräusch. Dann schüttelte er die letzten Tropfen ab und wusch sich die Hände. Stieß in dem Gang, der zu den Toiletten führte, gegen ein Mädchen, das auf dem Boden saß und ihn verträumt anlächelte.

Sie hatte hellblond gefärbte Haare und ein Lippen-piercing. Ihre Augen waren halb geschlossen, so dass er ihre Farbe nicht erkennen konnte. Sie trug eine Jeans und ein ärmelloses Top, darunter schaute ein großflächiges Tattoo hervor. Sie war jünger als die meisten hier und komplett zugedröhnt.

Kein Alkohol, kein Dope. Er tippte auf Heroin. Noch ging es ihr gut, aber das würde sich schnell ändern. Der Entzug davon brachte einen nicht um. Das Dumme war nur, dass man sich wünschte, es wäre so. Man konnte einfach nur daliegen und sich an den Knien festklammern. Weil man fror, weil man in tausend Stücke gerissen wurde. Alles tat einem dann weh. Die Augen, die Muskeln, die Gelenke. Die Nerven lagen blank, zum Zerreißen gespannt. Für den nächsten Schuss wurden Frauen zu Huren und Männer zu Gewaltverbrechern. Heroin stellte die Welt auf den Kopf. Wenn man drauf war, wurde alles Böse gut. Wenn man runterkam, war es genau umgekehrt.

Er kannte das von früher. Hatte es selbst erlebt. Die Schattenseiten mancher Subkulturen.

Er ging nicht mehr zurück zu den Tanzenden, sondern verließ den Club. Als er die ersten Züge der kalten Nachtluft einatmete, wurde ihm schlecht. Er schaffte es gerade noch, zurück zu seinem Wagen zu gelangen. Fahren konnte er nicht mehr, aber das wollte er auch gar nicht. Er wollte nur auf der Rückbank liegen und durch das Seitenfenster den Mond betrachten, der voll und satt wie ein leuchtender Knopf am Firmament prangte.

Dabei dachte er an Sonja, seinen Fixstern. Sie hatte ihn damals aus seiner ganz persönlichen Hölle befreit. Zum Dank dafür hatte er sie hineingestoßen.

Er und Münch.

Der Mann hatte damals alles zerstört, was dem Uhrmacher an Gutem widerfahren war. Er hatte ihm Sonja genommen. Er hatte …

Noch immer klang der Refrain in seinem Kopf nach. Nur dass er jetzt wie ein Befehl klang.

Macht kaputt, was euch kaputt macht!

*

Jan trat vom Punchingball zurück und versuchte, wieder zu Atem zu kommen, während Arslan neben ihm unter dem dumpfen Ächzen, das entsteht, wenn Leder auf Leder trifft, auf den Sandsack einprügelte. Linke Gerade, rechte Gerade, rechter Haken, linker Haken – der ehemalige Profi arbeitete sich an dem Gerät ab wie eine Maschine, die keine Anzeichen von Müdigkeit kannte.

»Ich bin raus«, stöhnte Jan und zog sich die Boxhandschuhe aus. »Keine Luft und keine Kraft mehr.«

»Nix da, jetzt geht es erst richtig los«, erwiderte Arslan, ohne eine Pause einzulegen. »Schmerz ist bloß Schwäche, die den Körper verlässt!«

Wahrscheinlich ein Spruch, den er in irgendeinem Actionfilm aufgeschnappt hatte.

Da Jan gerade nichts gegen ein bisschen Schwäche einzuwenden hatte, ließ er Arslan allein zurück und ging in die Umkleidekabine, um seine Duschsachen zu holen. In der Dusche stellte er das Wasser dann auf eine Temperatur ein, die man gerade noch aushalten konnte, und ließ es über seinen Körper fließen, der schmerzte, als sei er der Sandsack gewesen, auf den Arslan eingeschlagen hatte. Alles tat ihm weh. Jeder Muskel, den er in der Boxhalle bei dem Versuch überanstrengt hatte, ein harter Bursche zu sein.

Während das Wasser auf ihn einprasselte, dachte er an den Mann, der ihm heute bereits dreimal aufgefallen war – das letzte Mal hatte er ihn gesehen, als er das Boxstudio betreten hatte. Der Unbekannte verfolgte ihn, das war klar. Jan wusste nur noch nicht, warum.

Zwanzig Minuten später setzte er sich frisch geduscht und umgezogen an die Bar. Arslan kam kurze Zeit später auf ihn zu, riesige Schweißflecken auf dem T-Shirt, aber eine Atemfrequenz, als hätte er die letzte halbe Stunde mit hochgelegten Beinen auf dem Sofa verbracht. Der Anblick gab Jan das Gefühl, schrecklich alt und unfit zu sein. Wahrscheinlich war er das auch.

Auf dem Weg zu ihm musste Arslan an ein paar anderen Boxern vorbei, die zusammenstanden und redeten. Sie sahen ihn nicht an, machten ihm aber wortlos Platz. Ganz abgesehen von seiner Stellung als Inhaber des Studios hatte Arslan etwas an sich, das selbst den härtesten Typen Respekt einflößte.

»Du gibst zu schnell auf, Bruder«, sagte sein Freund, als er neben ihm saß. »Deine Einstellung zum Training gefällt mir nicht.«

»Macht nichts«, erwiderte Jan. »Ich wollte sie dir ja auch nicht verkaufen.«

»Wenn deine Fäuste nur halb so schnell wären wie dein Mundwerk, dann wärst du der Beste, Kumpel. Ja, Mann – der Mohammed Ali aus Köln, quasi unbezwingbar!«

Er lächelte schwach.

»Stimmt etwas nicht?«, fragte Arslan.

Jan zögerte kurz, dann sagte er: »Ich bräuchte vielleicht noch mal deine Hilfe.«

»Okay. Habe ich noch Zeit zum Duschen?«

Kein: Worum geht es? Kein: Ist es gefährlich? Einfach nur: Kann ich vorher noch duschen gehen? Nicht zum ersten Mal wünschte er sich, Arslan wäre sein Bruder.

Bevor Jan antwortete, warf er einen Blick in die Boxhalle. Auf die schweißglänzenden Körper der jungen Männer, die dort trainierten. Die meisten von ihnen kamen aus sozial schwachen Familien, viele waren arbeitslos, aber das hieß nicht, dass ihnen der Wille fehlte. Vielleicht nur eine Aufgabe.

»Klar«, sagte er zu Arslan. »Du hast Zeit zum Duschen.«

Keine dreißig Minuten darauf verließ Jan das Boxstudio. Es lag im Kölner Stadtteil Mülheim, in einem Gebiet, das ansonsten von runtergekommenen Fabrikanlagen bestimmt wurde, deren Backsteinfassaden meist aus der Mitte des vorigen Jahrhunderts stammten. Einst mochten sie leuchtend rot gewesen sein, heute jedoch, bedeckt vom Schmutz und Dreck der Jahrzehnte, wirkten sie eher rostfarben.

Am Wochenende war die Gegend voller Leben, wenn Nachtschwärmer zum nahegelegenen E-Werk pilgerten – ein altes Umspannwerk, in dem häufig Partys oder Rockkonzerte stattfanden. Jetzt aber, an einem Abend unter der Woche, wirkten die Gassen wie ausgestorben. Es war bereits dunkel, und nur vereinzelte Straßenlaternen beleuchteten seinen Weg. Die wenigen Menschen, denen er unterwegs begegnete, beachteten ihn nicht. Nur ein junger Mann, der ihm entgegenkam und dessen Gesicht unter der Kapuze eines Hoodies verborgen blieb, drehte sich kurz um und starrte ihm nach. Jan beachtete ihn nicht, sondern ging weiter in Richtung seines Wagens, den er an diesem Abend ganz bewusst ein Stück weit entfernt geparkt hatte.

Dann hörte er die Schritte des Mannes, der ihm folgte. Als er sich kurz umdrehte, sah er den Typen mit dem Hoodie wieder, der ihm zuvor schon aufgefallen war und der nun vielleicht zwanzig Meter hinter ihm ging. Jan lächelte, dann bog er in eine der Querstraßen ab, die neben einer stillgelegten Bahnstrecke entlangführten. Auf der rechten Seite lag dorniges Gebüsch, dahinter zwei Gleise, und auf der linken die Fassade eines alten Industriekomplexes. Die nächste Querstraße war gut hundert Meter entfernt.

Er hörte, wie der Unbekannte hinter ihm seine Schritte beschleunigte. Der Abstand verringerte sich. Ohne dass Jan etwas dagegen tun konnte, begann sein Puls zu rasen, und er erinnerte sich daran, was Arslan ihm beigebracht hatte.

Halte den richtigen Abstand ein.

Timing ist alles.

Schlag zu, bevor der andere dich trifft.

Als er noch dreißig Meter von der Querstraße entfernt war, bogen zwei Männer um die Ecke. Beide waren ebenfalls mit Jeans und Hoodies bekleidet, und an der Art, wie sie gingen, erkannte Jan, dass sie jung und sportlich waren. Schmale Hüften, breite Schultern.

Sie kamen geradewegs auf ihn zu, während der dritte Mann von hinten immer näher rückte. Er war jetzt eingekesselt, dennoch verlangsamte er seinen Schritt nicht. Ging auf die beiden vor ihm zu, bis er ihre vertrauten Gesichter erkennen konnte.

Sie passierten ihn stumm.

Dann hörte er in seinem Rücken ein Handgemenge. Jan blieb stehen und drehte sich um. Die beiden Männer, die ihm aus der Querstraße entgegengekommen waren, hatten den hinter ihm Gehenden gepackt. Der Unbekannte versuchte, einen Fausttreffer zu landen, was aber gründlich misslang. Arslan tauchte einfach unter dem Schlag hinweg, als sei er in Zeitlupe angesetzt worden, und beantwortete ihn mit einem Haken, der tief in die Bauchgegend des Angreifers fuhr. Er klappte wie ein Taschenmesser zusammen und ging auf die Knie.

Arslans Begleiter – ebenfalls ein Boxer aus dem Studio – stand teilnahmslos daneben und sah Jan mit hochgezogenen Augenbrauen an. Wahrscheinlich verstand er nicht, warum er überhaupt hatte mitkommen sollen, wo Arslan doch den ganzen Spaß für sich alleine haben wollte.

Der Unbekannte war offensichtlich ebenfalls nicht völlig untrainiert. Jedenfalls zeigte er erstaunliche Nehmerqualitäten, befand sich bereits wieder auf den Füßen und versuchte erneut, auf Arslan loszugehen. Jan blickte zur nächsten Straßenlaterne hoch, und als er den Blick wieder senkte, lag der Mann erneut auf dem Boden, die Hand schützend vors Jochbein gelegt. Arslan griff in dessen hintere Hosentasche, holte das Portemonnaie heraus, studierte die darin befindlichen Ausweise und steckte es ein.

Mit ruhigen Schritten ging Jan auf die Dreiergruppe zu. Er sagte einmal laut »Buh!«, und Arslan und sein Begleiter rannten davon. Dann beugte er sich zu dem auf dem Gehweg liegenden Mann.

»Gefährliche Gegend hier«, sagte er in mitfühlendem

Ton. »Ein Glück, dass ich zufällig in der Nähe war, um Ihnen zu helfen. Was tun Sie um diese Uhrzeit bloß hier?«

Der Mann kämpfte sich stöhnend auf die Beine. Er war nicht ganz so jung, wie Jan anfangs gedacht hatte, Mitte dreißig vielleicht. Die Kapuze war ihm vom Kopf gerutscht, und blondes, sauber gescheiteltes Haar kam zum Vorschein. Darunter ein Gesicht, dass nicht wie das eines Straßenräubers aussah, wenn man von der Schwellung absah, die sich rund um sein Auge ausbreitete.

»Sparen Sie sich die Farce«, zischte der Mann. »Sie haben das Ganze doch eingefädelt!«

»Ich?«, erwiderte Jan und schaute ihn fassungslos an. »Wie sollte ich denn? Ich konnte doch nicht wissen, dass Sie ausgerechnet jetzt durch diese gottverlassene Gasse gehen. Das wäre ja nur möglich gewesen, wenn Sie mir schon den ganzen Tag lang folgen würden und ich das bemerkt hätte.«

»Sparen Sie sich Ihr Gelaber! Sorgen Sie lieber dafür, dass ich mein Geld und meinen Dienstausweis zurückbekomme.«

»Was denn für ein Dienstausweis? Und warum sagen Sie mir das? Ich bin doch kein Polizist, sondern nur ein hilfsbereiter Bürger. Apropos … Sie könnten ruhig ein wenig freundlicher sein, wenn man bedenkt, aus welcher Situation ich Ihnen gerade herausgeholfen habe.«

»Sie kommen sich wohl unglaublich clever vor. Aber ich …«

»Wo Sie gerade von *clever* sprechen: Einer von uns beiden ist gerade wie ein Idiot zwei Typen in die Arme gelaufen und hat sich verhauen lassen. Einer von uns beiden muss seinem Chef morgen erklären, wo sein Dienstausweis abgeblieben ist. Kleiner Tipp: Ich bin es nicht!«

Der Fremde atmete keuchend. Richtete dann seinen Zeigefinger auf Jan und sagte: »Wir sehen uns wieder, Römer, verlassen Sie sich darauf! Die Nummer wird ein Nachspiel haben.«

Dann drehte er sich um und ging, leicht humpelnd, den Weg zurück, den er gekommen war.

»Gerne«, rief Jan ihm hinterher. »Und falls Sie Ihrer Dankbarkeit doch noch Ausdruck verleihen wollen: Über einen schönen Strauß Blumen würde ich mich freuen! Die Adresse kennen Sie ja sicherlich.«

*

Aufgeschreckt fuhr Mütze aus dem Schlaf hoch, als ihr Handy losvibrierte und zuckend kleine Kreise auf dem Nachttisch tanzte. Sie schwang die Beine aus dem Bett und starrte auf die Uhr. Sechs Uhr morgens, der Himmel war noch schwarz.

Am anderen Ende war eine Frau, und Mütze brauchte einen Moment, um zu begreifen, dass es Rebecca Kaiser war. »Es tut mir leid, wenn ich Sie wachgemacht habe, aber ich musste mit jemandem reden«, sagte die Anruferin. »Ich hoffe, dass Sie mir nicht böse sind. Dass Sie mir zuhören.«

»Ja … natürlich. Um was geht es denn?«

»Als Sie hier gewesen sind, habe ich Ihnen nicht die Wahrheit gesagt. Nicht die ganze zumindest. Darum habe ich auch abgeblockt, als Ihr Kollege noch weitere Fragen hatte … ich hätte ihn auch selbst angerufen, habe aber seine Nummer nicht.«

Mütze setzte sich aufrecht hin. »Ich bin ganz Ohr.«

»Sie wissen noch, wer Anne Lehmann ist?«

»Natürlich. Sie hat mit Ihnen und Sonja in dem Haus am Wilzenberg gearbeitet.«

»Ich glaube, sie ist der Grund für Sonjas Ermordung.«

Mützes Gedanken rasten. Sie war jetzt hellwach. Immer noch empfand sie eine Abneigung gegen Rebecca Kaiser, die sie sich selbst nicht recht erklären konnte, erinnerte sich aber gleichzeitig auch an das, was Jan gesagt hatte: Jeder hatte eine zweite Chance verdient. Auch sie.

»Okay«, erwiderte Mütze nach einer kurzen Pause. »Was war mit Anne und Sonja?«

»Ich hatte Ihnen ja erzählt, dass die Männer uns nie Gewalt angetan haben, richtig? Das stimmt auch. Aber nur, soweit es Sonja und mich betrifft. Bei Anne war das anders. Sie wurde … man hat sie in dem Haus vergewaltigt und geschlagen. Ein Mann, den wir den Mexikaner nannten. Oder Frank … so war sein Deckname. Soweit ich weiß, hat Anne es Sonja erzählt, und Sonja wiederum hat mit Viktor darüber geredet. Vielleicht hat sie ihm auch gesagt, dass sie mit der Polizei reden wollte, ich weiß es nicht. Ich habe Ihnen ja schon erzählt, dass Sonja einen ausgeprägten Gerechtigkeitssinn besaß, und einen Sturkopf noch dazu. Wenn sie sich einmal etwas in den Kopf gesetzt hatte, war sie praktisch nicht mehr davon abzubringen. Ich glaube, dass Viktor sie deshalb umgebracht hat.«

Für Mütze ergab das keinen Sinn. »Warum sollte er?«, wollte sie wissen. »Ich meine, wenn der Mexikaner Anne vergewaltigt hat und Sonja deshalb zur Polizei gehen wollte – was hatte Viktor damit zu tun?«

»Eine Menge«, sagte Rebecca. »Münch hat am nächsten Tag von der Vergewaltigung erfahren und ist fast ausgerastet. Am selben Nachmittag musste der Mexikaner das Haus verlassen – nur wenige Wochen vor Sonjas Tod. Ich denke, Münch hat die Sache auch mit Anne geregelt, finanziell wahrscheinlich. Das heißt, für die Beteiligten war die Angelegenheit damit erledigt, nicht aber für Sonja. Sie hat Anne in den Wochen darauf immer wieder Vorwürfe gemacht, warum sie nicht zur Polizei gegangen ist und den Kerl angezeigt hat. Sie war einfach nicht bereit, ein solches Verbrechen auf sich beruhen zu lassen, und wahrscheinlich ist sie damit zu einer Gefahr geworden.«

Während Rebecca redete, war Mütze in die Küche gegangen. Sie brauchte jetzt eine Zigarette, irgendwas, das sie beruhigte und ihr half, schärfer nachdenken zu können. Rebeccas Erklärung hatte ihren Verdacht zwar stimmiger erscheinen lassen – so ganz rund kam ihr die Geschichte aber immer noch nicht vor. Sie glaubte ihr zwar, was die Vorfälle in dem Haus anging, sah aber keinen echten Hinweis darauf, dass Annes Vergewaltigung tatsächlich der Auslöser für Sonjas Ermordung gewesen war.

»Okay, noch mal ganz von vorn«, sagte sie. »Der Mexikaner war weg und somit vor dem Zugriff der Polizei geschützt. Annes Schweigen wurde mit Geld erkauft, das Münch ihr gegeben hat. Der einzige Unsicherheitsfaktor war also Sonja, die von der Vergewaltigung wusste und keine Ruhe geben wollte.«

»Richtig.«

»Wäre dann nicht eher Münch verdächtig? Von allen Personen in dem Haus muss er doch das größte Interesse gehabt haben, dass die Vorgänge im Verborgenen bleiben.«

Rebecca seufzte. »Sie haben ihn nicht gekannt«, sagte sie. »Ich schon. Glauben Sie mir: Münch war es nicht. Der Mann war ein Bürokrat. Intelligent und wortgewandt. Er hat es geschafft, in kürzester Zeit Anne davon zu überzeugen, auf eine Anzeige zu verzichten. Wenn tatsächlich die Polizei aufgetaucht wäre, hätte er sich problemlos aus der Sache herausreden können. Der Täter war weg, und das Opfer selbst hätte erstaunt so getan, als wüsste es von nichts. Nein … für Münch ist Sonja keine Bedrohung gewesen, zumal sie ihm ja gar nichts von ihren Plänen erzählt hat. Sie hat nur mit Viktor darüber gesprochen.«

Und mit dir, dachte Mütze. Und mit Anne. Und es war auch nicht auszuschließen, dass Viktor es anschließend Münch erzählt haben könnte, womit dieser wieder im Spiel gewesen wäre.

Dennoch war Mützes Verdacht gegen den Mann ein wenig ins Wanken geraten. Rebecca Kaisers Argumentation war nicht von der Hand zu weisen, und wenn sie dann noch in Betracht zog, dass Münch für den Verfassungsschutz arbeitete … Es wäre für ihn ein Kinderspiel gewesen, die Polizei davon zu überzeugen, dass nichts passiert war, was eine Ermittlung rechtfertigte. Das Gleiche galt allerdings auch für diesen Viktor – vorausgesetzt, er genoss Münchs Schutz. Irgendein Baustein fehlte noch.

»Okay«, erwiderte sie. »Gehen wir mal davon aus, dass Münch es nicht war. Gehen wir weiterhin davon aus, dass der Mexikaner sie nicht zum Schweigen bringen wollte, weil er sich zu der Zeit schon nicht mehr im Haus befand. Nehmen wir ferner an, dass die Ermordung Sonjas ihren Ursprung wirklich in Annes Vergewaltigung hatte. Selbst wenn wir all das voraussetzen, verstehe ich immer noch nicht, wie Sie darauf kommen, dass dieser Viktor Sonjas Mörder ist. Ich meine ... er hat Sonja doch geliebt, oder? Außer Ihrer Abneigung ihm gegenüber spricht nichts dafür, dass er ein derartiges Interesse gehabt haben könnte, die Vergewaltigung ungesühnt zu lassen. Es sei denn, es gibt da noch etwas, von dem Sie mir nichts erzählt haben.«

In der Leitung blieb es still. Hätte Mütze nicht ein leises Atmen gehört, hätte sie gedacht, die Verbindung sei unterbrochen worden.

»Frau Kaiser?«

»Ich bin noch da.«

»Gibt es sonst noch etwas, was ich wissen sollte?«

»Nein, das war alles. Münch war es nicht. Wenn Sie Sonjas Mörder fassen wollen, müssen Sie Viktor finden.«

So viel zur zweiten Chance ... Mütze verstand jetzt: Der Anruf hatte keinen anderen Grund gehabt, als den Verdacht auf Viktor zu lenken und Münch reinzuwaschen. Ob er sie immer noch bezahlte? Vielleicht hatte sie auch einfach Angst.

Vor Münch.

Nicht vor Viktor.

»Okay«, sagte Mütze, die spürte, dass sie nicht weiterkam. »Vielen Dank für Ihren Anruf. Darf ich mich melden, wenn weitere Fragen auftauchen?«

»Ja, natürlich«, erwiderte Rebecca. »Und sagen Sie Ihrem Kollegen bitte, dass es mir leidtut.«

*

Auch am nächsten Tag taten Jan noch sämtliche Muskeln weh, die er gestern beim Boxtraining überanstrengt hatte. Er saß in seinem Büro, reckte die Arme nach oben und drehte den Oberkörper nach links und rechts, aber es nützte nichts. Er war total verspannt. Dann erinnerte er sich an einen Rat, den Arslan ihm gegeben hatte.

Arslan hatte seit etwa drei Jahren einen Dobermann namens Bacon. Ein wunderschönes Tier, dessen Fell glänzte, als würde es aus schwarzer Seide bestehen. Jan hatte sich anfangs gewundert, wie ein Moslem ausgerechnet auf die Idee kam, seinen Hund *Schinkenspeck* zu nennen. Als er Arslan darauf angesprochen hatte, hatte der nur erwidert, dass er nicht vorhabe, Bacon zu essen.

»Wenn deine Muskeln hart sind und schmerzen, mach es wie mein Hund«, hatte Arslan ihm geraten und auf Bacon gedeutet, der auf dem Boden lag und schlief. »Dehn dich so, wie er es nach dem Aufwachen macht. Das hilft!«

Jan stand auf und öffnete die Tür die sein Büro vor dem davorliegenden Großraumbüro trennte, vorsichtig einen Spaltbreit. Er lauschte. Telefone klingelten, Computertastaturen klapperten, Menschen redeten. Die Rhythmen wurden schneller und wieder langsamer. Alle schienen mit irgendetwas beschäftigt zu sein, niemand achtete auf ihn.

Dann schloss er die Tür wieder, suchte sich den größten Bereich freien Bodens in seinem Büro und ließ sich dort auf Knie und Ellbogen nieder. Er machte ein Hohlkreuz und reckte gleichzeitig den Kopf so weit wie möglich nach oben. Behielt diese Position eine Zeit lang bei, bevor er sich auf die Unterarme stützte und parallel dazu den Hintern nach oben streckte.

Genau in diesem Moment kam Mütze herein.

»Oh, du machst Yoga?«, fragte sie.

»Blödsinn«, erwiderte er und versuchte, so schnell wie möglich auf die Füße zu kommen. »Das ist kein Yoga!«

»Sieht aber so aus.«

»Ich mache nur das, was Bacon nach dem Aufwachen macht.«

»Dein Yogalehrer heißt Bacon? Ist er gut?«

»Bacon ist ein Hund!«

»Du nimmst bei einem Hund Yogastunden?«

Er starrte sie verzweifelt an, dann musste er lachen. »Sorry für meinen Auftritt gestern«, sagte Mütze, als er wieder Luft bekam. »Ich hatte kein Recht, so mit dir zu reden. Welche Frauen dir gefallen, ist komplett deine Sache, und gerade nach der …«

»Kein Thema. Schon vergessen.«

Sie hielt kurz inne, dann: »Die Entschuldigung gilt aber nur für dich, nicht für Rebecca Kaiser. Du errätst nicht, was heute Morgen passiert ist!«

Fragend zog er die Augenbrauen hoch.

»Sie hat mich angerufen.«

»Was wollte sie?«

Mütze brachte ihn auf den neuesten Stand. Als sie fertig war, sagte er: »Wahrscheinlich hast du recht. Es kann gut sein, dass Münch sie instruiert hat, zumal es perfekt zu dem passen würde, was mir passiert ist.«

Er erzählte ihr von dem Unbekannten, der ihm gestern den ganzen Tag lang gefolgt war. Als er zu der Stelle kam, wo er den Typen gemeinsam mit Arslan in die Falle gelockt hatte, konnte sie sich ein Grinsen nicht verkneifen.

»Irgendeine Ahnung, wer der Typ war?«

Jan deutete auf den Schreibtisch. »Schau selbst nach. Bevor ich ins Büro gefahren bin, habe ich sein Portemonnaie bei Arslan abgeholt.«

Sie griff nach der auf dem Schreibtisch liegenden Brieftasche und öffnete sie. In ihr steckten rund 130 Euro, eine EC- und eine Kreditkarte sowie ein Dienstausweis des Verfassungsschutzes, der auf den Namen Daniel Weber ausgestellt war. Anschließend legte sie alles wieder zurück und sagte: »Ich denke, Herr Weber wird seinem Vorgesetzten einiges erklären müssen.«

»Das glaube ich auch. Und wir müssen unbedingt mit Herold sprechen. Sieht nicht so aus, als würde der Verfassungsschutz Ruhe geben.«

Sie nickte und sah ihn nachdenklich an. »Es wird alles größer, stimmt's? Was am Anfang wie ein Mord aus Leidenschaft aussah, hat inzwischen eine ganz andere Dimension bekommen. Wir finden zwar immer mehr heraus, aber ich habe dennoch nicht das Gefühl, dass wir dem Täter näherkommen.«

Er wusste genau, was sie meinte.

Hush, little baby, don't say a word …

Auch das Lied hatte einen völlig anderen Sinn bekommen. Bisher waren ihm die Zeilen immer beruhigend vorgekommen; der Wunsch einer Mutter, dass das eigene Kind möglichst schnell einschlafen sollte. Jetzt aber sah es anders aus. Man konnte es auch als Warnung verstehen.

Sag kein Wort.

»Ob wir Rebecca glauben oder nicht, ist erstmal zweitrangig«, erwiderte er. »Die Sache mit der Vergewaltigung wird auf alle Fälle stimmen, und ich bin jetzt schon gespannt, wie Münch reagieren wird, sofern wir die Chance bekommen, ihn darauf anzusprechen. Und dann sollten wir auch so schnell wie möglich mit Anne Lehmann reden. Vielleicht ist ihre Rolle in der Geschichte doch größer, als wir bisher angenommen haben.«

*

Drei Stunden später klingelte Jans Telefon und Herold fragte ihn, ob er Zeit hätte, ihn kurz auf den neuesten Stand zu bringen. Jan nahm daraufhin den Aufzug, betrat Herolds Büro und schilderte dem Herausgeber, was in den letzten Tagen passiert war, wobei er sich Mühe gab, sich zuversichtlicher zu geben, als er war. Herold schenkte ihnen Tee ein, während er aufmerksam zuhörte.

»Wenn ich das richtig zusammenfasse«, sagte Herold, als Jan mit seinen Ausführungen durch war, »haben wir keine Fortschritte gemacht, richtig? Stattdessen haben wir uns jede Menge zusätzlichen Ärger eingehandelt.«

»Ganz so negativ würde ich das nicht sehen. Immerhin haben wir schon zwei Verdächtige: Edgar Münch und diesen Viktor.«

»Unsere Aufgabe ist es aber nicht, den Fall zu lösen«, antwortete Herold. »Ich leite hier ein Magazin, das sich in einer Rubrik mit ungeklärten Kriminalfällen beschäftigt – keine Detektei, die an deren Aufklärung arbeitet.«

»Das ist mir schon klar«, erwiderte Jan gereizt. »Aber manchmal bedingt das eine das andere. Und waren nicht Sie es, der mir mal gesagt hat, er möchte in seinem Leben noch etwas Sinnvolleres tun, als nur über Dinge zu berichten, die bereits geschehen sind?«

»Das stimmt. Ich wollte aber nie, dass Frau Schneider und Sie sich deshalb aktiv in Gefahr begeben.«

»Das tun wir auch nicht. Und bei der einzigen Auseinandersetzung, die wir bislang im Zusammenhang mit dieser Story hatten, war nicht ich es, der den Ort mit einem blauen Auge verlassen hat. Dank Arslan haben wir ...«

Herold hob die Hände. »Nichts gegen Ihren Freund, Jan – aber es wäre mir recht, wenn Sie mich diesbezüglich im Unklaren lassen. Ich möchte nicht, dass ich irgendwann mal vor Gericht stehe und die Wahl zwischen einer Aussage gegen ihn und einem Meineid habe. Einverstanden?«

Jan nickte und war froh, dass das Thema damit durch war.

»Und was gibt's sonst Neues?«, fragte Herold.

Jan nahm einen Schluck Tee. »Sie meinen, in meinem Leben?«

»In Ihrem Leben, Jan.«

»Meine Frau zieht nach Bayern und nimmt unseren Sohn mit. Ich habe eine liebestolle Nachbarin und eine Story, in der ich den roten Faden nicht finde. Jede Menge ungelöster Aufgaben ...«

»Und?«

»Reicht das nicht?«

»Ich meine – kommen Sie klar? Gibt es irgendetwas, was ich für Sie tun kann?«

»Sie könnten die Nachbarin übernehmen.«

Herold lachte, um dann sofort wieder ernst zu werden. »Die bevorstehende Trennung von Ihrem Sohn fällt Ihnen schwer, richtig?«

»Natürlich.«

»Ich weiß leider nicht, wie es ist, Kinder zu haben. Ich wüsste es aber gerne.«

»Das kann ich Ihnen erklären, aber dazu müsste ich Sie etwas Persönliches fragen. Darf ich?«

»Nur zu.«

»Wenn Sie aufwachen«, fuhr Jan fort, »an wen denken Sie dann als Erstes?«

»Wie bitte?«

»Stellen Sie sich vor, der Wecker klingelt. Sie öffnen die Augen. An wen denken Sie dann?«

»Sagen Sie es mir.«

»Ich will Ihnen nicht zu nahetreten, aber Sie denken an sich selbst, richtig? Das ist vollkommen normal, das machen alle alleinstehenden Menschen so. Sie wachen auf und fragen sich, was sie heute tun werden. Ja, klar, vielleicht kümmern sie sich um Freunde oder Verwandte, aber im Prinzip dreht sich der Kosmos im Wesentlichen um sich selbst. Mit einem Kind ist das anders. Wenn Sie ein Kind haben, stehen Sie nicht mehr an erster Stelle. Es gibt dann jemanden, der wichtiger ist als Sie selbst. Das verändert Ihre Weltsicht. Und erst, wenn Ihnen jemand dieses Kind wegnehmen will, bekommen Sie eine Ahnung davon, was Verlust bedeutet.«

Herold kniff die Lippen zusammen und nickte. Er sagte nichts, was Jan ihm hoch anrechnete.

Als der Herausgeber das Wort wieder an ihn richtete, war das Thema beendet. »Bevor ich den Grund meines Anrufs bei Ihnen vergesse: Ich habe vorhin nochmals mit Franzen telefoniert. Das Treffen mit ihm und Münch soll morgen um 14 Uhr stattfinden. Nicht hier, sondern in der Zentrale des Verfassungsschutzes. Sie wissen, wo das ist?«

Jan nickte. »In Chorweiler.«

»Nur Sie und Frau Schneider sind dazu eingeladen. Franzen betonte, dass Sie weder Fotoapparate noch Aufnahmegeräte mitnehmen sollen. Beides würde Ihnen sowieso abgenommen werden.«

»Einverstanden.«

»Sie informieren dann Frau Schneider?«

Jan versprach es, dann beendeten sie das Gespräch.

Anschließend ging Jan in sein Büro zurück. Kaum an seinem Schreibtisch sitzend, begann er, nervös mit einem Kugelschreiber zu spielen. Er musste nicht lange nachdenken, um festzustellen, dass ihm die neue Entwicklung nicht gefiel. Sie gefiel ihm ganz und gar nicht. Herold hatte zumindest in einem Punkt völlig recht: Bislang hatte Jan sich einreden können, nur als Beobachter zu fungieren, der in einem Fall recherchierte, der ihn persönlich nicht betraf. Seit gestern jedoch war das anders. Durch die Observation hatte der Verfassungsschutz ihn ins Licht gezerrt, zu einem aktiv beteiligten Part gemacht. Er wusste noch nicht, welche Konsequenzen das mit sich bringen würde, ahnte aber, dass es keine guten waren.

Seine Anspannung verstärkte sich noch, sobald er an das bevorstehende Treffen dachte. Einerseits glaubte er nicht, dass die Staatsschützer Mütze und ihm mehr als unbedingt nötig sagen würden; andererseits war es aber auch die einzige Chance, mit etwas Taktik mehr über das zu erfahren, was sich damals im Sauerland abgespielt hatte.

Den Rest des Tages verbrachte er dann damit, sich Punkte zurechtzulegen, die er bei dem Termin als Druckmittel einsetzen konnte. Die Vergewaltigung von Anne Lehmann beispielsweise, oder das Wissen um die Männer, die in dem Haus untergebracht worden waren.

Er hatte vor, Münch mit dem Vorwurf zu konfrontieren, Mädchen, die gerade einmal volljährig gewesen waren, Geld gegeben zu haben, damit sie Sex mit wildfremden Männern hatten. Münch hatte die jungen Frauen damit unkontrollierbaren Risiken ausgesetzt. Rechtlich gesehen mochte das alles irgendwie durchgehen, moralisch betrachtet war es nicht weit von Zuhälterei entfernt.

Aber seit wann interessierte der Verfassungsschutz sich für Moral? Er dachte an die gescheiterten NPD-Verbotsverfahren, an die Verwicklungen in den Schmücker-Mord und an die bis heute nicht vollständig geklärte Rolle, die die Behörde im Fall der NSU-Morde gespielt hatte. Wann immer in irgendeinem Zusammenhang etwas über die Arbeit des Verfassungsschutzes öffentlich wurde, stank es zum Himmel.

Es mochte nicht okay sein, geschah aber im Dienste des Volkes. Das kleinere Übel. Lasst uns unsere Dinge weiterhin im Verborgenen erledigen, stellt keine Fragen und genießt die Sicherheit, die wir euch durch unser Handeln bieten.

So in etwa.

Aber Jan war nicht bereit, klein beizugeben, wenn sie ihm mit derartigen Ausflüchten kommen würden. Ganz im Gegenteil – die Befugnisse des Verfassungsschutzes hörten dort auf, wo er gegen geltendes Recht verstieß. Wenn es wirklich so sein sollte, dass die Behörde damals aus Eigeninteresse die Aufklärung des Mordes verhindert hatte, würde irgendjemand dafür bezahlen müssen. Ein Mensch war tot. Eine junge Frau, deren Leben noch vor ihr gelegen hatte, und dafür musste jemand zur Rechenschaft gezogen werden, ob es der Behörde passte oder auch nicht.

Nach einem Blick auf die Uhr stellte er fest, dass es an der Zeit war, Feierabend zu machen. Da Mütze gerade nicht bei ihm war, gönnte er sich eine Sünde ohne Reue und legte bei McDonalds einen kurzen Zwischenstopp ein. Fleisch, Kohlehydrate und jede Menge Zucker – für Jan die wichtigsten Bestandteile einer ausgewogenen Ernährung.

Zu Hause angekommen, schaltete er den Fernseher ein und schaute dann auf dem Sofa liegend eine Folge *Bosch*, eine Serie, die auf den Büchern von Michael Connelly beruhte. Die Hauptfigur hieß so, und die Darstellung des Polizisten gefiel ihm. Cool und souverän wirkend, dabei aber immer menschlich bleibend. Als Bosch gerade eine attraktive Blondine zum Verhör bat, fiel Jan ein, dass er vergessen hatte, Mütze über den Termin für das Treffen mit Franzen und Münch zu informieren. Er schaltete den Ton stumm und wählte ihre Nummer.

»Klingt fantastisch«, sagte sie, nachdem er mit seinen Erklärungen durch war. »Ehrlich gesagt, habe ich damit gar nicht mehr gerechnet. Ich dachte, sie würden uns am ausgestreckten Arm verhungern lassen.«

»Das dachte ich auch, aber …«

»Sei mir nicht böse, Jan, aber können wir da morgen drüber reden? Ich bin gerade auf dem Sprung.«

»Wohin denn?«

»Ich treffe mich mit einem Freund.«

»Was für ein Freund?«

»Jemand, den ich noch vom Studium her kenne.«

»Ein guter Freund? Einer, mit dem du …«

»Du bist unmöglich!«, sagte sie lachend und legte auf. Als wenn er das nicht selbst wüsste.

*

Der Stadtteil Chorweiler lag im Kölner Norden, und er war das, was Politiker gerne als sozialen Brennpunkt bezeichneten. Eine Hochhaussiedlung mit Menschen aus unzähligen Nationen, ein Großteil davon arbeitslos. Beschmierte Fassaden, aufgebrochene Briefkästen und Gruppen fremdsprachiger Männer, die in Ecken und Unterführungen zusammenstanden.

In den 70er Jahren erbaut, sollte Chorweiler als Wohnstätte für Arbeiter der nahegelegenen Industriestandorte von Ford und Bayer Leverkusen dienen, aber der Plan war nie aufgegangen. Von Anfang an hatten in den bis zu 30 Stockwerke hohen Häusern viele Wohnungen leer gestanden, die dann von der Stadt gekauft und als Sozialwohnungen weitergegeben worden waren. Wer es sich leisten konnte, zog weg, neue sozial benachteiligte Mieter kamen hinzu. Mittlerweile wurden 80 Prozent aller Wohnungen vom Staat bezuschusst.

Anwohner aus anderen Stadtteilen kamen nur nach Chorweiler, wenn sie das dortige Einkaufszentrum oder das Aqualand aufsuchen wollten – ein Freizeitbad mit sieben Rutschen und einem großen Sauna- und Wellnessbereich. Nur die wenigsten Besucher des Bades wussten wohl, dass Deutschlands mächtigster Nachrichtendienst ebenfalls in Chorweiler beheimatet war.

Jan und Mütze stellten den Wagen auf dem ausgewiesenen Besucherparkplatz ab, stiegen aus und sahen sich um. Sie blickten auf einen Gebäudekomplex, der ähnlich wie der Vatikan rundherum abgeschirmt war. Die sechs Hauptgebäude waren aneinandergereiht, wobei jedes von dem anderen schräg abgewinkelt erbaut worden war, so dass der Eindruck einer sich eckig dahinwindenden Schlange entstand. Ein Monster aus Beton, an dessen Fassade sich Spuren aus Dreck und Regenwasser herabzogen wie eine zerlaufende Kuchenglasur.

Mütze zog die Mundwinkel nach unten. »Einladend ist anders, was?«

»Als der Architekt dieses Gebilde entworfen hat, sind ihm wohl eher Begriffe wie *abschreckend* oder *wehrhaft* durch den Kopf gegangen.«

Sie gingen durch den Haupteingang und meldeten sich bei einem Mittvierziger an der Pforte an. Nachdem sie durch einen Körperscanner getreten waren, kam ein wortkarger Beamter mit einer ebenso wortkargen Kollegin auf sie zu. Nach einer Körperkontrolle gab er ihnen zwei Besucherausweise, die sie anzustecken hatten, und forderte sie auf, ihm zu folgen.

Er führte sie in den vierten Stock eines der mittleren Gebäude, schritt den Flur entlang und öffnete die Tür zu einem Raum, der am Ende des Ganges lag. Jans Blick fiel auf einen Bürotisch, an dessen Längsseiten jeweils zwei Stühle standen. Ansonsten war das Zimmer völlig leer.

»Nehmen Sie Platz«, sagte der Mann, der sich immer noch nicht vorgestellt hatte. »Die Kollegen kommen gleich.«

Sie setzten sich, die Tür wurde geschlossen, und sie waren allein.

»Wenigstens einen Kaffee hätten sie uns bringen können«, moserte Mütze, »wenn es zur Begrüßung schon keine vorgespielten Freundlichkeiten gibt. Glaubst du, Sie hören uns ab?«

»Ganz sicher.«

»Arschloch«, rief sie. »Kommunist, Terrorist, Bombe.«

Jan verdrehte die Augen und wollte gerade etwas sagen, als die Tür aufging und zwei Männer den Raum betraten, wie sie unterschiedlicher nicht hätten sein können.

Der größere der beiden stellte sich als Bernhard Franzen vor, er mochte um die vierzig sein. Sein Gesicht war hart und eckig. Kleine dunkle Augen und ein energisches Kinn, die braunen Haare millimeterkurz geschnitten. Sein Körper war stämmig, aber durchtrainiert, und er sah aus, als könne er einen Halbmarathon ohne große Probleme bewältigen – allerdings auch ohne großen Spaß. Bekleidet war er mit einem blauen Hemd, einer Jeans und einem dazu passenden Sakko. Seine Füße steckten in dunkelbraunen Lederschuhen, die so glänzten, dass man sich in ihnen spiegeln konnte.

Der andere Mann war älter, Anfang sechzig wahrscheinlich. Er war einen Kopf kleiner als Franzen und wirkte eher drahtig als muskulös. Der Blick seiner grauen Augen ging prüfend zwischen Mütze und Jan hin und her. Sein dunkler Anzug saß perfekt, die silbergrauen Haare trug er sauber gescheitelt. Jan fiel auf, dass auch er einen Besucherausweis trug, wenn auch in einer anderen Farbe als sein eigener. Auf ihm war gut lesbar der Name Münch zu erkennen.

»Zunächst einmal«, kam Franzen direkt zur Sache, »möchte ich festhalten, dass dies ein rein informelles Gespräch ist. Wir werden keine Fragen beantworten, die

die Sicherheit unserer Agenten gefährden, und natürlich auch keine, die der Geheimhaltung unterliegen. Wir sind nicht …«

»Geschenkt«, unterbrach Mütze ihn. »Sie wissen, warum wir hier sind: Es geht uns ausschließlich um den Mord an Sonja Risse und die Frage, inwieweit der Verfassungsschutz darin involviert ist.«

Franzens Lippen verzogen sich zu einem Lächeln, das von seinen reglosen Augen Lügen gestraft wurde. »Dann sind wir hier eigentlich auch schon fertig, denn die Antwort lautet: Gar nicht. Ich kann Ihnen dazu auch nicht mehr sagen als das, was die Polizei herausgefunden hat. Die Aufgabe unserer Behörde besteht darin, die freiheitlich-demokratische Grundordnung zu schützen. Wir ermitteln nicht in Mordfällen.«

Mütze nickte, als wäre Franzens Antwort genau das, was sie erwartet hatte. »Aber Sie können uns doch sicherlich verraten, wer die Männer waren, die Sie in dem Haus am Wilzenberg untergebracht haben.«

Er schüttelte den Kopf. »Ich habe Ihnen bereits gesagt, dass wir zu Dingen, die die nationale Sicherheit betreffen, keine Auskunft geben können. Sie können aber sicher sein, dass …«

»Okay«, unterbrach Jan ihn und stand auf. »Ich denke, Sie haben recht. Wir sind hier tatsächlich schon fertig. Alles Weitere können Sie dann in einer der kommenden Ausgaben der *Reporter* nachlesen.«

Franzen richtete seinen Blick auf Jan. Es sah aus, als würde ein Artilleriegeschütz auf ein neues Ziel umschwenken. Ein grelles Rot schoss ihm in die Wangen, wodurch er aussah wie ein Junge, der auf dem Schulhof von Mädchen ausgelacht wurde, die festgestellt hatten, dass sein Hosenschlitz offenstand. Diese Überreaktion war fast schon komisch, aber Jan verkniff sich ein Grinsen.

Wortlos steckte er seinen Notizblock ein und stand auf. Mütze folgte seinem Beispiel, und sie waren schon auf dem Weg zur Tür, als hinter ihm Münch das Wort ergriff. »Setzen Sie sich bitte wieder. Sie haben recht, Herr Römer. So kommen wir nicht weiter. Lassen Sie uns noch einmal ganz von vorne beginnen.«

*

»Wie Sie sich sicherlich schon gedacht haben, wurde das Haus am Wilzenberg vom Verfassungsschutz betrieben«, begann Münch, nachdem Jan wieder Platz genommen hatte. »Es war ein sogenanntes *Safehouse*, in dem Überläufer aus extremistischen Kreisen untergebracht wurden. Ehemalige Linksterroristen, Rechtsextreme und sogar einige fundamentalistische Islamisten, denen klar geworden war, dass das Leben auf der Erde doch interessanter sein könnte als die versprochenen Jungfrauen im Himmel. Wir haben diese Personen dort verhört und auf die anstehenden Prozesse vorbereitet, in denen sie als Kronzeugen auftreten sollten. Andere wiederum wurden dort untergebracht, bis ihre neuen Existenzen fertig waren – Papiere, Legenden, ein neues Leben.«

Jan setzte sich wieder. Er sah Münch in die Augen, der den Blick offen erwiderte. Franzens Gesicht durfte man als weitere Bestätigung werten, dass Münch die Wahrheit sagte. Es verzog sich, als hätte ihn eine gewaltige Magenverstimmung erwischt.

Jetzt wollte Jan testen, wie weit die Offenheit des Mannes ging. »Ist eine junge Frau namens Anne Lehmann in dem Haus vergewaltigt worden?«

»Das stimmt«, erwiderte Münch ohne Zögern. »Von einem Mann, den wir jetzt einfach mal bei seinem ehemaligen Decknamen nennen wollen – Frank.«

»Wie heißt er wirklich?«

»Hier erreichen wir einen Punkt, der den Zeugenschutz gefährden würde. Was ich Ihnen jedoch sagen kann: Frank war ein recht unangenehmer Mensch, der einer rechtsextremen Wehrsportgruppe angehörte, dann ausgestiegen ist und sich uns als Kronzeuge zur Verfügung gestellt hat.«

»Ich verstehe«, sagte Jan und meinte es auch so. »Wie ging es dann weiter?«

»Nach dem Vorfall haben wir ihn sofort aus dem Haus entfernt und isoliert untergebracht. Wir hätten Anne Lehmann nicht an einer Anzeige gehindert, aber das wollte sie selbst nicht. Sie müssen wissen, dass sie in der fraglichen Nacht zuerst freiwillig Sex mit ihm hatte – was natürlich kein Vorwurf in Annes Richtung sein soll. Erst als sie ihn am nächsten Morgen bei einem erneuten Annäherungsversuch zurückgewiesen hat, ist er über sie hergefallen. Er hat sie geschlagen und zweimal vergewaltigt. Das ist alles, was ich darüber weiß.«

Jan war über Münchs Kooperationsbereitschaft verblüfft, und er sah Mütze an, dass es ihr genauso erging. »Sicherlich lag Annes Zurückhaltung auch an dem *Schmerzensgeld*, mit dem Sie sie anschließend abgefertigt haben.«

Münchs Augen ruhten auf Jan, als suchten sie in seinem Gesicht nach geheimen Botschaften. Falls er welche fand, ließ er sich nichts anmerken. »Das kann ich nicht abstreiten. Schauen Sie: Anne wurde vergewaltigt, das ist Fakt, aber sie wollte keine Anzeige erstatten. Und natürlich lag es auch in unserem Interesse, dass das Haus möglichst wenig Aufsehen erregte. Habe ich den Mädchen Geld gegeben, wenn sie dafür sorgten, dass die Männer … nun ja, *auf ihre Kosten kamen*? Ja, das habe ich. Bin ich stolz darauf? Nein. Aber ich habe sie nie zu etwas gezwungen. Egal, was in dem Haus zwischen den Männern und den Mädchen passiert ist: Es geschah freiwillig! Annes Vergewaltigung war ein Einzelfall, der sich in all den Jahren nie wiederholt hat. Und auch da war es Annes freie Entscheidung, anschließend nicht zur Polizei zu gehen.«

»Bei Sonja war das aber anders. Ich weiß, dass sie wegen der Vergewaltigung Anzeige erstatten wollte. Musste sie deshalb sterben?«

Münch lachte auf. »Mein Gott, Herr Römer, wir sind es ja gewohnt, dass man unsere Arbeit mit Misstrauen betrachtet, schließlich findet ein großer Teil davon im Verborgenen statt. Aber wir sind doch keine Mörderbande, die Leichenberge hinterlässt, sobald auch nur die Tarnung eines unserer Häuser auffliegt. Wenn ein solches Haus enttarnt wird, kaufen wir einfach ein neues!«

Jan musste zugeben, dass das in der Tat weit hergeholt klang. Dennoch war Sonja Risse tot, und er war weiterhin davon überzeugt, dass das Motiv zu der Tat rund um ihre Arbeitsstelle zu finden war.

»Noch eine Frage«, schaltete Mütze sich ein. »Sonja hatte ein Liebesverhältnis mit einem der Bewohner des Hauses – Viktor, obwohl auch der Name nicht stimmen dürfte. Sie wissen aber, von wem ich rede?«

Münch nickte.

»Was können Sie uns über ihn sagen?«

Der pensionierte Staatsschützer zögerte kurz, dann sagte er: »Viktor kam aus dem Dunstkreis der Roten Armee Fraktion, genauer gesagt, aus deren dritter Generation. Er war ein eher sensibler, schüchterner Typ, der sich irgendwann radikalisiert hat. Als die RAF kurz vor der Auflösung stand – die 1998 dann ja auch offiziell erfolgt ist –, ist er ausgestiegen. Mit seiner Hilfe wollten wir die verbliebenen Mitglieder identifizieren und ihnen die von ihnen verübten Straftaten nachweisen.«

»Was ja, wenn ich mich recht entsinne, nicht sonderlich gut geklappt hat.«

»Das stimmt«, gab er zu. »Genau genommen kennen wir bis heute noch nicht einmal die Hälfte der Aktivisten namentlich. Aber darum geht es Ihnen ja nicht, oder?«

Mütze schüttelte den Kopf. »Erzählen Sie weiter.«

»Als seine Affäre mit Sonja begann, hatte er das Prozedere nahezu vollständig durchlaufen. Eidesstattliche Aussagen, neue Papiere, eine für ihn geschaffene Legende. Wir waren so gut wie fertig und er kurz davor, das Land zu verlassen. Dann verliebte er sich in Sonja, und sie sich wohl auch in ihn. Ich habe davon leider erst viel zu spät erfahren, sonst hätte ich versucht, die ganze Sache frühzeitig zu unterbinden. Wissen Sie, die Zeit so kurz vor dem Start in ein neues Leben ist immer am kritischsten – wenn an dieser Stelle noch etwas schiefgeht, ist alle Arbeit umsonst gewesen, und das wusste Viktor auch. Ich denke, er wird Sonja gesagt haben, dass die Sache mit ihnen keine Zukunft hat. Drei Tage nach dem Mord hat er dann ja auch das Land verlassen.«

Während Münch redete, behielt Jan Franzen im Blick. Dem Mann war deutlich anzusehen, dass ihm die

Redebereitschaft seines pensionierten Kollegen zu weit ging. Dennoch unterbrach er ihn nicht. Münch musste innerhalb der Behörde enormen Respekt genießen, und Jan konnte dank der letzten Minuten auch nachvollziehen, woher dieser rührte.

»Sie waren dichter an Sonja dran als die meisten anderen Menschen«, sagte er zu ihm. »Sie sind Ihrem Job entsprechend gut ausgebildet. Sie verfügen über kriminalistisches Gespür. Dann wird eine Ihrer Mitarbeiterinnen ermordet – und Sie haben keine Ahnung, ob ihr Liebhaber auch ihr Mörder war?«

Münch legte die Fingerspitzen aneinander, bevor er antwortete. »Der Verfassungsschutz hat keinerlei polizeiliche Befugnisse. Die Ermittlungen, die den Tod von Sonja Risse betrafen, lagen nicht in unserer Hand. Wir haben uns da herausgehalten, und das ist die Wahrheit.«

»Aber eine persönliche Meinung ist Ihnen schon erlaubt, oder?«

Ein kurzes Heben der Augenbrauen, dann: »Natürlich haben wir über sämtliche Personen, die in dem Haus untergebracht waren, psychologische Dossiers anfertigen lassen. Demzufolge war Viktor kein von Haus aus gewalttätiger Mensch, aber jemand, der Gewalt in manchen Situationen durchaus als legitimes Mittel ansah, was ja auch seine Vorgeschichte beweist. Wenn Sie mich fragen, ob es meiner Erkenntnis nach Spuren oder Indizien gab, die auf ihn als Täter hinwiesen, kann ich diese Frage ruhigen Gewissens verneinen. Wenn Sie wissen wollen, ob er zu einem kaltblütigen Mord fähig ist, bin ich mir der Antwort nicht sicher. Ich halte es für denkbar. Ob er aber wirklich Sonjas Mörder ist, weiß ich nicht.«

»Haben Sie noch Kontakt zu ihm?«

»Seitdem er das Land verlassen hat: nein.«

»Wie läuft das eigentlich ab?«, wollte Mütze wissen.

»Er bekommt neue Papiere, wird ausgeflogen, und dann?«

Münch wendete sich ihr zu. »In der Regel versehen wir solche Aussteiger mit neu geschaffenen Lebensläufen, deren Biografien den eigenen Qualifikationen entsprechen. Wir suchen ein Land für sie aus und geben ihnen eine kleine Starthilfe, das war's. Ab dem Moment sind sie auf sich gestellt und bekommen nur eine Notrufnummer, unter der sie sich melden können, wenn ihre Tarnung aus irgendeinem Grund auffliegen sollte, was aber nur äußerst selten vorkommt. Sie dürfen das Gebiet der Bundesrepublik Deutschland anschließend mindestens zwanzig Jahre lang nicht mehr betreten.«

»Zwanzig Jahre?«, hakte Mütze nach. »Das bedeutet, dass Viktor jetzt wieder einreisen und unbehelligt hier leben könnte?«

Münch zuckte die Achseln. »Genau genommen hätte er bereits vor neun Wochen zurückkehren können.«

»Und wo ist er jetzt?« fragte Jan. »Lebt er noch im Ausland, oder ist er wieder hier?«

Münch hatte schon zu einer Antwort angesetzt, als Franzen ihn unsanft unterbrach. »Herr Münch hat Ihnen jetzt alles gesagt, was es aus unserer Sicht über den Mord an Sonja Risse zu sagen gibt. Damit haben wir unseren Teil der Abmachung mit Ihrem Herausgeber eingehalten und hoffen, dass Sie sich auch an Ihren halten. Frau Schneider, Herr Römer: Ich danke Ihnen für Ihren Besuch. Und, bevor ich es vergesse: Der Kollege Weber wäre Ihnen dankbar, wenn er seine Brieftasche zurückbekommen würde.«

Zehn Minuten später standen Jan und Mütze wieder auf dem Parkplatz, noch immer unsicher, wie sie das Gespräch einordnen sollten.

»Unter dem Strich lief es deutlich besser, als ich gedacht habe«, sagte Mütze, während sie sich eine Zigarette anzündete. »Auch, wenn Münch nichts zugegeben hat, woraus man ihm oder der Behörde einen Strick drehen könnte. Richtig zugemacht haben sie erst, als es um Viktors derzeitigen Aufenthaltsort ging.«

»Er ist wieder in Deutschland«, sagte Jan. »Da bin ich mir hundertprozentig sicher. Warum hat Franzen Münch sonst so abrupt unterbrochen?«

Sie dachte darüber nach und nickte. »Wo würdest du hingehen, wenn du an seiner Stelle wärst?«

»Wahrscheinlich irgendwohin, wo ich mich auskenne. In den Ort meiner Kindheit vielleicht. In eine Stadt, in der ich längere Zeit gelebt habe. Vielleicht auch dorthin, wo ich die letzten Wochen vor meiner Abreise verbracht habe.«

»Da wir nicht wissen, wo Viktor geboren ist oder gelebt hat, bleibt uns nur der letzte bekannte Aufenthaltsort. Das Sauerland. Allerdings ist die Region recht groß, und ich habe keine Ahnung, wie wir ihn dort finden sollen.«

Das wusste er auch nicht.

Er hatte die Autotür schon geöffnet, als ihm eine Idee kam. »Wir wissen vielleicht nicht, wo Viktor wohnt, aber wir wissen, wo wir Anne Lehmann finden können. Wir müssen unbedingt mit ihr sprechen – schon allein um herauszufinden, ob sie Münchs Version des Vorgangs bestätigt. Vielleicht haben wir ja auch Glück und sie hat in den letzten Wochen etwas von diesem Viktor gehört.

Im besten Fall sogar etwas, was uns helfen könnte, ihn aufzuspüren.«

»Ich wäre schon zufrieden, wenn sie diesmal etwas weniger ablehnend reagieren würde. Aber das lässt sich ja leicht herausfinden.«

Sie hatte den Satz noch nicht beendet, da hatte sie schon ihr Handy am Ohr.

LENNESTADT/SAUERLAND

Für Anne Lehmann war es kein Tag wie jeder andere gewesen. Sie war wütend, verängstigt und aufgewühlt, alles gleichzeitig. Die Erkenntnis, dass jemand in ihre Wohnung eingedrungen war, hatte sie erschüttert, aber erst durch den erneuten Anruf der Journalistin war sie aus dem Gleichgewicht gebracht worden. Warum konnte die Frau sie nicht in Ruhe lassen?

Anne hatte eingehängt, ohne auf irgendeine der Fragen zu antworten. Seitdem fragte sie sich, wie diese Stefanie Schneider überhaupt auf sie gekommen war. Im Prinzip gab es nur zwei Möglichkeiten: Rebecca oder Sonjas Mutter. Da sie nicht glaubte, dass Maria Risse über Sonjas Verbindung zu Anne geredet hatte, blieb nur Rebecca übrig.

Was in ihren Augen einem Verrat gleichkam – wie konnte Rebecca das nur tun?

Sie wusste doch, dass Anne die Vorgänge am Wilzenberg bis heute keine Ruhe ließen. Weder ihre Vergewaltigung noch der Tod von Sonja. Sie fragte sich, was Rebecca der Journalistin noch alles erzählt haben mochte.

Der Einbruch in ihre Wohnung hatte ihr gezeigt, dass die Ängste, die sie die letzten zwanzig Jahre ausgestanden hatte, nicht unbegründet gewesen waren. Sie war nicht wahnsinnig oder paranoid. Die Bedrohung war real geworden, und sie hatte noch keine Ahnung, wie sie sich dagegen wehren sollte.

Zum wiederholten Male dachte sie an die Visitenkarte, die Münch ihr gegeben hatte, als sie damals das Haus verlassen hatte. »Ruf mich an, wenn du mich brauchst«, hatte er gesagt. »Mich und niemanden sonst. Egal, was geschieht: Du darfst nie mit jemandem über das reden, was hier passiert ist – schon um deiner selbst willen nicht.«

Und genau das hatte sie auch gemacht. Sie hatte geschwiegen, ganze zwanzig Jahre lang, und versucht, die Vergangenheit zu verdrängen. Es hatte erstaunlich gut geklappt. Mit der Zeit war ihr die Anne Lehmann von damals fremd geworden. Eine alte Bekannte, zu der ihr die emotionale Bindung nahezu vollständig abhandengekommen war.

Sie hatte sich in Lennestadt eingeigelt und ein von der Außenwelt abgeschiedenes Leben geführt. Arbeit, Einkäufe und ein paar sorgsam ausgewählte soziale Kontakte, das war's gewesen. Es war vielleicht kein schönes, aufregendes Leben gewesen, aber eines, das ihr Sicherheit gewährte und in dem sie langsam zur Ruhe gekommen war. Aufregung hatte sie in ihrer Jugend mehr als genug gehabt.

Wenn es nach Anne gegangen wäre, hätte es auch ewig so weitergehen können, aber es ging nicht nach ihr. Nicht mehr jedenfalls, nachdem andere dafür gesorgt hatten, dass ihre Vergangenheit wieder zu einem Teil ihrer Gegenwart geworden war. Sie spielte mit der Visitenkarte, die sie aus der Küchenschublade geholt hatte und nun zwischen den Fingern hielt. Blickte auf die feine Prägung, auf Münchs Namen und die Rufnummer darunter. Sie könnte ihn jetzt anrufen, natürlich, und sicherlich würde er dann sofort vorbeikommen, um ihr zu sagen, was sie zu tun hätte. So, wie er das früher auch gemacht hatte.

Aber wollte sie das?

Sie hatte mittlerweile gelernt, allein mit ihren Problemen klarzukommen. Akzeptiert, dass sie der einzige Mensch war, auf den sie sich wirklich verlassen konnte. Wenn es etwas gab, das eine Gefahr für sie und ihr neues Leben darstellen konnte, musste sie sich selbst darum kümmern. Sie hatte es satt, ihr Schicksal in die Hände anderer zu legen.

Entschlossen stand sie auf und öffnete die oberste Schublade des Sideboards, auf dem auch das Telefon stand. Dann holte sie ihr Adressbuch hervor, schlug die Nummer von Rebecca nach, wählte und wartete nervös ab, ob ihre alte Freundin rangehen würde.

»Kaiser«, meldete sich kurz darauf eine Stimme, die ihr selbst nach so vielen Jahren immer noch seltsam vertraut vorkam.

»Ich bin's, Anne«, sagte sie und ärgerte sich, dass ihre eigene Stimme gerade so leise und unentschlossen klang. »Wir müssen miteinander reden. Dringend!«

DER UHRMACHER

Vor ihm lag ein Puzzle mit tausend Teilen. Unzählige kleine Zeichentrickfiguren waren darauf abgebildet, sogenannte Minions, die alle gelbe Köpfe und kreisrunde Augen hatten. Eine Figur sah aus wie die andere, und zusammen ergaben sie ein Motiv, vor dem selbst erfahrene Puzzlespieler kapitulierten.

Er jedoch nicht.

Er liebte Konzentrationsspiele, sie beruhigten ihn. Sich damit zu beschäftigen, schulte nicht nur den Blick und die Ruhe der Hände, sondern auch die Geduld. Und Geduld war schon immer seine größte Stärke gewesen. Sie hatte ihm bereits in einem anderen Leben genützt, bei völlig anderen Aufgaben.

Bei den Protesten gegen das Atomkraftwerk in Brokdorf hatte er Anfang der achtziger Jahre auch Menschen kennengelernt, die sich in der *Roten Hilfe* engagiert und es sich zur Aufgabe gemacht hatten, bessere Haftbedingungen für inhaftierte Top-Terroristen wie Brigitte Mohnhaupt oder Christian Klar zu erreichen. Es waren Leute gewesen, die immer noch bedauerten, dass der bewaffnete Kampf der RAF im Herbst 1977 einen derart herben Rückschlag erlitten hatte, dass dieser fast das Ende der Gruppe bedeutet hätte.

Wie gut er sich noch an diese Zeit erinnern konnte: Die meisten Männer in der Roten Hilfe hatten ernsthaft dreinblickend verschwurbelte Pamphlete verfasst, Cordhosen mit Schlag getragen und sich die Haare lang wachsen lassen. Die Frauen waren schon interessanter gewesen: Sie bevorzugten Miniröcke und eng anliegende Pullover und hatten so gewirkt, als wären sie bereit, auf der Stelle mit jedem Kerl zu schlafen, der sich als polizeilich gesuchter Systemgegner ausgab.

Sympathisanten, dachte er und lächelte. Rückblickend betrachtet nichts als verblendete Naivlinge.

Dennoch hatte er sich ihnen damals angeschlossen, bis er Zugang zum inneren Zirkel der RAF fand, der sich vor allem für eine Internationalisierung des Terrors einsetzte. Die Mitglieder waren überzeugt gewesen, dass sie nur dann eine Wirkung erzielen konnten, wenn sie Bündnisse mit anderen Gruppierungen wie der französischen *Action Directe* oder der italienischen *Brigate Rosse* schlossen. Und er? Hatte für sie Sprengsätze gebaut. Er hatte TNT und Zünder in Alltagsgegenständen untergebracht, Drähte verlötet, Zeitschaltuhren zwischengeschaltet und zu Übungszwecken immer wieder alte Spieluhren repariert. Schon in seiner Jugend hatte ihn die filigrane Mechanik fasziniert; ebenso wie die zartgliedrigen Figuren, die sich drehten, sobald die Melodie erklang.

Er war ein RAF-Terrorist geworden, ein Mitglied der sogenannten dritten Generation, aber was seine innere Einstellung anging, war er immer ein Fremdkörper geblieben. Seinen Heimatort Friedrichskoog hatte er weit hinter sich gelassen, nicht aber die Werte, die ihm in seiner Jugend vermittelt worden waren. Sie waren immer da gewesen und hatten ihn an das erinnert, was er in Wirklichkeit war.

Ein Mann, der sich niemandem gegenüber loyal zeigte.

So faszinierend der Kampf für eine gemeinsame Sache auch sein mochte, er hatte den tieferen Sinn dahinter nie verstanden. Nicht nur was Terror anging – auch bei Kriegen, bei denen oftmals nur wenige Kilometer zwischen zwei Wohnorten darüber entschieden, auf welcher Seite man zu kämpfen hatte. All das Gerede, das seine *Genossinnen* und *Genossen* von sich gegeben hatten – am Ende des Tages war sich doch jeder selbst der Nächste gewesen.

Solange er zurückdenken konnte, hatte es nur einen Menschen gegeben, dem er sich jemals über alle Grenzen hinweg verbunden gefühlt hatte. Eine einzige Sache, für die es sich zu kämpfen lohnte, damals wie heute. Wenn man von Sonja und ihrer gemeinsamen Liebe absah, kam es ihm vor, als sei er nur ein Schauspieler, der problemlos von einer Rolle in die andere wechseln konnte.

Ein Niemand, aus dem nur ihre Liebe etwas Besonderes gemacht hatte.

Der Uhrmacher seufzte, dann stand er auf und ging in die Küche, um sich etwas zu trinken zu holen. Auf dem Weg dorthin wurde ihm wieder bewusst, wie schäbig die kleine Wohnung war, die er in dem Hochhaus am Rande Meschedes angemietet hatte. Aber nichts daran störte ihn. Nicht der fleckige Teppichboden in dem kombinierten Wohn- und Schlafzimmer, nicht der leichte Schimmelbefall im Badezimmer. Warum auch? Er wollte sich hier ja nicht häuslich niederlassen und hatte in den ersten Jahren nach seiner Ausreise aus Deutschland in weiß Gott übleren Unterkünften gehaust.

Granada.

Die drittgrößte Stadt Nicaraguas, am Westufer eines riesigen Sees gelegen. Eine wunderschöne Stadt eigentlich, geprägt von spanischen Kolonialbauten, die die Grandezza einer untergegangenen Epoche verströmten. *La gran Sultana*, die fette Rosine, so hatten die Einheimischen sie genannt.

Es hatte dort immer schon viel Tourismus und noch mehr Möglichkeiten gegeben. Der ideale Ort, um unterzutauchen und noch einmal ganz von vorn zu beginnen – so hatte Münch es ihm vor der Abreise schmackhaft gemacht. Er hatte dazu nur genickt, immer noch benebelt durch Sonjas Tod und seiner Schuld. Erst sehr viel später war ihm klar geworden, warum Münch ihn dennoch hatte ziehen lassen.

Rückblickend hatte der Verfassungsschutzmann mit seinen Aussagen über den Ort sogar recht gehabt. Nach ein, zwei Jahren hatte sich der Uhrmacher mit den Gegebenheiten in Granada arrangiert und ein Unternehmen gegründet, welches Touren in die umliegenden Dschungelregionen anbot. Die Firma hatte ihn in den folgenden Jahren zwar nicht reich gemacht, aber für einen angenehmen Lebensstandard gesorgt, der es ihm ermöglichte, einen stetig wachsenden Betrag zur Seite zu legen.

Womit Münch nicht gerechnet hatte, war, dass der Uhrmacher diese zwanzig Jahre in Nicaragua nur als

Übergangszeit ansehen würde. Er hatte dort Affären gehabt, aber keine ernsthaften Beziehungen. Keine Ehe, keine Kinder – nichts, was ihn davon abhalten konnte, am ersten Tag nach Ablauf der Frist sein Geld von der Bank zu holen und nach Deutschland zurückzukehren.

Und warum?

Weil hier immer noch ein Puzzle auf ihn wartete. Weil er damit nicht abschließen konnte, bis er alle fehlenden Teile zusammengesetzt hatte. Keine einzige Erinnerung an Sonja war ihm in Nicaragua verloren gegangen. Er im Bett mit ihr, ineinander verschlungen. Ihre Hand in seiner. Ihr Haar, wie es sich in feinen Strähnen auf seinem Brustkorb ausgebreitet hatte. Ihre Stimme, wenn sie ihm sagte, dass sie ihn liebte. Ihre Augen im Dunkeln. Ihr warmer Atem, als sie sich über ihn beugte und ihn anlächelte. Dieses Gefühl im Bauch, dass alles zu schön war, um wahr zu sein.

Er erinnerte sich aber auch an den Tag, an dem Münch stundenlang auf ihn eingeredet hatte. Als Münch gesagt hatte, dass in den wenigen Wochen, die er Sonja kannte, keine wahre Liebe entstehen konnte und dass er wieder auf den Boden der Realität zurückkehren musste, wenn er Sonja nicht in Gefahr bringen wollte. Damals war er ein Getriebener gewesen. Hin- und hergerissen zwischen seiner Liebe zu Sonja und dem Gefühl, für ihre Sicherheit verantwortlich zu sein. Schließlich hatte er eine Entscheidung getroffen. Es war die falsche gewesen.

Erst Jahre später hatte er verstanden, wie Sonja und er in eine Sackgasse getrieben wurden, aus der es kein Entkommen gab. Vielleicht durch Angst, vielleicht aus der

Furcht vor dem Ungewissen. Einige der Menschen in dem Haus hatten dies bewusst getan, andere unbewusst, aber unter dem Strich machte das keinen Unterschied. Sie alle waren schuldig, und sie alle würden dafür bezahlen. Angefangen hatte er mit dem Mexikaner, als Nächste war Rebecca dran.

Die Verräterin.

*

Zum Mittagessen gab sich Jan mit einem Erdbeerjoghurt zufrieden, den er in seinem Büro verputzte. Je länger er dabei über ihren gestrigen Besuch beim Verfassungsschutz nachdachte, desto sicherer war er sich, dass Viktor in die Bundesrepublik zurückgekehrt war.

Die Frage war nur: Was wollte der Mann hier? Der bewaffnete Kampf der RAF war lange vorbei, und Jan konnte sich nicht vorstellen, dass die ehemaligen Weggefährten ihn mit offenen Armen begrüßen würden – ihn, den Verräter, der beim Verfassungsschutz ausgepackt hatte. Sie mussten immer noch einen Groll gegen ihn hegen, den Mann eventuell sogar als Bedrohung ansehen, völlig unabhängig von der Tatsache, dass die letzten Mitglieder der Terrororganisation vor nunmehr neunzehn Jahren schließlich doch eingesehen hatten, dass ihre Form des Widerstands in einer Sackgasse geendet hatte.

Jan schob sich einen weiteren Löffel Joghurt in den Mund und ließ ihn dort stecken. Viktor hatte zwanzig Jahre lang ein Leben in Sicherheit geführt, wahrscheinlich irgendwo auf der anderen Seite des Erdballs. Er musste dort soziale Kontakte geknüpft und sich mit den Gepflogenheiten des Landes arrangiert haben. Und jetzt war er freiwillig nach Deutschland zurückgekehrt, wo er keine Freunde mehr hatte, keine Arbeit, kein Zuhause.

Das war nicht logisch.

Aber böse Menschen ließen sich nicht gerne sagen, was sie zu tun oder zu lassen hatten. Sie reagierten nicht logisch. Selbst wenn ein Mörder wusste, dass man gegen ihn ermittelte, kehrte er häufig an den Ort seines Verbrechens zurück, einfach, um sich an dem Interesse zu erfreuen, das er immer noch erzeugte. Um noch einmal *bedeutend* zu sein. Auf eine fast zwanghafte Art brauchten diese Leute Bestätigung, und Jan hoffte, dass auch dieser Viktor dazu gehörte.

Er hatte seinen Joghurt gerade aufgegessen und den leeren Becher in den Mülleimer geworfen, als die Tür aufging und Mütze hereinkam. Er kannte sie gut genug, um ihr anzusehen, dass sie Neuigkeiten hatte und es kaum erwarten konnte, endlich damit herauszurücken.

»Schieß los!«, begrüßte er sie deshalb direkt.

»Ich habe Stefan Wahlert gefunden, Sonjas Exfreund. Er sitzt in Ossendorf eine Haftstrafe ab, und wir haben in«, sie schaute auf die Uhr, »zweieinhalb Stunden einen Besuchstermin. Um 16.30 Uhr.«

Er gratulierte ihr und versicherte, dass er ohne ihre Hilfe aufgeschmissen wäre. Dann rief er sich in Erinnerung, was er über den Kerl wusste. Stefan Wahlert war Sonjas letzter Freund gewesen, bevor ihre Beziehung mit Viktor begonnen hatte. Laut den ermittelnden Polizeibeamten verfügte er über ein wasserdichtes Alibi, was die Tatzeit betraf – er war mit mehreren Freunden im Rahmen einer Sauftour auf Mallorca gewesen. Außerdem hatte Rebecca erzählt, dass Sonja in den letzten

Monaten vor ihrem Tod schon keinen Kontakt mehr zu ihm gehabt hatte.

Obwohl er Mützes Einsatz bei der Suche nach dem Mann bewundernswert fand, glaubte er nicht, dass Stefan Wahlert ihnen etwas Entscheidendes erzählen konnte. Er glaubte noch nicht einmal, dass er überhaupt mit ihnen reden würde.

Er sollte sich in beiden Punkten irren.

*

Der Großstadtrhythmus pulsierte unablässig. Der Verkehr in der Kölner Innenstadt strömte, wurde von Ampeln angehalten und strömte weiter. Andere Autos flossen aus Querstraßen, hielten an und flossen weiter. Fußgänger sammelten sich an den Übergängen und hasteten dann in Gruppen auf die andere Seite. Autos hupten, Lastwagen dröhnten und Taxifahrer drängelten, während Jan und Mütze sich im Feierabendverkehr Meter für Meter an den Stadtteil Ossendorf herankämpften.

Die dortige Justizvollzugsanstalt war ein riesiger Gebäudekomplex, der optisch an eine Chemiefabrik erinnerte. Massive Betongebäude, über die sich da und dort Rohre erhoben, aus denen Dampf entwich. Das Ganze umgeben von Zäunen und Mauern, die durch rautenförmige Kontrolltürme unterbrochen wurden. Als sie den Wagen auf dem Parkplatz abstellten, konnte Jan Bogenlampen und Stacheldraht erkennen, Suchscheinwerfer und Männer in den Türmen.

Stefan Wahlert saß dort ein, weil er vor vier Jahren einen bewaffneten Raubüberfall auf einen Juwelier in Olpe verübt hatte, der gründlich danebengegangen war.

Wahlert hatte das Opfer schwer verletzt, war mit nur wenig Beute geflüchtet und kurz darauf von der Polizei gestellt worden. Das Urteil hatte auf acht Jahre Haft gelautet, knapp die Hälfte davon hatte er bereits abgesessen.

Als sie ihren Wagen auf dem Besucherparkplatz abgestellt hatten, fragte Jan sich, was für einem Menschen sie gleich gegenübertreten würden. Er hielt Gefängnisse nicht für Orte, die schlechte Menschen besser machten, ganz und gar nicht. Die meisten der dort entstehenden Probleme waren einleuchtend und lagen, jedenfalls bis zu einem gewissen Grade, in der Natur der Sache. Man überlebte hier, indem man sich entweder abschottete oder indem man stärker war als sein Gegenüber. Man lernte, dass man niemandem vertrauen durfte, nur auf sich selbst zählen konnte und dass man jederzeit bereit sein musste, sich mit allen Mitteln zu verteidigen.

Jan war schon oftmals in Gefängnissen zu Besuch gewesen, hatte mit vielen Insassen gesprochen, aber noch nie jemanden getroffen, bei dem er das Gefühl hatte, dass dieser hinter Gittern wirklich zu einem besseren Menschen geworden war.

Nachdem sie die Anlage betreten hatten, ließen sie zunächst das übliche Prozedere über sich ergehen, dem sich jeder stellen musste, der einen Inhaftierten besuchen wollte. Papiere wurden vorgelegt und Taschen mussten abgegeben werden, dann wurden sie von Justizbeamten durchsucht. Einer von ihnen führte sie anschließend einen kalten, zugigen Gang entlang. »Immer der roten Linie nach«, sagte der Justizangestellte, wobei er mit der Hand nach links wies. Dort war ein roter Strich in Augenhöhe an die Wand gemalt. Jan vermutete, dass er den Weg nach draußen anzeigte, aber sie gingen in die entgegengesetzte Richtung, tiefer in die Anlage hinein. Seine Schritte hallten über einen metallisch-grau gestrichenen Boden, die Luft roch staubig und abgestanden.

Vor einem für Anwaltsgespräche vorgesehenen Raum blieb der Mann dann stehen, schloss die Tür auf und deutete ins Innere. Das Zimmer war spartanisch: graue Wände, eine kalte Neonröhre an der Decke, vier Stühle und ein kleiner, abgenutzter Tisch, auf dem Mütze jetzt das Aufnahmegerät platzierte.

Jan fühlte sich wie in der Isolierzelle einer Irrenanstalt, nur ohne Gummiwände.

Kurz darauf wurde die Tür erneut geöffnet und Stefan Wahlert betrat in Begleitung seines Anwalts den Raum. Die beiden hatten miteinander geflüstert, waren aber sofort verstummt, als sie Jan und Mütze sahen. Vielleicht ein Zeichen von Schuld, vielleicht auch nur ein Reflex ohne jede Bedeutung.

Nachdem sie Platz genommen hatten, starrten sie sich an. In dem fensterlosen, gewittergrauen Raum lastete verlegene Stille. Jenes angespannte Verharren unter Fremden, wenn keiner weiß, welche Musik die Kapelle spielen wird und wer den Tanz eröffnet.

»Lassen Sie uns direkt beginnen«, sagte Jan, um Bewegung in die Sache zu bekommen. »Mein Name ist Jan Römer, das neben mir ist meine Kollegin Stefanie Schneider. Sie wissen, warum wir hier sind: Es geht um Sonja Risse und um Ihre Beziehung zu ihr. Und bevor Ihr Anwalt jetzt loslegen will: Nein, wir verdächtigen Sie nicht, sie umgebracht zu haben. Wir kennen Ihr Alibi. Alles, was uns interessiert, ist, was Sie über Sonjas Leben wissen. Insbesondere über ihre Arbeit in dem Haus unterhalb des Wilzenbergs.«

Stefan Wahlert schaute ihn irritiert an, wahrscheinlich hatte er etwas anderes erwartet. Er war ein Mann in den Vierzigern, groß und kräftig, der seine blonden Haare recht lang trug, so dass ihm sein zur Seite gekämmter Pony ständig vor die Augen fiel und er ihn mehrmals mit der Hand wegstreichen musste. Sein Mund war schmal, die Nase breit, die Augen von einem wässrigen Blau.

»Sie brauchen dazu nichts zu sagen«, riet der Anwalt ihm in einem offensichtlichen Versuch, sein Honorar zu rechtfertigen. »Herr Römer ist lediglich …«

»Ich sitze zwar im Knast, aber ich bin nicht bescheuert«, fuhr Wahlert ihn an. »Ich weiß, dass ich Journalisten keine Fragen beantworten muss, vielleicht will ich das aber. Wenn ich meine, dass ich Ihre Hilfe brauche, melde ich mich.«

Der Anwalt schaute beleidigt drein, dann rückte er seine goldumrandete Brille mit dem Zeigefinger nach oben und schwieg.

Jan zwinkerte dem Rechtsbeistand freundlich zu, bevor er sich wieder seinem eigentlichen Gesprächspartner zuwandte. »Am liebsten wäre es uns, wenn wir ganz vorne beginnen könnten. Wenn Sie mir alles erzählen würden, woran Sie sich in Bezug auf Sonja erinnern.«

»Wir waren nicht lange zusammen, aber ich war total verrückt nach ihr«, sagte Wahlert. »Bin voll auf sie abgefahren! Ich war …«

»Sie müssen mich missverstanden haben«, unterbrach Jan ihn. »Sie sollen mir nichts von sich erzählen, sondern von ihr.«

Wahlert lachte, ein rasselndes, verschleimtes Raucherlachen. »Okay ... Sonja ging das nicht anders als mir. Wir waren ohne Ende verknallt, eine paar Monate zumindest. Bis Sonja dann schlagartig das Interesse verlor.«

»Was genau hat sich verändert?«

Der Häftling rieb sich den Nacken. »Nachdem sie in dem Haus angefangen hat, hat Sonja mir gegenüber dichtgemacht. Sie hat nicht mehr angerufen, Verabredungen im letzten Moment abgesagt, solche Dinge halt. Eigentlich war mir da schon klar, dass bald Schluss sein würde. So was spürt man einfach, richtig?«

»Wissen Sie noch, wann genau dieses Verhalten angefangen hat?«

Der Mann überlegte kurz. »Keine Ahnung. Ich weiß nur noch, dass es schnell ging. Spätestens einen Monat, nachdem sie dort angefangen hat.«

»Glauben Sie, sie hatte da schon einen anderen?«

»Warum«, wechselte Wahlert plötzlich das Thema, »soll ich überhaupt mit Ihnen reden? Was bringt mir das?«

»Abwechslung«, erwiderte Jan lapidar. »Ein kleiner Farbtupfer in einem ansonsten recht grauen Alltag. Aber wenn Sie nicht wollen, kein Problem – dann packen wir unsere Sachen wieder zusammen und gehen.«

Erneut lachte Wahlert sein heiseres Raucherlachen. »Okay, reden wir«, sagte er dann. »Und nur, damit Sie klarsehen: Sonja war keine Schlampe, die mit mehreren Typen gleichzeitig rumfickt. Sie hat sich nur schnell verliebt. War direkt Feuer und Flamme und genauso schnell war das auch wieder erledigt, wenn ein anderer Kerl kam, der ihr besser gefiel. Und um Ihre Frage zu beantworten:

Ja, ich bin mir sogar sicher, dass sie da schon einen anderen hatte.«

»Hat sie mal etwas über die Männer erzählt, die in dem Haus lebten? Wer sie waren, was sie dort taten?«

»Nicht wirklich. Sie hat da immer ein Geheimnis draus gemacht, ständig nur Andeutungen und so. Für mich klang es, als würden dort Kriminelle wohnen oder Typen, die auf der Flucht vor Kriminellen sind.«

»Sie haben nicht genauer nachgefragt?«

Wahlert schüttelte den Kopf. »Ich weiß ja nicht, wie Sie drauf sind, aber wenn ich mich mit einer Frau treffe, geht's da nicht ums Reden.« Er zwinkerte Mütze zu. »Außerdem lag die Nummer mit Sonja und mir schon in den letzten Zügen. An ihrer Arbeit war ich da echt nicht sonderlich interessiert.«

»Haben Sie Ihre Exfreundin nach der Trennung noch mal wiedergesehen?«

Er faltete die Hände hinter dem Kopf zusammen, bevor er antwortete. »Kurz vor ihrem Tod – mit uns war da schon ein paar Monate lang Schluss – habe ich sie auf irgendeinem bescheuerten Schützenfest getroffen. War ein Scheißtag, ich war ziemlich besoffen und habe ihr wohl Stress gemacht. Wollte wissen, warum sie mich damals abgeschossen hat und so. Da hat sie dann zugegeben, dass sie einen anderen hatte, den sie von der Arbeit her kannte. Hat sogar davon gelabert, ein neues Leben zu beginnen.«

»Hat sie das so gesagt? *Ein neues Leben?*«

Er zuckte die Schultern. »Merken Sie sich den genauen Wortlaut von Gesprächen, die Sie vor zwanzig Jahren geführt haben? Sonja hatte mich abserviert, der Rest war mir relativ egal.«

»Und Sie waren wütend auf sie?«

Der Anwalt wollte sich erneut einschalten, aber Wahlert brachte ihn mit einer Handbewegung zum Schweigen. »Scheiße, ja, das war ich! Aber ich habe sie nicht umgebracht, verstehen Sie? Hätte ich nie gekonnt, ihr etwas antun. Ich war sauer, klar, aber ich bin kein Killer! Mir war doch schon seit Monaten klar, dass sie mit einem anderen Kerl rummachte: Warum hätte ich sie dann jetzt erst deswegen kaltmachen sollen?«

Jan war nicht besonders gut darin, in den Augen seines Gegenübers die Lüge zu erkennen, dazu hatte er schon zu viele gute Lügner gesehen. Aber in Wahlerts Blick erkannte er etwas, dass man nicht so einfach vorspielen konnte. Echten, aufrichtigen Schmerz.

Dann wollte Mütze wissen, ob er den neuen Mann in Sonjas Leben mal getroffen hatte.

»Nein«, erwiderte Wahlert, »und wahrscheinlich war das auch besser so. Weiß nicht, wie das sonst ausgegangen wäre – immerhin hat der Kerl sie mir ausgespannt, verstehen Sie? Aber wenn Sie einen Tipp haben wollen: Der Typ war wahrscheinlich deutlich älter als Sonja. Zumindest hat sie mir immer gesagt, dass sie generell eher auf Ältere steht und die Nummer mit mir eine Riesenausnahme sei.«

Jan nickte. »Eine letzte Frage noch«, sagte er. »Haben Sie jemals Kontakt zum Verfassungsschutz gehabt oder hat Sonja mal etwas Dementsprechendes erwähnt?«

Stefan Wahlert schaute ihn verständnislos an. »Nicht, dass ich wüsste«, sagte er dann. »Was ist das denn für 'ne blöde Frage?« Dann lachte er. »Die Süße war Kellnerin, keine Geheimagentin. Glauben Sie mir: Ihre Qualitäten lagen definitiv auf einem anderen Gebiet! Wenn ich zurückdenke, wie gut sie ...«

»Und wie sieht es mit *Hush, little baby* aus?«, fiel Mütze ihm ins Wort. »Fällt Ihnen dazu etwas ein?«

»Klar doch. Das ist irgendein Schlaflied. Sonja hat damals gesagt, dass ihr Vater es ihr vor seinem Tod immer vorgesungen hat, wenn sie als Kind nicht einschlafen konnte. Sie hat es geliebt, ist voll darauf abgefahren. Warum?«

BERLIN
KURZ VOR 21 UHR

Rebecca schaute nach oben, auf einen der sternenklars-
ten Nachthimmel, die sie je gesehen hatte. Er war von
einem dunklen, tintigen Blau, fast schwarz, und er war
riesengroß. Erstreckte sich von den Wipfeln der Bäume
in unendliche Höhen.

Trotz der Schönheit um sie herum hätte Rebecca jedoch einen anderen Treffpunkt vorgezogen. Nicht hier,
am Rande des Grunewalds, und schon gar nicht nach
Einbruch der Dunkelheit. Aber alle ihre Einwände waren vergebens gewesen, und irgendwann hatte sie nach-
gegeben, trotz der Angst, die sie vor dunklen Waldgebie-
ten empfand. Die Geschichte musste endlich ein Ende
haben – allein schon wegen Leona, auf die gerade eine
Nachbarin aufpasste.

Sie stand auf einer Waldlichtung, keine zwei Kilometer von der Berliner Stadtgrenze nach Brandenburg entfernt. Die Luft war erfüllt vom überwältigenden Duft der
Fichten. Es war ein starker Geruch, frisch und sauber,
und er wehte herüber von der schwarzen Masse der
Bäume, die sie umgaben. Zwischen ihnen konnte sie ver-

schwommen die Umrisse von sonderbar geformten Büschen erkennen, ein wenig rechts von ihr. Es war eine große Lichtung, erstaunlich dunkel und still für einen Ort so nahe an der Stadt. Wäre die Wegbeschreibung am Telefon nicht so perfekt gewesen, hätte sie niemals hierher gefunden. Sie war mit der U3 bis zur Haltestelle Krumme Lanke gefahren und dann über die Fischerhüttenstraße in den Grunewald gegangen. War anschließend Wanderwegen gefolgt, mehrmals abgebogen und hatte unweit der A115 die befestigten Pfade verlassen.

Der Weg danach war schmal und kaum noch als solcher zu erkennen gewesen. Die Büsche auf beiden Seiten wucherten. Über die schmale Kluft hinweg hatten sie ihre Zweige nacheinander ausgestreckt wie Liebende, die man getrennt hatte. Wenigstens hatte Rebecca von da aus nicht mehr weit laufen müssen. Hundert oder hundertfünfzig Meter vielleicht, dann hatten sich die Bäume und Büsche vor ihr geöffnet und den Blick auf eine Lichtung freigegeben, die wie verwunschen im Mondlicht lag.

Seitdem wartete sie.

Sie schloss den Reißverschluss ihrer Jacke und schob die Hände in die Taschen. Dann warf sie einen flüchtigen Blick auf die Uhr, noch fünf Minuten bis zur vereinbarten Zeit. Kurz ärgerte sie sich, dass sie viel zu früh losgegangen war, wahrscheinlich ein Zeichen ihrer Nervosität. Einen Moment lang überlegte sie, ihre Nachbarin anzurufen, um nachzufragen, ob Leona schon eingeschlafen war, dann verwarf sie den Gedanken wieder. Sie sollte sich lieber auf das vor ihr Liegende konzentrieren und sich zurechtlegen, was sie gleich sagen wollte.

Mit jeder Minute, die verstrich, erhöhte sich ihre Anspannung. Das lag zum einen an der bevorstehenden Begegnung, zum anderen aber auch an der Umgebung. Tagsüber war der Grunewald eines der beliebtesten Naherholungsgebiete der Republik, nachts jedoch wirkte er wie ausgestorben. Ein dunkles Gebilde aus Wald, Wiesen und Schatten. Warum hatten sie sich nicht in einem Café auf dem Kurfürstendamm treffen können, wo sie in der Anonymität der Massen untergetaucht wären? Warum musste es ausgerechnet dieser Ort sein, um diese Uhrzeit?

Am liebsten wäre sie umgekehrt und zurückgegangen, aber das ging nicht. Ihre Beine verweigerten den Dienst. Es war, als ob ihr Körper etwas wusste, von dem ihr Geist noch nichts ahnte. Der sprach jetzt zu ihr, nur in ihrem Kopf: »Etwas ist hinter dir her. Lass nicht zu, dass es dich erwischt. Nicht hier im Wald.«

Es waren nicht die Worte selbst, die sie ängstigten, sondern der Tonfall, in dem sie gesprochen wurden. Die Stimme eines Menschen am Rande der Panik, die kaum noch Ähnlichkeit mit ihrer eigenen hatte.

Dann hörte sie die Schritte.

Sie wirbelte herum. Für Sekunden schien die Welt stillzustehen: kein Geräusch, keine Bewegung, nur ihr stoßweise hervorgepresster Atem. Endlich erkannte sie eine schwarze Kontur, die Umrisse einer menschlichen Gestalt. »Da bist du ja«, sagte sie und atmete erleichtert aus. »Ich habe schon auf dich gewartet!«

»Jetzt bin ich ja da. Wie ich es versprochen habe.«

Rebecca ging auf den Schatten zu und schloss ihn in die Arme. Spürte die Berührung des wohlvertrauten Körpers und die Wärme, die von ihm ausging. Dann merkte sie, wie etwas in ihren Leib fuhr, ihn wieder verließ und erneut eindrang. Es tat nicht weh – nicht so sehr zumindest, wie sie vermutet hatte. Sie ging in die Knie. Zuerst wärmte das Blut sie, dann wurde ihr immer kälter. Irgendwann lag sie auf dem Rücken, über sich den mit tausend Sternen betupften Nachthimmel. Sie schloss die Augen und dachte an Leona; fragte sich, wie ihre Tochter jetzt ohne sie klarkommen sollte. Ihr Kopf fiel zur Seite, die Gedanken lösten sich auf. Das Letzte, was sie noch hörte, bevor alles in einem tiefen Schwarz versank, war eine Melodie, die leise und friedlich klang.

Hush, little baby, don't say a word …

KÖLN

Jan war schon länger wach, als es am Samstagmorgen an der Tür klingelte. Er drückte den Öffner und wartete auf den angekündigten Besuch. Kurz darauf stand Sarah vor ihm, die Lukas vorbeibrachte, der sofort an ihr vorbeistürmte und ihn mit seinen dünnen Armen umschlang.

Sarah hatte am Vorabend angerufen und gefragt, ob Jan ein paar Stunden auf ihn aufpassen könnte, da sie einige Dinge zu erledigen hatte, bei denen Lukas sich nur langweilen würde. Da Jan erst am Nachmittag mit Mütze ins Sauerland fahren wollte, hatte er zugesagt. Die seltene Chance, außerhalb der vereinbarten Tage ungestört Zeit mit seinem Sohn verbringen zu können, ließ er sich nicht entgehen.

Lukas hatte ihm gerade erzählt, was es in dem Universum eines Elfjährigen an Neuigkeiten gab, als es wieder an der Tür klingelte. Ein paar Sekunden später stand Arslan vor ihm, »um mal zu schauen, wie es meinem Kumpel so geht«.

Lukas kannte Arslan nicht, also erzählte Jan ihm, wer sein Freund war und was er so machte. Er hätte es bleiben lassen sollen: Arslan war Profiboxer gewesen, und damit wurde er auf der Stelle zu Lukas' neuem Helden. Jan war abgemeldet, fügte sich in sein Schicksal, machte es sich auf dem Sofa bequem und schaute den beiden belustigt zu, wie sie mit einer spielerischen Art des Boxtrainings begannen. Er fragte sich, warum es ihn so tief rührte, wenn er sein Kind unbemerkt beobachtete. Was genau versuchte er in seinem Sohn zu erkennen?

Arslan zeigte dem Jungen gerade eine Kombination, mit denen er sich ältere Schüler problemlos vom Hals halten konnte. »Wichtig ist«, sagte er dabei, »dass der erste Schlag richtig sitzt! Tu ihm weh, bevor er dir wehtun kann – dann lassen sie dich in Ruhe, verstehst du?«

Jan verstand zumindest, dass Arslans Erziehungsmethoden pädagogisch fragwürdig waren, sagte aber nichts. Lukas hatte Spaß, Arslan hatte Spaß und er ebenfalls – der Rest war ihm mehr oder minder egal. Erst als Arslan erklärte, dass die Stirn eines Menschen um ein Vielfaches härter als eine Nase war und ein wuchtiger Kopfstoß deshalb ein wirkungsvolles Mittel in einem hart geführten Schulhofkampf darstellen konnte, schritt er ein.

»Ich denke, Lukas hat verstanden«, sagte er. »Es ist nicht notwendig, ihm alles ganz genau zu erklären.«

»Hey, er ist kein Kind mehr. Bald ist er ein Mann!«

»Das stimmt, Papa«, krähte Lukas. »Vielleicht mögen die in Bayern mich ja nicht, und dann kann ich …«

»Dann kannst du deinen Vater anrufen«, unterbrach Jan ihn. »Der redet dann Klartext mit deren Eltern und den Lehrern, die auf euch aufpassen sollen.«

Arslan sah ihn angewidert an. »Du bist echt voll Deutsch, weißt du das? Warum 600 Kilometer hin- und zurückfahren, wenn ein harter Tritt in die Eier die Sache genauso beendet? Sogar noch besser, weil die anderen dann …«

Jans Blick brachte ihn zum Schweigen.

»Ist ja schon gut«, gab Arslan nach und hob abwehrend die Hände, bevor er wieder Lukas anschaute. »Dein Papa hat recht: Ein kräftiger Kopfstoß und eine schnelle Kombination reichen garantiert aus, um denen zu zeigen, wo der Frosch die Locken hat.«

Lukas quietschte vor Vergnügen, was es Jan schwer machte, auf Arslan böse zu sein. Ganz im Gegenteil – er genoss diese unbeschwerte Zeit mit seinem Sohn und seinem besten Freund und fragte sich, wie oft er solche Momente zukünftig noch genießen durfte. Dann setzten sie sich zu dritt auf das Sofa, holten die Playstation heraus und spielten so lange *Gran Turismo*, bis Sarah klingelte, um Lukas wieder abzuholen.

Jan öffnete die Tür und sah ihr ins Gesicht. Ihr und … *Sven*.

Der Kerl war groß und schlank, seine Haare sauber gescheitelt, sein Vollbart der eines Hipsters. Er trug eine seltsam schlaff wirkende Jeans, dazu ein rotes Karohemd, dessen Ärmel bis zu den Ellbogen hochgekrempelt waren. Er sah aus wie ein Holzfäller. Allerdings kein Holzfäller, der wirklich Bäume fällte, sondern einer, der wirkte, als wolle er den anderen Holzfällern gefallen. Jan war kein Holzfäller, und Sven gefiel ihm nicht. Insbesondere nicht dessen Gesichtsausdruck, der aussah, als hätte er vor Kurzem einen tollen Sieg errungen.

»Das ist Sven«, sagte Sarah, als wenn eine Erklärung noch nötig gewesen wäre. »Und das ist Jan – mein zukünftiger Exmann.«

»Was für eine nette Überraschung«, erwiderte Jan,

wobei er das falscheste Lächeln aufsetzte, zu dem er fähig war. »Kommt doch rein und macht es euch gemütlich. Lukas ist noch nicht fertig, und ich habe gerade Kaffee gemacht.«

Er sah den widerwilligen Ausdruck auf Sarahs Gesicht. Die Anspannung darin und das ihrer Abneigung widersprechende Gefühl, dass die Ablehnung seines Angebots unhöflich gewesen wäre. Gleichzeitig spürte er, wie die Situation ihm Freude bereitete. Albern, aber so war es nun mal. Außerdem war es eine gute Gelegenheit, den Mann kennenzulernen, der durch Sarah neu in Lukas' Leben getreten war.

Nachdem die beiden reingekommen waren, führte er sie ins Wohnzimmer, wo Arslan und Lukas immer noch in das Computerspiel vertieft waren.

»Das ist Sarah, meine Noch-Frau, und ihr neuer Freund Sven.« Seine Stimme klang, als würde er die Ehrengäste einer Gala ankündigen. »Stimmt doch, oder? Dass mit dem neuen Freund, meine ich?«

Sarah schaute ihn zornig an: Wenn Blicke töten könnten, wäre er jetzt umgefallen. Er antwortete mit einem fröhlichen Grinsen und zwinkerte Sven zu, der unsicher zu Boden blickte, während Jan sich gleichzeitig wunderte, wie eine einfach ausgesprochene Wahrheit die Dinge manchmal verändern konnte.

Arslan schien von all dem nichts mitzubekommen. Er hob den Kopf und nickte, dann senkte er den Blick wieder auf den Bildschirm. »Ich bin Arslan«, sagte er, als wenn dies als Erklärung ausreichen musste.

»Arslan ist Profiboxer«, krakeelte Lukas. »Ist das nicht toll, Mama? Er verdient ganz viel Geld, weil er andere Männer zusammenschlagen kann!«

Auch Sarah kannte Arslan bislang noch nicht, und wenn Jan ihren Blick richtig deutete, konnte sie auch gut auf dessen Bekanntschaft verzichten. Sie nickte ihm mit zusammengekniffenen Lippen zu und wandte sich dann an Lukas: »Beeil dich, mein Schatz. Wir stehen draußen im Parkverbot und bekommen sonst ein Knöllchen.«

»Keine Sorge, Mama – Arslan regelt das dann schon! Stimmt doch, Arslan, oder?«

»Aber klar, Sportsfreund!« Arslan legte den Controller aus der Hand. »Du weißt doch: Wenn dir oder Jan irgendwer Probleme macht, kümmere ich mich darum. Meistens sind die Probleme dann dauerhaft erledigt.«

Während er das sagte, hielt er den Blick auf Sven gerichtet, dem sein blasiertes Grinsen mittlerweile vollständig aus dem Gesicht gerutscht war. Wenigstens war er intelligent genug, um die Botschaft zu verstehen. *Tu Lukas auch nur einmal weh, und du bist erledigt.* Es war albernes Machogehabe, gewiss, und dennoch war Jan froh, Arslan gerade hier zu haben. Er wusste nicht, wer dieser Sven war; er wusste nichts über dessen Charakter und nichts über seine Einstellung Lukas gegenüber – aber er wusste jetzt, dass Sven klar war, dass sein Sohn unberührbar war. In jeder Beziehung.

»Wer mag denn jetzt einen Kaffee?«, fragte er anschließend so freundlich wie möglich. »Irgendwo müsste ich auch noch ein paar Kekse haben. Die können wir dann knabbern, während wir ganz gemütlich zusammensitzen.«

Sarah warf ihm einen strafenden Blick zu. »Wie ich schon sagte – wir müssen leider direkt weiter, weil wir im Parkverbot stehen. Kommst du bitte, Lukas?«

Nur widerwillig erhob Lukas sich vom Sofa. Erst drückte er Arslan, dann Jan. Dann fragte er, wann sie sich wiedersehen würden.

»Nächstes Wochenende«, sagte Jan. »Und dann machen wir etwas richtig Tolles – wie wär's mit Kino und einer Riesentüte Popcorn?«

»Klasse, Papa!« Lukas schaute seine Mutter fragend an. »Kann ich nicht doch noch ein bisschen hierbleiben? Arslan hat mir ein paar Boxtricks gezeigt und ich lerne gerade, wie man größere Jungs vermöbeln kann, die einen ärgern wollen!«

Sarah konnte seine Begeisterung nicht teilen. »Habe ich mich nicht klar genug ausgedrückt? Sven und ich gehen jetzt und warten draußen auf dich. Beeil dich gefälligst ein bisschen!«

Vielleicht hatte Jan diesen barschen Ton verdient, Lukas ganz sicher nicht. Aber was sollte er machen? Sein Sohn war dazu verdammt, überall hinzugehen, wohin Sarah ihn führen mochte.

Nachdem seine Frau mit ihrem neuen Freund die Wohnung verlassen hatte, beugte sich Jan zu Lukas herunter und strich ihm über die Wange. »Es gibt Dinge, die musst du deiner Mutter nicht unbedingt erzählen, weil dann ein falsches Bild entstehen könnte. Verstehst du das?«

»Klar. Ich bin ja fast schon ein Mann!«

»Das gerade war so ein Moment.«

»Oh.«

»Nicht schlimm, mein Großer. Aber deine Mama ist eine sehr intelligente Frau, und wie alle intelligenten Menschen lehnt sie Gewalt ab, womit sie auch vollkommen recht hat.«

»Dann kann Arslan ja nicht besonders intelligent sein, oder?«

Jan verdrehte die Augen, während sein Kumpel hinter ihm loslachte. Manchmal vergaß er, wie alt Lukas schon war. Wie schlagfertig. »Über Arslans Intelligenz reden wir ein anderes Mal, okay? Und jetzt sieh zu, dass du rauskommst, sonst gibt's noch Ärger!«

»Und wenn dieser Sven dir jemals Probleme machen sollte«, rief Arslan ihm hinterher, als Lukas den Türgriff schon in der Hand hatte, »dann denk an die Nummer mit dem Kopfstoß, klar? Ganz einfache Regel: Stirn gewinnt gegen Nase. Immer!«

*

Nachdem auch Arslan gegangen war, sprang Jan unter die Dusche und zog sich um. Anschließend machte er sich auf den Weg zu Mütze, um sie für die Fahrt ins Sauerland abzuholen. Es war jetzt kurz nach drei an einem Samstagnachmittag, der Verkehr würde ihnen also keine Probleme bereiten.

Sie wartete schon vor der Haustür auf ihn, so dass er nur kurz anhalten musste, um sie einsteigen zu lassen. Dann folgten sie der Inneren Kanalstraße bis zur Zoobrücke, überquerten den Rhein und ließen die rechtsrheinischen Stadtteile wie Kalk oder Holweide hinter sich. Direkt dahinter fing das Bergische Land mit seinen Hügeln und Tälern an.

»Schöne Aussicht«, sagte Mütze, die sich ansonsten nie positiv über landschaftliche Reize äußerte.

»Bist du krank?«

»Nein.« Sie lachte. »Das ist nur meine seltsame Art, Smalltalk zu machen.«

Es war ein klarer Herbsttag, und nur wenige Autos waren mit ihnen auf der A4 unterwegs, so dass er ein hohes Durchschnittstempo anschlagen konnte. Er schaltete das Radio ein, irgendeine Nummer von Metallica, und als sie die Autobahn eine Dreiviertelstunde später wieder verließen, kam es ihm vor, als hätten sie eine Zeitreise hinter sich gebracht, zurück in ein Land, das es gar nicht mehr gab.

»Ist das nicht seltsam?«, sagte Mütze plötzlich. »Drei Freundinnen, die alle aus der gleichen Gegend stammen. Sie waren jung und hatten wahrscheinlich die ganz normalen Träume, die man in dem Alter träumt. Dann wird eine von ihnen vergewaltigt, die zweite ermordet und die dritte flüchtet nach Berlin, wo sie die Schatten der Vergangenheit dennoch nicht los wird. Das Ganze ist so, ich weiß auch nicht … *tragisch*. Fast wie aus einem Drama von Shakespeare.«

Er setzte den Blinker, um von einer Landstraße auf eine andere zu wechseln. »Und warum ist damals alles aus dem Ruder gelaufen?«, fragte er dann. »Aus Liebe, aus Leidenschaft? Oder ist Sonja auf irgendetwas gestoßen, das der Verfassungsschutz auf keinen Fall bekannt werden lassen wollte? Irgendeinen Auslöser muss es gegeben haben, vielleicht Annes Vergewaltigung, vielleicht aber auch etwas ganz anderes, und danach haben die Dinge eine Eigendynamik entwickelt, die nicht mehr aufzuhalten war.«

»Das glaubst du?«

Er überlegte kurz, dann nickte er. »Ich habe in den letzten Tagen oft an die Mordfälle in der Eifel gedacht. Das war etwas ganz anderes als das hier. Da hat jemand Böses getan, obwohl er es nicht musste. Weil es ihm etwas gebracht hat: Macht und Geld. Grausam, aber auch irgendwie nachvollziehbar. Der Mord an Sonja dagegen erscheint mir vollkommen sinnlos.«

»Wieso?«

»Denk nur an deine eigenen Worte, an die Art, wie der Mörder sie getötet und ihre Leiche abgelegt hat. An die Spieluhr, die er danebengestellt hat, als ob deren Melodie Sonja noch über den Tod hinaus beschützen soll. Mittlerweile bin ich mir sicher, dass der Mord an Sonja kein Mord aus Hass war. Nicht aus Gier, Geldsucht oder Sadismus.«

»Wenn ich das alles in Betracht ziehe, bleibe ich immer an zwei Namen hängen: Viktor und Münch. Aber vielleicht steckt ja ein dritter Mann dahinter – laut Sonjas Exfreund wahrscheinlich älter –, an den wir bislang noch gar nicht gedacht haben oder den wir gar nicht kennen.«

Er zuckte die Schultern und schwieg. Dann schaute er auf die kleinen Häuser des kleinen Ortes, den sie gerade durchfuhren. Was passierte hinter deren Fenstern? Welche Abgründe taten sich da auf? Auch hier lebten Mädchen, die in demselben Alter waren wie Sonja damals, und er wünschte ihnen ein liebevolleres Elternhaus, als sie es gehabt hatte. Er war selbst ein Vater und hatte durch Lukas gelernt, dass die beste Erziehung nicht durch Befehle und Verbote erreicht wurde, sondern durch ein konsequentes Vorleben des gewünschten Verhaltens. Wenn man Kindern vertraute, wurde dieses Vertrauen von ihnen erwidert. Wenn man sie liebte und ihnen seine Gefühle zeigte, bekam man es hundertfach zurück. Wenn man sie nicht zurückwies, wenn ihnen etwas auf der Seele lag, erfuhr man auch frühzeitig, was sie bedrückte.

Wenn diese Dinge damals funktioniert und ineinandergegriffen hätten, wäre Sonja jetzt eine Frau um die vierzig. Vielleicht würde sie dann mit einem liebevollen Mann hinter einem dieser Fenster sitzen und ihre eigenen Kinder aufwachsen sehen. Sich auf die nächste Urlaubsreise freuen oder über zu hohe Stromrechnungen ärgern. Gerade ein gutes Buch lesen oder dem Krimi im Abendprogramm entgegenfiebern. Sie würde lieben und geliebt werden. Und irgendwo da draußen lief ein Mann rum, der ihr jede Chance darauf genommen hatte.

»Hey«, riss Mütze ihn aus seinen Gedanken. »Du bist gerade an Lennestadt vorbeigefahren!«

Aus dem Augenwinkel nahm er noch das Schild wahr, dann bremste er hart an einer Bushaltestelle ab, um zu wenden.

»Sag mir noch mal die genaue Adresse«, bat er.

Mütze nannte sie ihm, und er gab sie in das Navigationsgerät ein. Viereinhalb Kilometer, sechs Minuten Fahrtzeit, dann stoppten sie vor einem zweigeschossigen Wohnhaus, das unweit eines kleinen Bahnhofs im Stadtteil Altenhundem lag. Vier Stufen führten zur Haustür hoch, die von einem kleinen Vordach geschützt wurde.

Nur drei Namen standen auf den Klingelschildern, einer davon lautete Lehmann. Er drückte mehrmals auf den danebenliegenden Klingelknopf. Niemand öffnete. Das Haus hatte zwei Etagen, dazu kam das Erdgeschoss. Der Name Lehmann stand in der Mitte, also musste ihre Wohnung im ersten Stock liegen. Jan warf einen Blick auf die dementsprechenden Fenster, hinter denen alles dunkel war, und bereute, dass es ihnen nicht gelungen war, vorab einen Termin auszumachen.

»Und nun?«, fragte er.

»Wir suchen uns ein Café, trinken was und kommen in einer Stunde wieder.«

Sie gingen los und erreichten nur wenige Querstraßen weiter einen Marktplatz, dem man ansah, dass er vor wenigen Jahren modernisiert worden war. Er zeigte das übliche Gesicht ähnlicher Marktplätze in ähnlichen Kleinstädten und war von Wohnhäusern umschlossen, in deren unteren Etagen sich Geschäfte angesiedelt hatten, von der Apotheke bis zur Stadtsparkasse. Am Rande des Platzes fiel sein Blick auf eine Metallkonstruktion, deren Dach aus mehrfarbigen Glasplatten bestand und die dem Ganzen wohl einen kreativen Anschein verleihen sollten.

»Mein Gott«, sagte Mütze kopfschüttelnd, nachdem sie in einem Eiscafé Platz genommen hatten. »Anne Lehmann hat wirklich ihr gesamtes Leben in diesem Ort verbracht? Ich würde hier wahnsinnig werden!«

Er blickte durch die Fensterscheibe auf die Menschen, die vor dem Café entlangschlenderten. »Vielleicht ist es genau das, was sie wollte«, sagte er. »Das Überschaubare. So eine Kleinstadt gibt ihren Bewohnern vor allem eins: Sicherheit. Die Menschen kennen sich, und manch einem ist das wichtiger als die Zerstreuungsmöglichkeiten einer Metropole, die man dann eh kaum nutzt.«

»Manchmal machst du mir Angst, Jan!«

»Vielleicht ist es bei Anne Lehmann so«, fuhr er unbeeindruckt fort. »Vielleicht war das, was ihr in dem Haus am Wilzenberg widerfahren ist, genug *große Welt* für sie. Vielleicht ist sie ja genau deshalb in dem Ort geblieben, in dem sie jedes Haus und jede Gasse kennt.«

»Ich weiß nicht ... ich hätte es *gerade deshalb* hier nicht mehr ausgehalten, wo einen doch alles daran erinnert, was passiert ist. Rebecca Kaiser scheinbar auch nicht –

warum ist sie sonst nach Berlin gezogen? Wenigstens in diesem Punkt sind sie und ich uns einig.«

»Jeder Mensch tickt anders.«

»Und du bist der Größte aller Hobbypsychologen!«

Er lachte, dann kam die Kellnerin, und sie gaben ihre Bestellung auf. Ließen sich anschließend ihren Eisbecher schmecken, tranken Kaffee und tauschten sich über Belanglosigkeiten aus. Dann zahlten sie und verließen das Café.

Mittlerweile war es dunkel geworden, und in den ersten Wohnungen entlang der Straße brannte Licht. So auch hinter den Gardinen im ersten Stock des Hauses, vor dem sie kurz darauf erneut standen.

KÖLN

Jan und Mütze waren nicht die Einzigen, die an diesem frühen Samstagabend noch arbeiteten. Auch in den Räumen des Verfassungsschutzes herrschte reger Betrieb, und einer der Räume glich exakt jenem Zimmer, in dem auch Jan und Mütze gewesen waren. Er wies nur zwei entscheidende Unterschiede auf: Er wurde nicht abgehört, und es waren zwei andere Personen, die Münch und Franzen diesmal gegenübersaßen.

Da war zum einen Holger Stassen, stellvertretender Leiter der Abteilung V, die für Ausländer- und Linksextremismus zuständig war. Ein schwerer, fleischiger Mann Anfang fünfzig, der sich innerhalb der Behörde durch seine unaufgeregte Art einen exzellenten Ruf erworben hatte. Auf dem Stuhl neben ihm saß Bernhard Winkler, Fachgebiet Verwaltung. Winklers Schultern waren leicht nach vorne gebeugt, seine Haut sah unnatürlich blass aus. Vielleicht Folgen der vielen Jahre, die er mit Akten beschäftigt im Keller des Gebäudes verbracht hatte.

»Wir wissen alle, warum wir hier sind«, sagte Stassen und blickte in die Runde. »Heute Morgen wurde im Grunewald die Leiche von Rebecca Kaiser gefunden, einer alleinerziehenden 40-Jährigen, die vor zwanzig Jahren in einem unserer sicheren Häuser gearbeitet hat. Die Polizei hat bislang Folgendes herausgefunden: Rebecca Kaiser wurde am Vorabend zwischen 20 und 22 Uhr mit vier Messerstichen getötet. Bislang sind noch keine Zeugen aufgetaucht. Alles, was der Täter am Tatort zurückgelassen hat, ist eine Spieluhr, die *Hush, little baby* spielt – über die Parallelen zu dem Mord am Wilzenberg müssen wir nicht diskutieren. Dazu wissen wir, dass Thomas Sonnenfeld alias Viktor vor ein paar Wochen aus Nicaragua wieder nach Deutschland eingereist ist. Ein Mann, den wir damals in ebenjenem Haus, in dem auch Rebecca Kaiser arbeitete, auf seine neue Existenz als Markus Werner vorbereitet haben. Dort hatte er ein Verhältnis mit Sonja Risse, die 1997 umgebracht worden ist – kurz bevor Sonnenfeld das Land verließ. Die Kausalität der Ereignisse dürfte auf der Hand liegen, die Frage ist nur, wie wir damit umgehen.«

»Wie ist der aktuelle Stand der Ermittlungen?«, fragte Franzen.

»Ich denke, die Berliner Mordkommission hat bislang noch keinen Zusammenhang zwischen den beiden Taten festgestellt«, schaltete sich Winkler ein. »Das dürfte aber nur eine Frage der Zeit sein. Wir können sie natürlich bitten, uns auf dem Laufenden zu halten, müssten dann aber erklären, woher unser Interesse an dem Mord stammt.«

»Was wissen wir über Sonnenfelds derzeitigen Aufenthaltsort?«

Franzen räusperte sich. »Er ist vor neun Wochen unter seinem jetzigen Namen Markus Werner mit Delta

Airlines von Managua via Atlanta nach Frankfurt geflogen. Wir wissen, dass er dort angekommen ist, danach verliert sich seine Spur. Was die Zusammenarbeit mit den Berliner Polizeibehörden angeht, würde ich Folgendes vorschlagen: Wir informieren sie über die Zusammenhänge und lassen sie den Mann zur Fahndung ausschreiben. Weitere Nachfragen blocken wir ab. Das wird ihnen zwar nicht passen, aber es gibt auch herzlich wenig, was sie dagegen unternehmen können.«

Holger Stassen nickte, bevor er Münch ansah. »Sie kennen Thomas Sonnenfeld als Einziger von uns persönlich. Was sagen Sie dazu? Hat er Rebecca Kaiser umgebracht?«

Münch dachte kurz nach, bevor er antwortete. »Er war's«, sagte er dann. »Ich habe keine Beweise dafür, aber ich denke, die Fakten sprechen für sich. Außerdem wissen wir, dass vor ein paar Tagen in Ibbenbüren Gernot Spengler erschossen worden ist, der dort eine Imbissbude betrieb und vor zwanzig Jahren ebenfalls in dem Safehouse untergebracht war. Spengler ist der Mann, der Anne Lehmann vergewaltigt hat.«

»Wieso ist Spengler dann nicht ins Ausland gegangen? Warum hat er nicht wenigstens eine neue Identität bekommen?«, wollte Franzen wissen.

Münch lächelte schwach, dann sagte er: »Auf den Punkt gebracht: Der Kerl war einfach nicht wichtig genug. Ein rechtsextremer Angeber, der mit ehemaligen Mitgliedern der Wehrsportgruppe Hoffmann etwas Neues aufziehen wollte. Dann ist er mit seinen *Kameraden* in Streit geraten und wollte sich von uns den Verrat bezahlen lassen. Uns ist damals schnell klar geworden, dass er nichts anzubieten hatte und deshalb auch als nicht besonders gefährdet betrachtet werden konnte. Es gab nichts, was den Aufwand einer neuen Identität gerechtfertigt hätte.«

»Dennoch vermuten Sie, dass Sonnenfeld ihn getötet hat?«

»Ja, aber nicht wegen seiner rechtsextremen Vergangenheit.«

»Wie dem auch sei«, schaltete Stassen sich ein. »Herr Franzen hat recht. Wir sollten die Polizei informieren und Sonnenfeld zur Fahndung ausschreiben lassen.«

Münch wusste, dass er das verhindern musste, und er wusste auch schon wie. »Das denke ich nicht«, warf er ein. »Gerade dann nicht, wenn man berücksichtigt, wie Sonnenfelds früherer Werdegang verlief und was er bei einer eventuellen Festnahme aussagen könnte.«

Stassen warf ihm einen irritierten Blick zu. »Könnten Sie vielleicht etwas konkreter werden?«

»Leider nicht« erwiderte Münch und zuckte bedauernd die Schultern. »Zumindest nicht, solange Herr Franzen und Herr Winkler anwesend sind. Ihnen fehlt die notwendige Sicherheitsfreigabe für diese Art von Informationen.«

Schweigen breitete sich aus. Eine Zeit lang hörte man nichts außer Franzens lauten Atemgeräuschen. Der Mann war sauer, das sah Münch ihm an, und Franzen bestätigte es, als er zu ihm sagte: »Sie vergessen wohl, dass Sie mittlerweile nur noch ein Pensionär sind! Sie haben hier gar nichts zu sagen, und ich denke nicht, dass Sie …«

»Ich habe die Spielregeln nicht gemacht, ich befolge sie nur.« Gelassen zuckte Münch die Schultern. »Alles, was ich über Sonnenfelds RAF-Werdegang weiß, unterliegt einer Verschwiegenheitsklausel. Wie Ihnen bestens geläufig sein dürfte, gilt die auch nach meiner Pensionierung weiter. Ich darf darüber nur mit Personen reden, die dieselbe Sicherheitsfreigabe haben wie ich oder eine höhere. Es tut mir leid und ich meine das nicht persönlich, aber: Sie und Herr Winkler gehören nicht dazu.«

Stassen ergriff das Wort. »Herr Franzen, Herr Winkler: Warten Sie bitte draußen, bis ich Sie wieder hereinrufe.«

Mit Winkler gab es keine Probleme. Er erhob sich widerspruchslos, packte seine Unterlagen zusammen und ging zur Tür. Franzen dagegen fiel der Abgang sichtlich schwerer. Münch kannte Männer wie ihn. Männer, die sich in ihrer Autorität suhlten wie Schweine im Dreck. Für ihn musste Stassens Aufforderung einer Degradierung gleichkommen. Doch letzten Endes war auch er nur ein Beamter, der die Befehlskette akzeptieren musste, und Stassen stand definitiv einige Stufen über ihm. Franzen erhob sich und warf Münch beim Hinausgehen einen vernichtenden Blick zu.

Als sie allein waren, schaute Stassen Münch geradeheraus an. Dieser hielt dem Blick mehrere Sekunden lang stand und registrierte, dass der Mann jetzt nicht lockerlassen würde, bis er die Wahrheit kannte.

»Also«, sagte er wie um Münchs Gedanken zu bestätigen. »Worüber wollten Sie vor den anderen nicht reden?«

»Sie wissen doch, was ein Phantombild ist, oder, Herr Stassen?« Eine rhetorische Frage. »Wenn die Polizei einen Augenzeugen für eine Tat hat, benutzt sie ein Programm mit Gesichtsmerkmalen, um das komplette Gesicht eines Verdächtigen zusammenzusetzen. Sie fragen, ob die Nase so oder so war, ob die Augen größer waren und ob die Ohren abstanden oder eng anlagen. Sie machen damit weiter, bis die Merkmale ein Gesicht ergeben, nach dem sie sich bei der Fahndung richten können.«

»Ich weiß, was ein Phantombild ist«, beantwortete Stassen nun doch die rhetorische Frage, weil der Exkurs ihm zu lange dauerte.

»Dann ist Ihnen sicherlich auch schon aufgefallen, dass die überführten Täter später nur selten dem vorher gefertigten Bild gleichen. Vor allem nicht für das ungeschulte Auge. Klar, es gibt ein paar Übereinstimmungen, aber die sind meist weit von der Exaktheit eines Fotos entfernt. Und warum? Weil es immer nur einzelne Teile sind, die zwar nach allen Regeln der Kunst zusammengesetzt werden, zwischen denen aber immer etwas fehlt. Manchmal ganz Entscheidendes. Merken Sie, worauf ich hinauswill? Auch Sie wollen ein Foto von mir. Sie wollen wissen, was Sonnenfeld in der RAF getan hat, bevor er zu uns kam. Sie wollen wissen, was damals in dem Haus am Wilzenberg vorgefallen ist. Sie wollen alle Teile von mir und erwarten ein Gesamtbild. Ich bin nicht in der Lage, Ihnen ein solches Bild zu liefern. Niemand kann das. Ich kann genügend Fakten und Ereignisse nennen, aus denen Sie dann ein Phantombild zusammensetzen können, aber das Ergebnis wird dem, was wirklich geschehen ist, vielleicht trotzdem nicht entsprechen.«

»Ich verstehe.«

»Und Sie wollen dennoch, dass ich es tue?«

Als der stellvertretende Leiter der Abteilung V wieder etwas sagte, klang seine Stimme rau und heiser. »Was, zum Teufel, ist damals in dem Haus passiert?«

LENNESTADT/SAUERLAND

Jan klingelte. Niemand öffnete. Er versuchte es ein zweites Mal, mit demselben Ergebnis. Dann drängte Mütze ihn zur Seite, legte den Daumen auf den Klingelknopf und schaltete auf Dauerfeuer. Fünf Sekunden lang, dann zehn. Bevor die nächsten fünf voll waren, summte der Türöffner.

»Geht doch«, sagte sie und trat ein.

In der ersten Etage stand die Wohnungstür nur wenige Zentimeter weit offen, gesichert durch eine massive Kette im Inneren. Ein grünes Auge musterte sie misstrauisch durch den Spalt hindurch. Jan sah ein halbes Gesicht und mittelblonde, halblange Haare. Dann hörte er die Stimme der dazugehörigen Frau, die ihnen mitteilte, dass sie an der Haustür nichts kaufen würde.

»Wir wollen Ihnen nichts verkaufen«, sagte Mütze. »Wir sind vom Magazin *Die Reporter*, und wenn Sie bei meinem letzten Anruf nicht einfach eingehängt hätten, hätte ich …«

Sie schlug ihnen die Tür vor der Nase zu. Er klopfte, aber ohne Erfolg.

»Kein Problem«, rief Mütze lauter, als es notwendig gewesen wäre. »Dann unterhalten wir uns eben im Flur mit Ihnen. Über das, was in dem Haus am Wilzenberg geschehen ist. Über das, was der Mexikaner Ihnen angetan hat. Über den Tod von …«

Die Tür wurde aufgerissen, ohne Kette diesmal. »Hören Sie auf, hier so rumzuschreien«, zischte Anne Lehmann. »Die Nachbarn müssen ja denken, Sie wären durchgedreht! Was soll der Mist überhaupt?«

»Lassen Sie uns rein, dann sagen wir es Ihnen. Wir wollen nur mit Ihnen reden, nichts weiter. Zehn Minuten, und Sie sind uns wieder los.«

Jan sah der Frau an, wie sie mit sich kämpfte. Dann trat Anne Lehmann zur Seite, öffnete die Tür vollständig und deutete unwirsch ins Innere. Sie wartete, bis die beiden die Wohnung betreten hatten, dann führte sie sie den Flur entlang in die Küche.

Schon auf dem Weg dorthin fiel Jan ein Foto an der Wand auf, auf dem alle drei Frauen zu sehen waren: Sonja Risse, Anne Lehmann und Rebecca Kaiser. In der Küche gab es noch ein weiteres, das sein Interesse erweckte. Auf ihm stand Sonja Risse allein auf einer Wiese und lachte in die Kamera. Dem Hintergrund nach zu urteilen, war es in einem Sommer aufgenommen worden, der schon lange vergangen war. Grüne Bäume, ein strahlend blauer Himmel, Gänseblümchen im Grün.

Ansonsten wirkte der Raum so unpersönlich wie die Musterküche eines Einrichtungsgeschäfts. Eine moderne Küchenzeile inklusive Kühlschrank und Cerankochfeld sowie ein hoher Esstisch, um den vier Barhocker postiert waren. Links des Fensters stand ein dunkelblauer Mülleimer und an der Wand hing eine Bahnhofsuhr, deren

Sekundenzeiger sich leise klackernd fortbewegte. Es gab keinerlei Anzeichen dafür, dass die Küche tatsächlich auch benutzt wurde. Als Mütze einen Glasuntersetzer mit der Hand berührte und unabsichtlich verschob, wurde er von Anne Lehmann direkt wieder an den ursprünglichen Platz gelegt.

Jan drehte sich zu der Frau um und sagte: »Ich weiß, dass Sie nicht mit uns sprechen wollen. Ich verstehe auch, warum. Gleichzeitig weiß ich aber auch, dass wir miteinander sprechen müssen. Wir haben Rebecca Kaiser getroffen, und wir haben mit Edgar Münch geredet. Die Einzige, die uns jetzt noch etwas über Sonjas Tod sagen kann, sind Sie.«

Bei der Nennung von Sonjas Namen zuckte ihr Mundwinkel, ansonsten zeigte sie keine Reaktion. Sie starrte ihn nur ausdruckslos an, und er rief sich in Erinnerung, wie ihr Gesicht auf dem Foto im Flur ausgesehen hatte. Als es noch nicht verhärmt gewirkt hatte, als die Haare noch glänzten, als die Haut glatt und straff gewesen war. Die Zeit ist ein Dieb, dachte er, und Anne Lehmann hatte sie besonders übel mitgespielt.

»Wenn Sie mit allen gesprochen haben«, sagte sie, »was wollen Sie dann noch von mir?«

»Wir wollen herausfinden, wer Sonjas Mörder ist.«

»Das weiß ich nicht.«

»Wenn Sie nur halb so gut mit Sonja befreundet waren, wie alle sagen, dann sollten Sie das aber herausfinden wollen. Vielleicht können wir ja damit beginnen, dass Sie uns erzählen, was zwischen Ihnen und dem Mexikaner vorgefallen ist.«

»*Was zwischen uns vorgefallen ist?*« Sie lachte verbittert auf. »Er hat mich gefickt, verstehen Sie, und als ich mich gewehrt habe, hat er mich geschlagen! Er hat mich so oft geschlagen, bis ich mich nicht mehr gewehrt habe, und dann hat er sich noch einmal genommen, was er wollte. Wenn Sie das mit *Vorfall* meinen, kann ich Ihnen gerne noch mehr Einzelheiten erzählen!«

Er traute sich nicht, ihr in die Augen zu sehen, weil er wusste, dass er gerade einen Fehler begangen hatte. Manchmal vermied man bestimmte Begriffe in Gesprächen mit Fremden, weil sie einem zu hart erschienen. Aber gerade durch die Umschreibung verletzte man den anderen, da man unabsichtlich verharmloste.

»Sie haben recht«, erwiderte er. »Es war kein Vorfall, es war ein Verbrechen.«

Anne Lehmann setzte sich auf einen der Barhocker, dann deutete sie auf die anderen. Sie setzten sich, und er spürte, dass sich irgendetwas verändert hatte. Sie schien jetzt bereit, mit ihnen zu reden. Manchmal brauchte es genau so einen Anstoß …

»Das Ganze ist schon lange her«, sagte sie dann, wobei ihre Stimme auf eine sonderbare Art melancholisch klang. »Eine Ewigkeit. Manchmal habe ich das Gefühl, dass ich gar nicht betroffen bin. Dass das alles einer anderen Person widerfahren ist. Vielleicht hätte ich Sonja damals nichts davon erzählen sollen. Vielleicht musste sie deshalb sterben, ich weiß es nicht. Ich weiß nur, dass seit jener Nacht alles den Bach heruntergegangen ist.«

»Was ist damals passiert? Und welche Rolle genau hat Sonja dabei gespielt?«

Anne holte tief Luft, als wenn sie die Kraft brauchen würde, den der Atemzug ihr lieferte. Dann begann sie zu erzählen.

*

»Die ersten Monate in dem Haus waren völlig unbeschwert«, erinnerte sich Anne. »Gerade der Frühling und der Sommer. Sogar jetzt, wenn ich daran zurückdenke, habe ich immer nur einen Sommer vor Augen, in dem ständig die Sonne schien. Rebecca, Sonja und ich hatten damals das Gefühl, mit dem Job das große Los gezogen zu haben. Sie werden es nicht verstehen, aber … alle anderen Mädchen hatten vielleicht ein paar Jungs, die sie anhimmelten, aber wir hatten Männer, die uns begehrten. Wir verdienten mehr Geld als alle anderen, unser Job war spannend und geheimnisvoll. Jetzt weiß ich, wie albern das war, aber damals hat es sich einfach so angefühlt. Vor allem Sonja – mein Gott, wenn Sie sie kennengelernt hätten! Ihre Unbeschwertheit, diese unbändige Lebenslust. Alle haben sie geliebt, und wenn man sie anschaute, hatte man das Gefühl, nichts würde sie aufhalten können.«

»Aber so war es nicht, stimmt's? Sie wurde aufgehalten. Mit einem Messerstich ins Herz.«

»Ich habe vorgestern mit Rebecca telefoniert«, sagte sie, ohne auf seine Bemerkung einzugehen. »Ich weiß, dass Sie Ihnen erzählt hat, was wir dort getan haben. Die Sache mit dem Sex und dem Geld und so. Ich schäme mich nicht dafür. Damals ist es mir vollkommen natürlich vorgekommen, aber wahrscheinlich hätte man dabei sein müssen, um es verstehen zu können. Wir haben uns die Männer ausgesucht, nicht sie uns. Verachten Sie mich ruhig, das ist mir egal, aber ich habe diese Macht genossen. Wahrscheinlich weit mehr als Sonja oder Rebecca.«

»Was ist dann passiert?«

»Dann ist der Mexikaner gekommen, und ich habe gelernt, wie schnell aus Macht Ohnmacht wird.« Sie schüttelte den Kopf, dann schaute sie Mütze an. »Haben Sie es schon mal mit zwei Männern gleichzeitig gemacht? Oder mit zwei Frauen und einem Mann?«

Mütze ließ sich mit der Antwort Zeit. »Ich bin nicht sonderlich talentiert, was das Teilen angeht.«

»Das bin ich auch nicht. Wenn ich jemanden liebe, dann möchte ich ihn nur für mich haben. Aber darum ging es in dem Haus ja nicht, um *Liebe*. Also habe ich es irgendwann ausprobiert, als die Gelegenheit passte. Ein bisschen Alkohol, viel Neugierde, dann ging ich mit zwei Männern gleichzeitig ins Bett. Mit dem Mexikaner und mit Viktor, der sich später in Sonja verliebt hat.«

»Was ist dann passiert?«

»Als es vorbei war – und es war weitaus unspektakulärer, als ich es mir vorgestellt hatte –, ist Viktor irgendwann gegangen, als der Mexikaner und ich schon schliefen. Ich muss halb im Koma gelegen haben, zumindest bin ich erst wach geworden, als der Kerl sich erneut zwischen meine Beine schob. Ich wollte das nicht. Ich war müde und verkatert, also habe ich ihn weggestoßen. Das heißt, ich habe es versucht. Er hat mir eine Hand auf den Mund gelegt, meine Knie mit Gewalt auseinandergedrückt und dann … den Rest können Sie sich denken.«

Sie stand auf, goss sich ein Glas Cola ein und trank es in einem Zug aus, bevor sie weiterredete. »Anschließend dachte ich, es sei vorbei, aber das war es nicht. Nicht für ihn. Es war ein Feiertag, die Party am Vorabend war bis in die frühen Morgenstunden gegangen, und alle anderen in dem Haus schliefen noch oder hörten nichts. Vielleicht wollten sie auch nichts hören, ich weiß es nicht. Ich weiß nur, dass er mich danach geschlagen hat, mich quälte, was ihn aufs Neue erregte. Und es hörte nicht auf, wie ein

Kreislauf aus Sex und Gewalt, in dem das eine immer wieder das andere auslöste.«

Die Schilderung schnürte Jan die Kehle zu. Dennoch musste er jetzt auch den Rest erfahren. »Wie ist es dann weitergegangen?«

»Irgendwann hatte er dann genug. Die Drecksau hat so getan, als wäre das, was gerade geschehen war, im beiderseitigen Einverständnis passiert. Als sei es nur Sex gewesen, der ein wenig aus dem Ruder gelaufen ist.«

»Ich verstehe.«

»Mittlerweile war es draußen schon hell. Der Mexikaner hat das Zimmer verlassen, und ich bin unter die Dusche gegangen, um mir das Blut abzuwaschen. Als ich wieder rauskam, stand Sonja vor mir. Ich weiß nicht, wie sie hereingekommen ist. Ich weiß nur, dass sie sofort drauflos geplappert hat: wie sie die halbe Nacht mit Viktor gequatscht hat, dass sie sich verliebt hat und dass sie … Na ja, es hat eine Weile gedauert, aber irgendwann hat Sonja dann doch gemerkt, dass mit mir etwas nicht stimmt. Sie hat nachgefragt, mehrmals, und ich habe ihr dann die Wahrheit gesagt. Sie ist fast ausgeflippt und wollte direkt zur Polizei gehen, um den Kerl anzuzeigen.«

»Und warum sind Sie nicht gegangen? Lag es an Münch?«

Ihr Kopfschütteln war kaum wahrnehmbar. »Nein, und es hatte auch nichts mit dem Geld zu tun, das er mir gegeben hat, nachdem Sonja ihm erzählte, was geschehen war. 2000 Mark, glaube ich. Nicht zur Polizei zu gehen, war einzig und allein meine Entscheidung.«

»Ich verstehe das nicht«, entgegnete Mütze. »Dieser Mann hat Ihnen Schreckliches angetan, und Sie lassen ihn dennoch ungeschoren davonkommen?«

»Was hätte ich denn sagen sollen?« Sie schaute Mütze an, als habe sie ein begriffsstutziges Kind vor sich. »Der Polizei erzählen, dass ich in dem Haus mehrfach Sex hatte und dafür Geld erhalten habe? Dass ich in der Nacht mit dem Mexikaner und einem weiteren Mann aufs Zimmer gegangen bin, um es mit beiden zu treiben? Dass ich, als Viktor gegangen ist, beim Mexikaner geblieben bin, aber dann keinen Sex mehr wollte, weil sich mein *Empfinden* geändert hatte? Ich bitte Sie – ich habe in der Nacht weiß Gott genug durchgemacht, da musste ich mich auf einer Wache vor lauter Männern nicht auch noch zum Depp machen!«

Jetzt schwieg Mütze, und auch Jan wusste nicht, was er darauf erwidern sollte. In einer gerechten Welt sollten Frauen Männer immer dafür belangen, wenn diese gewalttätig geworden waren – unabhängig vom Vorleben der jeweiligen Frau. Aber die Welt war nicht gerecht, Vergewaltigungen waren juristisch häufig schwer nachzuweisen, und in einigen Fällen wurde vor Gericht dann aus den Opfern auch Täter gemacht. Anne hatte gute Gründe, um den Mexikaner anzuzeigen – aber auch solche, die für das Gegenteil sprachen.

Er beschloss, wieder auf den Grund ihres Besuches zurückzukommen. »Ich denke, ich kann Ihre Beweggründe nachvollziehen. Aber Sonja konnte das nicht, stimmt's? Sie wollte den Mexikaner anzeigen. Sie hat versucht, auf Sie einzuwirken, und sie ist Münch deshalb noch Tage nach dem Verschwinden des Mannes angegangen. Sie wollte Gerechtigkeit – und vielleicht hat dieser Wunsch ja zu ihrem Tod geführt.«

»Ich habe es Ihnen bereits gesagt: Sonja war der Typ, den nichts aufhalten konnte, wenn sie sich einmal etwas in den Kopf gesetzt hatte. Ihr war es egal, was die Polizei oder die Außenwelt von ihr hielt, sobald herauskommen würde, was wir dort getan hatten. Wenn sie dennoch nicht zur Polizei gegangen ist, dann nur meinetwegen. Weil ich sie darum gebeten habe.«

»Warum haben Sie es überhaupt gemacht? Ich meine, was hat Sie, Sonja und Rebecca dazu gebracht, mit Männern Sex zu haben und Geld dafür zu nehmen?«

Sie senkte den Blick. »Es ging nicht ums Geld. Nicht nur zumindest. Wir haben auch so schon gut verdient.«

»Was dann? Haben Sie es genossen? Hat es Spaß gemacht?«

»Nein. Aber als ich das erste Mal gemerkt habe, dass einer der Männer mehr wollte, hat es mich erregt, nicht nur sexuell. Ich fand es aufregend, und ja, ich habe dann mit ihm geschlafen. Und ja, Münch hat mir anschließend 200 Mark gegeben. Und ja, ich habe es angenommen. Sie wollen wirklich wissen, warum?«

»Das will ich.«

Sie lachte bitter. »Ich wollte wissen, wie es sich anfühlt, eine Hure zu sein.«

»Haben Sie sich denn wie eine Hure gefühlt?«

»Nun, das war ich doch, oder nicht? Ich habe mich von einem Mann für Geld vögeln lassen. Zum Teufel damit, hab ich gedacht, fühlt sich gar nicht schlecht an, und es danach wieder getan. Im Durchschnitt vielleicht einmal die Woche. Es war … ich weiß auch nicht. Ein Experiment. Ein Spiel, bei dem ich am Ende die Verliererin war.«

»Und Viktor? Nach allem, was wir bisher wissen, ging es bei ihm und Sonja um mehr als nur Sex?«

Wieder dieses bittere Lachen. »Sonja war leicht entflammbar, aber ebenso schnell erlosch ihr Interesse auch wieder. Wenn Sie mich fragen, war dieser Viktor nur eine Laune. Sie hätte schnell wieder das Interesse an ihm verloren. Ob sie ihn geliebt hat? Vielleicht auf eine flüchtige Art und Weise, kann sein.«

Er hatte das Gefühl, dass Anne in diesem Punkt log. Aber das spielte auch keine Rolle, also wechselte er das Thema. »Was denken Sie, warum sie sterben musste?«

Anne richtete den Blick an die Decke. »Vielleicht weil Viktor sie zu sehr geliebt hat. Deutlich mehr als sie ihn zumindest. Ganz ehrlich: Nach all den Jahren bin ich an dem Motiv nicht mehr interessiert. Mit Sonja ist einer der wunderbarsten Menschen gestorben, die ich jemals kennenlernen durfte – alles andere spielt keine Rolle mehr.«

»Darf ich die Karte sehen, die Münch Ihnen gegeben hat?«, fragte Mütze plötzlich. »Die, auf der die Nummer steht, die Sie anrufen sollen, wenn jemand mit Fragen auf Sie zukommt?«

Anne Lehmann wirkte irritiert, stand dann jedoch auf und öffnete eine Schublade im Küchenschrank. Sie wühlte kurz darin herum und gab Mütze eine Karte, die genauso aussah wie jene, die Rebecca Kaiser bekommen hatte. »Was wollen Sie damit?«

Mütze warf einen flüchtigen Blick darauf und reichte sie ihr zurück. »Danke. Hat sich schon erledigt.«

Einen Moment lang hing ein verwirrtes Schweigen in der Luft. So als wenn ein Schauspieler während eines Stückes nicht den einstudierten Text nutzt, sondern etwas völlig Unerwartetes sagt, und die anderen erst einmal überlegen müssen, wie sie mit der Situation umgehen.

»Haben Sie diesen Viktor nach dem Mord an Sonja

jemals wiedergesehen?«, brach Jan das Schweigen. »Oder hat er auf irgendeinem anderen Weg noch einmal Kontakt aufgenommen?«

»Nein«, sagte Anne. »Kurz nachdem Sonjas Leiche gefunden wurde, habe ich die Stelle gekündigt und seitdem keinerlei Kontakt mehr mit irgendjemandem gehabt – von ein paar Telefonaten mit Rebecca mal abgesehen.«

»Auch mit Münch nicht?«

Sie schüttelte den Kopf.

Für Jan war damit die Zeit gekommen, das Gespräch zu beenden. Die Frau hatte ihnen offenbar alles gesagt, was sie wusste – oder was sie bereit war, mit ihnen zu teilen. Man konnte niemals alles herausfinden, das wusste er, und sie hatten mehr herausbekommen, als er erwartet hatte.

Kurz darauf standen sie auf, verabschiedeten sich und folgten Anne zur Tür. Dort blieb Jan plötzlich stehen und drehte sich noch einmal um. »Eine Frage noch: Haben Sie eigentlich jemals geheiratet?«

Annes Stimme klang zynisch. »Nein, ganz sicher nicht. Wenn ich in dem Haus eines gelernt habe, dann dieses: Männer sind meist Menschen, die Frauen hassen.«

*

Während der Zeit ihres Besuches bei Anne Lehmann hatte Jan sein Handy auf lautlos gestellt. Jetzt, im Auto, nahm er es in die Hand und sah, dass in der Zwischenzeit mehrere Anrufe von Alexander Herold eingegangen waren. Bei Mütze war es ähnlich – sieben Anrufe in Abwesenheit. Umgehend rief er Herold zurück.

»Wo seid ihr?«, hörte er kurz darauf dessen Stimme durch den Hörer dringen.

»In Lennestadt. Wir haben gerade mit Anne Lehmann gesprochen. Du weißt schon – neben Sonja und Rebecca die dritte Frau, die in dem Haus gearbeitet hat.«

Ein kurzes Schweigen, dann: »Rebecca Kaiser ist tot; die Meldung kam erst vor einer knappen Stunde über die Agenturticker rein. Irgendwer hat sie gestern Nacht ermordet, im Grunewald, direkt an der Grenze zu Brandenburg. Sie ist durch mehrere Messerstiche getötet worden. Und jetzt rate mal, was der Täter zurückgelassen hat?«

Jan musste schlucken. »Eine Spieluhr?«

»Ganz genau, eine Spieluhr!« Herolds Stimme klang plötzlich heiser. »Jan, ich weiß ehrlich gesagt noch nicht, wie wir damit umgehen sollen. Über einen lange zurückliegenden Mordfall zu berichten, ist eine Sache, einem aktiven Mörder in die Quere zu kommen, eine völlig andere. Vergiss mal einen Moment lang alles, was mit Auflage und Nachrichtenwert zu tun hat. Denk lieber darüber nach, was passieren könnte, wenn eure Recherchen euch ins Blickfeld des Täters führen. Wie wird er reagieren, wenn er feststellt, dass ihr eine Bedrohung für ihn seid? Mir passt das nicht ... mir passt das ganz und gar nicht. Und deshalb schlage ich vor, dass wir die Recherchen jetzt vorübergehend einstellen und die Sache der Polizei überlassen.«

Sofort versuchte Jan, ihn zu beruhigen. »Lass uns nichts überstürzen, okay? Erstens glaube ich nicht, dass die Polizei den Mord an Sonja jemals wird aufklären können – schon gar nicht, wenn der Verfassungsschutz tatsächlich darin involviert ist. Davon abgesehen denke ich auch nicht, dass Mütze und ich in Gefahr sind. Denk doch bitte mal logisch: Bislang hat der Kerl zwei Frauen umgebracht, die beide in dem Haus am Wilzenberg gearbeitet haben. Was sollte es ihm bringen, zwei Journalisten auszuschalten? Gar nichts – nur Ärger!«

Herold schnaubte. »Auf mich macht der Kerl nicht den Eindruck, als wollte er unbedingt Ärger vermeiden.«

Auch wenn Mütze lediglich seine Antworten hören konnte, musste sie doch mitbekommen haben, was geschehen war. Sie rutschte dichter an Jan heran und sagte so laut, dass Herold es garantiert auch verstehen konnte: »Wir hören jetzt nicht auf … Auf gar keinen Fall! Wir haben eine echte Chance, die ganze Geschichte aufzulösen, und die müssen wir nutzen. Jan hat vollkommen recht: Lassen Sie uns jetzt nicht hängen, Chef!«

»Okay«, sagte Herold nach kurzer Überlegung. »Wägt das sorgfältig ab. Besprecht euch noch einmal untereinander. Und wenn ihr dabei tatsächlich zu der Überzeugung kommt, weitermachen zu wollen, habt ihr auch weiterhin meine Rückendeckung. Aber dafür verlange ich auch etwas, und das ist nicht nur als Lippenbekenntnis gemeint: Ihr müsst mir versprechen, ab jetzt doppelt vorsichtig zu sein. Keine überstürzten Aktionen mehr. Keine Alleingänge. Noch mag der Täter kein Interesse an euch haben, aber das kann sich schnell ändern. Und ich habe, verdammt noch mal, keine Lust, einen Nachruf auf euch schreiben zu müssen!«

Anschließend sprachen sie noch über ein paar andere Dinge, insbesondere über die jetzt schon bekannten Details der Tat. Dann beendeten sie das Gespräch, und Jans

Welt wurde wieder klarer: die Vögel in den Bäumen, der Verkehr, das Handy noch warm an seiner Wange.

Was folgte, war ein kurzer Moment der Stille. Dann schaute Jan Mütze an und fragte: »In was für einen Wahnsinn sind wir hier nur hineingeraten?«

Sie zuckte die Schultern.

»Bist du dir sicher, dass du weitermachen willst?«, fragte er.

»Ganz sicher.«

»Keine Restzweifel?«

Sie schüttelte den Kopf. »Wenn Herold ausgestiegen wäre, hätte ich trotzdem weitergemacht. Notfalls auch ohne dich. Ich kann jetzt nicht einfach aufhören, alles vergessen und so tun, als wären die Morde nie passiert. So bin ich nun mal, Jan.«

So war sie, dachte er. Und genau dafür liebte er sie.

Jan startete den Motor und fuhr los.

»Weißt du, was mich wirklich fertigmacht?«

Er warf ihr einen fragenden Blick zu.

»Das ist so verdammt verrückt«, sinnierte sie. »Eine Frau wird vierzig Jahre alt, tut alles Mögliche, weiß alles Mögliche, und plötzlich ist es aus und ihr Leben vorbei. Als hätte es sie nie gegeben.«

»In der Erinnerung ihrer Freunde und der Familie lebt sie weiter.«

»Das ist Blödsinn, Jan, und das weißt du auch. Vielleicht werden sich manche Menschen an manche Teile ihrer Persönlichkeit erinnern. An einige Aspekte, von denen sie wollte, dass andere sie sehen. Die Spitze des Eisberges, wenn du so willst. Den ganzen Rest darunter hat nur sie gekannt, und deshalb existiert dieser Rest ab jetzt auch nicht mehr.«

»Aber ...«

Sie schaute ihn traurig an. »Kein *aber*, Jan. So sieht's aus, wenn wir aufhören, uns die Dinge schönzureden. Der Tod ist das Ende. Wir existieren danach nicht mehr – in keiner Form.«

Er wusste nicht, was er darauf erwidern sollte. Auch Mütze verbrachte den Rest der Fahrt schweigend ihren Gedanken nachhängend, die grau und schwer und trostlos wie Gewitterwolken sein mussten.

Sie wollte vor ihrer Haustür gerade aussteigen, als er ihr die Hand auf die Schulter legte. »Tust du mir einen Gefallen? Geh nach oben und denk bis morgen in Ruhe über alles nach. Sag mir dann, ob du wirklich weitermachen willst. Wenn du dich dagegen entscheidest, ist ...«

»Darüber muss ich nicht nachdenken.«

»Tu es trotzdem, okay?«

Sie versprach es ihm, dann stieg sie aus. Anschließend fuhr er auf direktem Weg nach Hause, wo er eine Querstraße von seinem Haus entfernt einen Parkplatz fand. In der Wohnung begrüßten ihn Stille und Leere. Vorboten einer um sich greifenden Einsamkeit, von der er gedacht hatte, sich schon besser an sie gewöhnt zu haben.

Er setzte sich aufs Sofa, schloss die Augen und dachte an Rebecca. An ihr Gesicht, ihre Stimme und den Mut, den sie gehabt hatte. Dann versuchte er sich vorzustellen, wie sie als Leiche aussah. Bleich und leblos. Mütze hatte recht: Was blieb, war eine leere Hülle, die nichts mehr von dem beinhaltete, was Rebecca ausgemacht hatte.

Er stand auf und ging zum Kühlschrank, griff nach dem Tetrapak Orangensaft und trank ihn aus. Als er die Verpackung wegschmeißen wollte, stellte er fest, dass der Mülleimer voll war. Er band den Beutel zusammen, zog die Schuhe wieder an und brachte ihn in den Keller, wo die Mülltonnen standen. Wenn Christina Guerin ihm heute über den Weg laufen würde, würde er sie ohne weitere Worte packen, ins Schlafzimmer tragen und ihr den Verstand aus dem Leib vögeln.

Christina lief ihm nicht über den Weg.

Was vermutlich auch besser war, aber er konnte jetzt dennoch nicht allein sein. Spontan griff er nach seiner Jacke und schlug den Weg zu seinem Stammlokal ein. Wenn der heutige Tag keinen Grund zum Trinken lieferte, würde es kein Tag mehr tun.

Hasbi, der Inhaber der Bar, trug ein schwarzes Hemd, eine enge Jeans und dunkle Vans. Mit dem Kopf nickte er den Rhythmus von *Personal Jesus* mit, der aus den Boxen unter der Decke drang: Offenbar hatte er ein geheimes Zeitportal in die frühen neunziger Jahre entdeckt.

Jan sagte Hallo und bestellte einen Rum.

»Stress mit den Frauen oder Stress auf der Arbeit?«, fragte Hasbi.

»Ist es immer das eine oder das andere?«

»Wenn du reinkommst und Rum bestellst, schon.«

»Beides«, sagte Jan.

»In dem Fall, Kumpel, spendiere ich dir einen Doppelten aufs Haus!«

Nachdem Jan sein Getränk erhalten hatte, kippte er es in einem Zug weg und bestellte das nächste, mit dem er sich nur unwesentlich mehr Zeit ließ. Er trank immer weiter, und jedes neue Glas trug eine weitere Schicht an Erinnerung ab. An vergangene Lieben, tote Mädchen, verlorene Leben. Durch den Alkohol verblasste alles, bis lediglich dieser Moment und der Drink vor ihm übrig blieben. Irgendwann hatte er nur noch schemenhafte Bilder von Menschen im Kopf, denen der Rum jede Schärfe nahm. Eine übergroße Montage aus Gesichtern, die er geliebt, gehasst oder gefürchtet hatte.

Er dachte an Tanja, seine erste Liebe, und an Nadine, seine letzte. Er dachte an die Eifelmorde, die ihm immer noch Alpträume bereiteten, und an einen Jugendfreund, der zum Mörder geworden war. Das Gesicht seiner Mutter tauchte vor ihm auf, die viel zu früh gestorben war.

Er spülte auch diese Erinnerungen herunter und kippte ein weiteres Glas hinterher, damit sie nicht erneut auftauchten.

*

Als er am nächsten Morgen wach wurde, war es immer noch dunkel, und er hatte weiterhin dieselben Kopfschmerzen, mit denen er gestern zu Bett gegangen war. Im Badezimmer schluckte er zwei Aspirin, dann zwang er sich, Zeit unter der heißen Dusche zu verbringen. Als er sich abgetrocknet und angezogen hatte, waren die Kopfschmerzen weitestgehend verschwunden, und der Himmel begann im Osten mit einem hellen Streifen Tageslicht aufzublühen.

Jans Kopf war immer noch voller Bruchstücke der Gespräche vom Vortag. Er war aus dem Sauerland mit Durst und Kopfschmerzen zurückgekehrt, und er hatte sich Ersterem fürsorglicher gewidmet als Letzterem. Er entschuldigte es damit, dass er Rebecca gemocht hatte und das Gefühl nicht loswurde, dass sein Besuch in Berlin für ihre Ermordung mitverantwortlich gewesen war. Das war es, was ihm zu schaffen machte – ein schlechtes Gewissen wegen seines Absturzes hatte er nicht.

Warum auch?

Rebecca konnte er nicht mehr helfen, und eine Familie hatte er auch nicht mehr. Keinen Menschen interessierte es, was er mit seinen Abenden anfing. Niemand wartete mehr auf ihn, niemand rief ihn an, um nachzufragen, wo er blieb. Die meiste Zeit über hatte er kein Problem damit, doch an diesem Sonntagmorgen wünschte er sich, er hätte immer noch ein Zuhause mit einer intakten Familie. Wo Lukas ihn ungestüm wach machte, indem er in sein Bett sprang und seine Arme um ihn schloss.

Anschließend zog er sich an und lief ziellos durch die Stadt. Er ging immer zu Fuß oder fuhr mit dem Fahrrad, wenn er das Auto nicht benutzte. Er verabscheute öffentliche Verkehrsmittel, insbesondere U-Bahnen. Wenn sie voll besetzt waren, kamen sie ihm eng und schmutzig vor. Waren sie leer, höhlenartig und bedrohlich.

An dem Kiosk an der Ecke standen wie immer ein paar Kroaten, die sich den ganzen Tag lang über Sportwetten unterhielten. Er ignorierte sie, ebenso wie die Dönerbuden und Ein-Euro-Shops, die sich entlang der Venloer Straße angesiedelt hatten. Irgendwann erreichte er den Friesenplatz, einen der größten Verkehrsknotenpunkte der Innenstadt. Er überquerte ihn und ging weiter bis zur Komödienstraße, wo die St. Andreas-Kirche vor ihm auftauchte. Dort hielt er inne und schaute auf die romanische Basilika mit ihrem spitzen Turm, aus deren Eingangspforte gerade vier Rentnerinnen traten. Er wartete, ob ihnen noch weitere folgen würden, was nicht der Fall war, dann ging er hinein und steckte einen Geldschein in den Schlitz der Büchse, die für Spenden bestimmt war.

Er wusste nicht, warum er das tat. Es war ihm zur Gewohnheit geworden, ebenso wie der Besuch in Gotteshäusern, wenn er vor einem Problem stand, das er nicht lösen konnte. Er wusste auch nicht, was die Kirche mit dem Geld machte – vielleicht verwendete sie es zum Erhalt des Bauwerks, vielleicht kaufte sie davon Nahrung und Kleidung für Bedürftige, vielleicht brauchte der Kölner Erzbischof wieder eine neue Luxuslimousine.

Leise setzte Jan sich auf eine der Bänke und schaute sich um. Drei weitere Personen befanden sich noch in der Kirche. Ihm am nächsten war eine Frau mit olivfarbener Haut, eine Spanierin vielleicht. Sie saß in der gleichen Reihe wie er, nur auf der anderen Seite des Ganges. Sie war klein, irgendwo zwischen vierzig und fünfzig, und wirkte völlig übermüdet. Er fragte sich, welche Probleme sie wohl hierher geführt haben mochten.

Zwei Reihen vor ihr saß ein sehniger Mann mit dünner werdenden Haaren. Er hatte ein faltiges Gesicht, die Haut hing schlaff herunter. Die Ellbogen auf die Knie gestützt saß er nach vorn gebeugt da, nicht schlafend, aber in eine Art Trance versunken, ganz leicht mit dem Oberkörper schwankend. Er war um die sechzig und trug Sachen, die viel zu jugendlich für sein Alter wirkten: eine anthrazitfarbene Lederjacke, ein Kapuzenshirt darunter.

Jan wendete sich der dritten Person zu. Die Frau saß auf derselben Seite des Ganges wie er, fünf oder sechs Reihen vor ihm, leicht schräg versetzt. Er konnte ihr Gesicht nur seitlich im Halbprofil erkennen. Blonde Haare, durchgedrückter Rücken, jünger als die anderen beiden, Mitte dreißig vielleicht. Sie trug eine teuer aussehende Übergangsjacke, ihre Haare schimmerten seidig. Sie hielt die Augen geschlossen. Ihre Lippen bewegten sich, sie betete. Zu gerne hätte er gewusst, was sie sich von einem Gott erhoffte, an den er selbst nicht glaubte.

Jan war nicht katholisch, er liebte einfach nur Kirchen. Er mochte es, dort zu sitzen, wenn er über irgendetwas nachdenken musste. Er schloss die Augen und erlaubte seinen Gedanken, sich in diesem zur Andacht geschaffenen Raum auszubreiten. Sie kreisten zu den Buntglasfenstern, prallten von ihnen ab, zogen über den Altar hinweg, an den Holzschnitzereien entlang und kamen schlussendlich zu ihm zurück, sorgsam geordnet jetzt.

Ebenso wie Rebecca hatte auch Anne ihnen etwas verschwiegen. Etwas, das mit dem Verhältnis der Mädchen untereinander zu tun hatte. Menschliche Bande waren komplex, und nicht selten beruhten sie auf Vorkommnissen, die von außen nur schwer zu durchschauen waren.

Drei junge Mädchen.

Freundinnen noch.

Ein abgelegenes Haus im Wald.

Die Männer dort.

Ein Ort sexueller Begierde.

Irgendwo in dieser Konstellation lag das Motiv für den Mord an Sonja verborgen, und er ahnte, dass es immer noch einen Punkt gab, zu dem Mütze und er bislang nicht durchgedrungen waren. Ein auslösendes Moment, über das keiner der Beteiligten – vielleicht aus völlig unterschiedlichen Gründen – mit ihnen sprechen wollte.

Jan stand auf. Auf dem Weg nach draußen zündete er drei Kerzen an. Eine für Sonja Risse, die niemals ihren zwanzigsten Geburtstag gefeiert hatte. Eine für Rebecca Kaiser, die niemals ihren einundvierzigsten erleben würde. Und eine für Lukas, der hoffentlich irgendwann einmal hundert Kerzen auf seinem Geburtstagskuchen ausblasen durfte.

DER UHRMACHER

Menschen sagen oft, dass niemand eine Insel sei. In seinem Fall stimmte das nicht. Er war eine Insel, denn er war Niemand. Zu dieser Erkenntnis war er gelangt, nachdem er in Nicaragua die HBO-Serie *Game of Thrones* gesehen hatte. Insbesondere jenen Teil, wo die Tochter eines ermordeten Lords sich aufmachte, um Rache für den Tod ihres Vaters zu üben. Dabei hatte sie sich einer Gruppe von Auftragsmördern angeschlossen, die dem *vielgesichtigen Gott* diente. Um eine perfekte Dienerin und Killerin zu werden, hatte sie ihre wahre Identität komplett verdrängen und dem Anführer der Gruppe beweisen müssen, dass sie sämtliche Bindungen zu ihrem früheren Leben aufgegeben hatte.

»Ein Mann will wissen, wo ein Mädchen herkommt«, wurde sie in einer der Schlüsselszenen gefragt.

»Von Nirgendwo«, antwortete sie.

»Ein Mann will wissen, wer ein Mädchen ist.«

»Ein Mädchen ist Niemand.«

Und genau das war er auch geworden. Ein Niemand, der mit nichts mehr verbunden war.

Dabei war ihm nicht egal, was mit ihm passierte. Er wollte weder sterben noch verhaftet werden, war aber bereit, auch diese Konsequenzen seines Tuns zu akzeptieren, wenn es so kommen sollte. Alles, was er jemals gewollt hatte, war, mit Sonja glücklich zu werden, und dieser Chance war er vor langer Zeit beraubt worden.

Manchmal fragte er sich, ob es auch für andere Menschen nur die eine große Liebe gab.

So wie bei ihm. Ab dem Moment, in dem er Sonja das erste Mal gesehen hatte, war es um ihn geschehen gewesen. Ein Teil seines Gehirns hatte ihm sofort die Flucht befohlen, nur um von einem anderen Teil überstimmt zu werden. Seine Zuneigung zu ihr hatte fortan die Kontrolle über sein Handeln übernommen. So als sei Sonja ein starker Magnet gewesen und er, der Ex-Terrorist, nur ein rostiger Eisennagel.

In dieser alles entscheidenden Nacht hatte er sie aus der Deckung des Waldes heraus beobachtet. Sie hatte wie verabredet nahe des Teiches gewartet und die Arme um ihren Körper geschlungen. Es war kalt gewesen. Immer wieder hatte der Wind aufgefrischt, war rauschend durch die Baumwipfel gefahren. Wie schön sie in diesem Moment ausgesehen hatte: Ihre wohlvertraute Gestalt, nur in dieses dünne rote Kleid gehüllt. Er hatte sich gefragt, warum Sonja nichts Wärmeres angezogen hatte, und sich die Antwort dann selbst gegeben.

Weil sie ihm gefallen wollte.

Dann hatte er die Spieluhr aus dem Rucksack geholt und aufgezogen. Das Lied war erklungen, das ihr Vater ihr immer vorgesungen hatte, wenn sie nicht einschlafen konnte. Er hatte die Spieluhr erst drei Wochen zuvor in einem Antiquitätengeschäft entdeckt, bei einer der seltenen Gelegenheiten, in denen ihm gestattet wurde, das Haus zu verlassen. Sie war über fünfzig Jahre alt gewesen und hatte sich in einem katastrophalen Zustand befunden, aber als er hörte, dass sie genau dieses Lied spielte, musste er sie einfach haben. Er hatte sie zu einem völlig überteuerten Preis gekauft und anschließend in unzähligen Stunden restauriert, bis sie wieder aussah wie neu. Bis jedes der kleinen Rädchen perfekt ineinandergriff. Von Anfang an hatte er vorgehabt, sie ihr erst zu schenken, wenn der richtige Moment gekommen war.

In dieser Nacht.

Der letzten, die Sonja und ihn noch von einem gemeinsamen Leben trennen sollte.

Kurz nach seiner Rückkehr nach Deutschland hatte der Uhrmacher einen gebrauchten Golf gekauft und diesen auf seinen neuen Namen angemeldet. Jetzt war er damit auf der A46 unterwegs, um dann auf die A1 abzubiegen, die ihn zu seinem Ziel führen würde. Unterwegs versuchte er, sämtliche Gedanken an Sonja auszublenden und sich auf die beiden Journalisten zu konzentrieren, die er vor wenigen Tagen gesehen hatte. Sie waren ihm aufgefallen, als er Annes Haus beobachtet hatte. Ein Mann und eine Frau. Der Kerl mochte Anfang vierzig sein, sie vielleicht zehn Jahre jünger.

Dass die beiden Journalisten waren, hatte er anhand ihres Fahrzeugs herausgefunden. Hinter der Windschutzscheibe hatte deutlich sichtbar ein Parkausweis für das Redaktionsgebäude geklemmt – leichter hätten sie es ihm nicht machen können.

Nach wenigen Klicks im Internet kannte er auch ihre Namen. Stefanie Schneider und Jan Römer. Auf der Webseite des Magazins stand sogar, für welche Rubriken sie zuständig waren. Eine davon befasste sich mit ungeklärten Kriminalfällen, und plötzlich war ihm alles klar geworden. Sie wollten über den Mordfall berichten. Wahrscheinlich hatten sie auch schon mit anderen Personen gesprochen.

Er lächelte, während er den Golf nahe der Richtgeschwindigkeit über die Autobahn bewegte. Was zwanzig Jahre lang geruht hatte, kam endlich in Bewegung. Seine Rückkehr nach Deutschland, die Recherchen der Journalisten, Rebeccas Tod. Irgendwann würden die beiden vielleicht auch die Wahrheit über ihn erfahren; wahrscheinlich jedoch erst zu einem Zeitpunkt, an dem er schon lange wieder weit weg sein würde.

Vor der Windschutzscheibe flog die Ausfahrt nach Gevelsberg vorbei, dann die nach Wuppertal. Gut vierzig Kilometer noch. Er schaltete das Radio ein und trommelte den Takt des Liedes mit den Fingerspitzen auf dem Lenkrad mit.

Für die Journalisten musste die Geschichte wie ein Schachspiel aussehen: Das Brett lag vor ihnen und die Figuren waren aufgebaut. Sie waren am Zug. Hatten bislang aber keine Ahnung, wer Läufer, Springer oder König war.

*

Gegen Mittag betrat Mütze ihr Büro und schloss die Tür hinter sich. Dann schaltete sie den Rechner ein, der mit einem leisen Surren erwachte. Kurz darauf erschien der Startbildschirm, und sie wurde in einem separaten Fenster dazu aufgefordert, ihr Passwort einzugeben. *Superwoman99* war vielleicht nicht besonders originell, hatte den Computer aber bislang vor unberechtigten Zugriffen geschützt.

Während der Rechner vollständig hochfuhr, schnappte sie sich einen Block und einen Kugelschreiber und notierte alles, was sie bislang über Viktor herausgefunden hatten. Laut den Zeugenaussagen war er damals um die dreißig gewesen, groß und auffallend schlank, mit längeren braunen Haaren. Ein ehemaliges Mitglied der RAF. Rebecca hatte außerdem anhand eines leichten Dialekts die Vermutung geäußert, dass er aus Norddeutschland stammte.

Eine Frisur war einfach zu ändern, ebenso die Haarfarbe. Die genetische Veranlagung dagegen ließ die Chance groß erscheinen, dass er wenigstens seine Statur beibehalten hatte. Sie suchten also nach einem Mann um die fünfzig, groß und schlank, der lange im Untergrund gelebt hatte. Außerdem ging sie davon aus, dass er sich irgendwo rund um Schmallenberg aufhielt und mobil war.

So weit, so schlecht.

Mütze rief sich in Erinnerung, was sie über die Rasterfahndung wusste, die das Bundeskriminalamt in den siebziger Jahren während der Suche nach untergetauchten RAF-Terroristen entwickelt hatte. Die Fahnder hatten festgestellt, dass Terroristen bei der Wahl ihres Unterschlupfes häufig bestimmte Muster einhielten. Die Häuser, in denen sie unter falschen Namen Quartier bezogen, mussten über viele Wohnparteien verfügen, um Anonymität garantieren zu können. Ideal war es, wenn unter den Bewohnern eine hohe Fluktuation herrschte, so dass niemand genau sagen konnte, wer gerade auf welcher Etage wohnte. Gebäude mit Tiefgaragen wurden bevorzugt. Ebenso solche, die in direkter Autobahnnähe lagen, um eine schnelle Flucht zu ermöglichen. Die Mieten und der Strom wurden häufig in bar bezahlt, da die Terroristen nur selten über Konten verfügten.

Mütze tippte sich mit dem Kugelschreiber gegen das Kinn. Dieser Viktor war damals auf genau solche Vorgehensweisen getrimmt worden, also war die Wahrscheinlichkeit hoch, dass er sich ihrer auch jetzt bediente. Außerdem ging sie davon aus, dass er sich nach seiner Rückkehr nach Deutschland gefälschte Papiere besorgt hatte. Vermutlich solche von eher minderer Qualität, die keiner genauen Überprüfung standhalten würden – für bessere Dokumente mussten ihm nach zwei Jahrzehnten im Ausland schlicht und einfach die Kontakte fehlen.

Sie legte den Notizblock zur Seite und rief Google Maps auf, wo sie den Ortsnamen Schmallenberg eingab. Nachdem das Bild aufgebaut war, vergrößerte sie den Maßstab, bis er ein Gebiet umfasste, das im Norden bei Soest begann und im Süden bei Siegen endete. Ihr Blick fiel dabei auf Städtenamen wie Iserlohn, Lüdenscheid oder Menden – immer noch viel zu viele Möglichkeiten. Aber vermutlich auch immer noch zu weit weg für seine Zwecke. Sie verkleinerte den Bildausschnitt wieder, bis er nur noch einen Radius erreichte, der gut zwanzig Kilometer Luftlinie um das Suchziel herum abdeckte.

Schon besser.

Mütze ging nicht davon aus, dass Viktor in Schmallenberg selbst wohnte. Zu auffällig. Auch Bad Berleburg und Lennestadt fielen weg – beide Orte lagen mindestens eine halbe Stunde von der nächsten Autobahnauffahrt entfernt und waren zu klein und familiär, um die gewünschte Anonymität garantieren zu können. Die einzige Stadt, die sie fand und auf die alle Voraussetzungen zutrafen, war Meschede. Mit 31 000 Einwohnern groß genug, um einen neuen Bewohner nicht weiter auffallen zu lassen. Direkt an der A46 gelegen, eine eigene Abfahrt. Dazu war Meschede nur 31 Kilometer Landstraße von Schmallenberg entfernt.

Perfekt.

Mütze brauchte nicht lange, um im Internet eine Luftaufnahme des Ortes in hoher Auflösung zu finden. Die meisten der Häuser im Stadtgebiet waren nur zwei- oder dreigeschossig, aber oberhalb eines Industriekomplexes fand sie eine Wohnsiedlung, deren Gebäude langgezogen und viergeschossig waren, was viele Mieter auf engem Raum bedeutete. Eine weitere Alternative bot der Norden Meschedes: Drei sechs- bis achtgeschossige Wohnblöcke, die eng beieinander standen und keine hundert Meter von der Autobahn entfernt lagen. Sie fand zwar noch weitere Möglichkeiten, kam aber zu dem Entschluss, dass diese beiden Adressen die besten Orte waren, um mit der Suche anzufangen.

Große Hoffnungen, den Killer auf diese Art ausfindig zu machen, machte sie sich dennoch nicht. Sie wusste, dass ihr Versuch mehr oder weniger der sprichwörtlichen Suche nach der Nadel im Heuhaufen glich, was aber immer noch besser war, als weiterhin in Untätigkeit zu verharren.

Ihr war bewusst, dass ihr Bedürfnis nach Antworten gerade übermächtig wurde. Ihr Verlangen, die Wahrheit herauszufinden, triumphierte über das Wissen, dass es nicht besonders schlau war, einem Mörder hinterherzujagen. Gerade jetzt nicht, wo sich der Einsatz und das Risiko durch Rebeccas Tod deutlich erhöht hatten.

Es konnte unmöglich Zufall sein, dass Rebecca auf die gleiche Art und Weise wie Sonja ermordet worden war, noch dazu so kurz, nachdem sie mit ihr gesprochen hatten. Wenn sie an das nächtliche Telefonat mit ihr zurückdachte, überkam sie ein schlechtes Gewissen – gerade wegen der wenig schmeichelhaften Meinung, die sie von Rebecca gehabt hatte. Vielleicht hatte sie ihr damit Unrecht getan. Vielleicht war dieses Unrecht sogar mitverantwortlich für Rebeccas Tod gewesen.

Und Viktor natürlich.

Warum hatte er das Land verlassen, das ihm zwei Jahrzehnte lang Schutz gewährt hatte? Was wollte er hier? Wenn er wirklich Sonjas Mörder war, wäre es dann nicht klüger gewesen, nie wieder einen Fuß nach Deutschland zu setzen? Oder gab es da noch eine Geschichte hinter der offensichtlichen, die ihm keine Ruhe ließ? Sie wusste es nicht. Spürte nur, dass die ganze Sache noch nicht rund war.

Nachdenklich klopfte Mütze mit dem Bleistift auf den Schreibtisch. Viktor … Kurz bevor er das Land verlassen hatte, war seine Geliebte ermordet worden. Anschließend hatte er zwanzig Jahre im Ausland gelebt – Jahre, in denen nichts passiert war. Unmittelbar nach seiner Rückkehr jedoch war die nächste Frau gestorben. Eine Freundin seiner Geliebten, die damals in demselben Haus gearbeitet hatte. Wieder war ein Messer im Spiel gewesen, wieder war der Mord in einem Waldgebiet geschehen und wieder hatte der Täter am Tatort eine Spieluhr zurückgelassen. Die Kausalität der Ereignisse war so deutlich, dass die Lösung auf der Hand lag, und normalerweise wäre Mütze überzeugt gewesen, dass man nur diesen Viktor finden müsste, um den Mörder der beiden Frauen zu fassen.

Normalerweise.

Hier aber gab es zwei Details, die auch eine andere Erklärung zuließen. Kleinigkeiten nur, die ihr aber dennoch immer wieder in den Sinn kamen.

Irgendwo tief in ihrem Gehirn setzte sich ein Zahnrad in Bewegung. Träge, weil es so lange nicht bewegt worden war. Es drehte sich widerwillig ein Stück weit, dann rastete es ein, kam zur Ruhe. Langsam öffnete sie die Augen. Sie sah Schmallenberg jetzt dreidimensional vor sich. Stellte sich vor, sie wäre ein Adler, der sich in die Lüfte erhob und die ganze Szenerie von oben betrachtete. Erst die Ortschaft, dann das Haus am Wilzenberg, den Schauplatz des Mordes. Registrierte zum ersten Mal, wie die Dinge aus einer völlig anderen Perspektive aussahen.

Anschließend wollte sie das Zahnrad erneut in Bewegung setzen. Doch es verweigerte den Dienst.

Entnervt gab sie auf und schaute auf die Uhr. Schon kurz nach fünf. Ihr Kopf war müde und leer, und sie beschloss, Feierabend zu machen. Vielleicht sollte sie sich zur Entspannung mal einen gemütlichen Abend auf dem Sofa gönnen. Sie könnte ja eine dieser vielgepriesenen Serien auf Netflix schauen, *Narcos* eventuell, und dabei ein Glas Wein trinken. Vielleicht auch zwei. Für morgen hatte sie sich sowieso freigenommen, um wenigstens ein paar der Überstunden abzubauen, die sich in den letzten Monaten angehäuft hatten. Sie musste kein schlechtes Gewissen haben, wenn sie die halbe Nacht wach bleiben würde.

Auf dem Sofa.

Allein mit ihren Gedanken und Pablo Escobar.

*

Mütze träumte nicht jede Nacht. Zumindest hatte sie nicht jede Nacht Träume, an die sie sich am nächsten Tag noch erinnern konnte. Wenn es passierte, hatte sie häufig das Gefühl, in einem Kinofilm gewesen zu sein, dessen Handlung sie nicht kontrollieren konnte und dessen Bilder sie auch später noch verfolgten. Manchmal waren die Schauspieler in dem Film Menschen, die sie kannte, manchmal auch gesichtslos oder völlig fremd.

Sie war gestern mit der Handlung von *Narcos* ins Bett gegangen; mit der Geschichte um den kolumbianischen Drogenbaron Pablo Escobar. In ihrem Traum war sie in seine Welt eingetaucht, eine Welt voller Gewalt. Sie hatte tote Körper gesehen, zerfetzt durch Autobomben, und Maschinengewehrsalven gehört, die Killer auf unbeteiligte Passanten abgaben. War in dem kolumbianischen Dschungel eingedrungen, der sich sattgrün über die Hügel rund um Medellín erstreckte, und hatte die feuchte Hitze gespürt, die dort herrschte.

Auch Jan war in diesem Film vorgekommen. Als Journalist, der in Kolumbien arbeitete. Wenn sie sich recht erinnerte, war auch er am Ende gestorben, und sie hatte allein dagestanden, umgeben von dunkelhaarigen Männern mit buschigen Schnauzbärten, die ihre dicken Bäuche wie eine Auszeichnung vor sich hertrugen. Irgendwann hatte einer dieser Männer einen Anruf bekommen, und es dauerte eine Zeit lang, bis Mütze realisierte, dass es ihr eigenes Handy war, das da klingelte. Schlaftrunken tastete sie umher und fand es unter dem Kopfkissen. Sie schaute aufs Display. Jan. Dann ging sie ran und sagte: »Hey.«

»Selber Hey. Du klingst, als wenn du gerade erst aufgewacht wärst.«

»War 'ne lange Nacht.«

Er schwieg.

Sie lachte heiser. »Ich lag mit einem kolumbianischen Drogendealer im Bett, nachdem ich zuvor sieben Folgen *Narcos* geschaut habe. Freut mich übrigens, dass du noch lebst!«

»Mich auch«, erwiderte er. »Aber warum sollte ich nicht?«

»Vergiss es – hättest du nicht angerufen, würde ich immer noch träumen.«

Anschließend rollte sie sich zur Bettkante, setzte sich auf und versuchte, in die Senkrechte zu kommen. Der Raum schwankte hin und her, als ob sie betrunken wäre. Dann stand sie auf und hielt sich am Kopfteil des Bettes fest.

Er fragte: »Geht's dir gut?«

Sie lief ins Badezimmer, warf einen Blick in den Spiegel, drehte das Wasser auf und schöpfte sich mit der linken Hand Wasser ins Gesicht. »Ja, mir geht's gut«, antwortete sie dann. »Es kommt mir nur vor, als ob ich kaum geschlafen hätte.«

»Du klingst, als hättest du Kies gefrühstückt.«

»Nein, ich habe noch gar nichts gefrühstückt. Ich dachte nur irrtümlich, ein Urlaubstag sei eine Umschreibung dafür, mal ausschlafen zu können, ohne sich dumme Kommentare anhören zu müssen. Also, was gibt's? Hast du was Gutes für mich oder willst du nur quatschen?«

»Ich wollte eigentlich fragen, ob du Lust hast, heute Abend im *Pietro's* mit mir essen zu gehen.«

»Wer bezahlt?«

»Ich.«

»Dann gerne!«

Er lachte. »Ich wusste, dass du das sagen würdest, und habe uns deshalb für sieben schon einen Tisch reserviert. Außerdem muss ich dir was erzählen … Ich denke, ich bin da auf etwas gestoßen.«

Sie grinste. »Ich auch!«

»Was denn?«

»Bis heute Abend, Jan. Und nimm genügend Geld mit.«

*

Der Dormagener Stadtteil Zons lag direkt am Rhein, genau zwischen Köln und Düsseldorf. Eine ehemalige Zollstadt, die vor allem wegen ihres historischen Ortskerns bekannt war und in die jedes Wochenende Ausflügler strömten, die zumeist aus den nahegelegenen Großstädten kamen. Besucher stießen dort auf unzählige Cafés und Restaurants und auf nett dekorierte Geschäfte, in denen man Andenken kaufen konnte.

Edgar Münch lebte nicht weit davon entfernt, im sogenannten Märchenviertel. Eine ruhige Gegend, in der sich bevorzugt Familien angesiedelt hatten, die ländlich leben wollten und gleichzeitig die Einkaufsmöglichkeiten zu schätzen wussten, die ihnen die nahegelegene Innenstadt bot.

In diesem Viertel kannte jeder jeden. Man wusste, was der Nachbar beruflich machte, wie dessen Kinder hießen und welche Autos die Anwohner fuhren.

Vielleicht fiel Münch der rote Golf älteren Baujahres, der hundert Meter von seinem Haus entfernt am Straßenrand parkte, auch deshalb direkt auf. Er hatte ihn gegen Mittag zum ersten Mal gesehen, als er in den Garten gegangen war, um die Rosen für den näherkommenden

Winter zurückzuschneiden, und jetzt am späten Nachmittag stand das Fahrzeug immer noch dort.

Vielleicht hatte einer seiner Nachbarn ja Besuch. Oder es war das Fahrzeug eines Ausflüglers, der ihn dort abgestellt hatte, um den Gebühren der öffentlichen Parkplätze zu entgehen. Es gab jede Menge harmloser Erklärungsmöglichkeiten, und dennoch war seine Neugierde geweckt.

Sie verstärkte sich noch, als er näher an das Auto heranging und einen Blick auf das Kennzeichen warf: HSK, die Abkürzung für Hochsauerlandkreis. Die Motorhaube war kalt, der Innenraum verwaist. Auf der Rückbank entdeckte er eine halb volle Flasche Apfelschorle, daneben die neueste Ausgabe eines bekannten Nachrichtenmagazins. Blätter und Erdkrümel bedeckten die Fußmatten, und überhaupt deutete der gesamte Zustand des Innenraums darauf hin, dass der Besitzer des Fahrzeugs eine Reinigung als möglichst lange zu vermeidende Ausgabe ansah.

Als Letztes wendete Münch sich dem Heck zu. Durch die fehlende Laderaumabdeckung sah er, dass im Kofferraum eine nach oben hin offene Gitterbox stand, in der ein schmutziges Handtuch lag. Der Anblick sollte ihn beruhigen: Wahrscheinlich war der Fahrer nur ein Hundebesitzer, der seinen Vierbeiner nach einem ausgiebigen Spaziergang durch die nahegelegenen Rheinauen noch schnell abrubbeln wollte.

Doch Münch war ein vorsichtiger Mensch, äußerst wachsam. Das hatte ihn das Leben gelehrt, und es war auch der Grund dafür, warum er in seinem Job so erfolgreich gewesen war. Er nahm sein Handy und fotografierte das Kennzeichen, um es später überprüfen zu lassen. Nach dem Tod von Rebecca Kaiser war Vorsicht das oberste Gebot, und jetzt, wo die Dinge auf die Entscheidung zustrebten, konnte er sich keinen Fehler mehr erlauben.

Rebecca …

Er hielt kurz inne und erinnerte sich, wie er in ihre Wohnung eingedrungen war. Er war damals überzeugt gewesen, dass sie ihn nicht erkannt hatte, ebenso wie er davon überzeugt gewesen war, dass sie die Warnung verstanden hatte, die er ihr hatte zukommen lassen. Leider war beides nicht der Fall gewesen, sonst hätte sie nicht sterben müssen. Er bedauerte ihren Tod, ebenso wie er bedauerte, was damals in dem Haus geschehen war. Sonja, Rebecca und Anne waren gute Mädchen gewesen, und jede von ihnen hätte ein anderes Schicksal verdient gehabt als jenes, das das Leben für sie bereitgehalten hatte.

Aber manche Dinge ließen sich nun mal nicht ungeschehen machen. Egal, wie gerne man das auch wollte. Niemand wusste das besser als er. Was man jedoch konnte, war Fehler zu korrigieren und Schwachstellen auszumerzen, und genau das würde er jetzt tun.

Auf dem Weg zurück drehte er sich noch einmal um, plötzlich sicher, beobachtet zu werden. Aber da war nichts. Nur die Sträucher in den Vorgärten, die sich im aufkommenden Wind bewegten.

*

Selbst in einem gut gehenden Restaurant wie dem *Pietro's* war an einem Dienstagabend nicht viel los. Nicht einmal die Hälfte der Tische war besetzt, meist mit Pärchen, die sich über ihre Weingläser hinweg verliebt anschauten. Mütze und Jan suchten sich einen Platz im hintersten Teil des Lokals und aßen in Ruhe, während sie sich über Belanglosigkeiten unterhielten. Kein Wort über den Fall. Das Thema hoben sie sich auf, bis der Kellner die leeren Teller abgeräumt und ihnen zwei Espressi gebracht hatte.

»Okay«, sagte sie dann. »Ich mache es kurz: Ich glaube, dass Viktor in Meschede untergetaucht ist. Außerdem bin ich der Meinung, dass Münch Rebecca umgebracht hat.«

Er zog die Augenbrauen hoch. »Gibt es zu den Kurzmeldungen auch ausführlichere Versionen?«

Mütze erklärte zunächst, wie sie mittels eines an der Rasterfahndung orientierten Ausschlussverfahrens auf Meschede gekommen war. Sie legte alles dar – von den Methoden bis zur Auswahl der Ziele.

Jan fand ihre Herleitung schlüssig, aber eine andere Frage brannte ihm stärker auf der Zunge. »Wie kommst du darauf, dass Münch die beiden Frauen getötet hat?«

Sie stockte kurz. »Das ist nicht das, was ich gesagt habe. Ich habe keine Ahnung, ob er auch Sonjas Mörder ist. Offen gesagt, glaube ich das nicht. Bei Rebecca dagegen bin ich mir ziemlich sicher.«

Er blickte sie erwartungsvoll an.

»Sie hat uns den Namen der Simblock GmbH genannt, ebenso den von Edgar Münch«, fuhr Mütze fort. »Durch sie haben wir auch erst von Annes Vergewaltigung erfahren, von den Vorgängen in dem Haus. Alles Dinge also, von denen Münch nicht wollte, dass sie ans Tageslicht kommen.«

»Aber warum sollte er sie umbringen, *nachdem* sie uns

alles gesagt hat? Aus Rache? Das würde nicht zu Münch passen.«

»Ich glaube nicht, dass Rebecca uns wirklich alles gesagt hat«, erwiderte sie. »Aber sie hatte sich getraut, den ersten Schritt zu gehen, so dass Münch nicht mehr sicher sein konnte, ob sie dort auch stehen bleibt. Er musste sie zum Schweigen bringen.«

Unschlüssig wiegte Jan den Kopf. »Als Tatmotiv finde ich das immer noch dürftig. Außerdem hat deine Argumentation einen ganz entscheidenden Fehler: Woher soll Münch gewusst haben, dass es gerade Rebecca war, die mit uns geredet hat? Wir haben ihm nichts von unserem Besuch in Berlin erzählt, und ich kann mir nicht vorstellen, dass Rebecca ihn informiert hat.«

»Langsam«, bremste sie ihn. »Lass uns festhalten, dass er wusste, dass *irgendwer* geredet hat. Er wusste es durch die Anfrage bei der Stadtverwaltung, und er wusste es, weil wir uns nach der Simblock GmbH erkundigt haben. Stimmst du mir bis hierhin zu?«

Er nickte.

»Außerdem haben wir bei unserem Besuch Annes Vergewaltigung angesprochen«, setzte sie ihre Ausführung fort. »Wie sollen wir davon erfahren haben, ohne dass jemand geredet hätte? Doch der alles entscheidende Punkt ist: Direkt nach unserem Besuch bei Rebecca habe ich Münch auf den Anrufbeantworter gesprochen.«

»Einverstanden«, antwortete Jan. »Er wusste, dass irgendwer geredet hat, allerdings verstehe ich immer noch nicht, was dich glauben lässt, dass er Rebecca dafür verantwortlich macht. Die Nummer hättest du doch auch von Anne oder sonst wem haben können.«

»Hätte ich nicht«, sagte Mütze. »Ich habe mir in Lennestadt ihre Karte geben lassen, und die Nummer darauf war eine andere als bei Rebecca! Nicht komplett, aber die letzten Ziffern waren unterschiedlich, verstehst du? Münch hat mehrere Anschlüsse, jeweils einen für jede Person, die eine Karte bekommen hat. Wenn jemand anruft – sagen wir, eine unglaublich intelligente und ebenso attraktive Journalistin –, dann muss er bloß nachschauen, zu wem die zu dem Anschluss gehörige Nummer passt. Meine war die von Rebecca. Egal, was wir später auch behauptet hätten – wir konnten sie nur von ihr haben!«

Er suchte nach Schwachstellen in ihrer Argumentation, fand aber keine. »Verdammt«, war alles, was er herausbekam.

Mütze nippte an ihrem Espresso, bevor sie fortfuhr. »Jetzt lass uns die ganze Kausalkette mal in Ruhe betrachten: Münch wusste, dass Rebecca mit uns geredet und uns seine Karte gegeben hat. Er wusste, dass sie damit begonnen hatte, auszupacken. Das musste er aus Gründen, die wir immer noch nicht kennen, verhindern. Wenn du das alles zusammenzählst, hatte er ein verdammt gutes Motiv, sie aus dem Weg zu räumen.« Sie legte ihre Hand auf seine. »Ich weiß, dass das immer noch nicht ausreicht, um ihn vor Gericht zu bringen. Aber momentan ist es die beste Spur, die wir haben.«

Er schaute durch das Fenster nach draußen. Leise wehte das Geräusch vorbeifahrender Autos ins Lokal. Dann rieb er sich die Stirn und fragte: »Wir haben Münch gegenübergesessen. Traust du ihm einen solchen Mord zu?«

»Der Kerl ist eiskalt, Jan. Der würde alles tun, um seine eigenen Fehler zu kaschieren.«

»Mal abgesehen davon, dass ich nicht so richtig sehe,

wie du zu dieser Einschätzung kommst: Warum denkst du dann nicht, dass er auch Sonja getötet hat?«

»Ganz einfach: wegen der Tatumstände. So, wie Sonja sich zurechtgemacht hatte, war sie auf dem Weg zu einem Date – nicht zu einem Treffen mit dem Mann, für den sie arbeitete. Münch hätte auch keinen Grund gehabt, eine Spieluhr zurückzulassen. Jetzt bei Rebecca hat er einfach nur entscheidende Merkmale der damaligen Tat kopiert, um vorzutäuschen, dass es sich in beiden Fällen um den gleichen Täter handelt.«

»Das ist ja großartig«, sagte Jan und lachte bitter. »Als wir mit den Recherchen angefangen haben, haben wir nach einem Mörder gesucht, der zwanzig Jahre lang unentdeckt blieb – schwierig genug. Jetzt ist plötzlich ein zweiter Mörder hinzugekommen, ohne dass wir dem ersten auch nur einen Schritt nähergekommen wären. Und selbst, wenn wir uns sicher sind, dass Münch Rebecca umgebracht hat: Wie sollen wir das jemals beweisen?«

»Ich sage das nur ungern«, erwiderte sie, »aber wir müssen auch die Möglichkeit in Betracht ziehen, dass wir es diesmal nicht schaffen. Wir sind Journalisten, Jan, keine Polizisten, die auf einen riesigen Apparat zurückgreifen können. Und selbst die hätten vermutlich Schwierigkeiten, ein hohes Tier beim Verfassungsschutz dranzukriegen. Unsere Aufgabe ist es, über ungeklärte Mordfälle zu berichten – nicht, sie zu lösen. Niemand würde uns einen Vorwurf machen, wenn wir aufgeben, und das sollten auch wir nicht tun.«

Er nickte. Ein Teil von ihm wusste, dass sie recht hatte. Sachlich betrachtet wäre es kein Weltuntergang, wenn sie den Fall diesmal im Rahmen ihrer Recherchen nicht lösen konnten. Es würde sich aber wie einer anfühlen.

Dennoch war er fast so weit, das offenbar Unvermeidliche zu akzeptieren. Vor allem, weil es Mütze gewesen war, die diese Sätze ausgesprochen hatte. Mütze, die das Wort *aufgeben* eigentlich gar nicht in ihrem Wortschatz hatte. Die sich in jede Story verbiss wie ein Terrier, für den eine Schwierigkeit nur eine neue Herausforderung darstellte.

»Was wolltest du mir eigentlich sagen?«, riss sie ihn aus seinen Gedanken.

Er schüttelte den Kopf.

»Hey«, sagte sie und lächelte ihn an. »Jetzt schau nicht so frustriert drein! Ich habe weder gesagt noch gemeint, dass wir tatsächlich alles hinschmeißen sollten. Ich wollte damit nur den Druck reduzieren, den du dir selbst machst, weil du gerade wie ein Polizist denkst und nach gerichtsfesten Beweisen suchst. Dabei kommt es jetzt erst mal gar nicht auf Beweise an. Sagt der große Meister nicht immer: Alles nacheinander? Erst der eine Schritt, dann der andere?«

Er schaute sie zweifelnd an. »Du nennst mich *großer Meister*?«

»Nur, um dich aufzuheitern«, grinste sie. »Innerlich habe ich bei den Worten gelacht.«

Er musste jetzt auch lachen. Während sie einstimmte, fragte er sich, was er ohne sie machen würde. Beruflich. Privat. Dann riss er sich von dem Gedanken los, weil er Angst vor der Antwort hatte.

»Es gibt da etwas, über das ich immer wieder nachdenken muss«, sagte er dann. »Und in gewisser Weise passt es perfekt zu dem, was du gesagt hast.«

»Ich bin ganz Ohr.«

»Am Anfang schien die Sache klar zu sein: Ein junges Mädchen, das von einem unbekannten Liebhaber getötet wurde. Die Spieluhr, deren Melodie wie eine Botschaft wirkt. Die beiden Freundinnen, die mit ihr in demselben Haus gearbeitet haben. Ein zwar tragischer, aber überschaubarer Fall – richtig?«

Sie nickte.

»Dann kam der Verfassungsschutz ins Spiel, und auf einmal hatten wir mehr Theorien als Verdächtige. Seitdem haben wir mehrere Ansätze verfolgt, die sich dann alle irgendwie berührten und neu verzweigten – wie ein Spinnennetz, in dem man die Orientierung verliert. Mir hat das keine Ruhe gelassen, also bin ich vor ein paar Tagen in eine Kirche gegangen und habe darüber nachgedacht. Dabei ist mir klar geworden, dass wir das Grundsätzliche aus den Augen verloren haben. Den gemeinsamen Nenner, der die übergroße Zahl aller Mordfälle verbindet.«

»Und das wäre?«

»Das Menschliche, Mütze. Wenn wir Auftragskiller außen vorlassen, ist das Motiv fast aller Morde in persönlichen Bindungen zu finden. Vielleicht sollten wir uns verstärkt darauf konzentrieren. Auf das Verhältnis der Mädchen untereinander und auf die Männer, die sich in dem Haus aufhielten und mit denen sie in Berührung kamen.«

»Das klingt, als hättest du eine Theorie.«

Er lächelte. »Stimmt! Allerdings ist sie so simpel, dass ich mich fast nicht traue, sie dir zu erzählen.«

Sie trank einen weiteren Schluck Espresso. Sagte dann: »Gratuliere: Wenn du mich mit deiner vorgespielten Schüchternheit neugierig machen wolltest, hast du es geschafft!«

*

Als sie am nächsten Tag ihr Büro betrat, platzte Mütze fast vor Tatendrang. Sie wusste jetzt, was sie zu tun hatte. Jans Theorie war genau der Puzzlestein gewesen, der ihr bislang gefehlt hatte. Alles basierte auf simpler Logik, und Logik war genau das, womit sie sich am besten auskannte.

Sie trat an das an der Wand hängende Whiteboard, griff nach einem Stift und begann damit, eine Zeitlinie zu zeichnen. Sie fing mit dem Tag an, an dem Sonja die Schule verlassen hatte, und schrieb den Namen Sebastian Waldheim daneben. Ebenso den von Stefan Wahlert, der zu dieser Zeit Sonjas Freund gewesen war, und jenen von Rebecca Kaiser, ihrer besten Freundin. Die nächsten Fixpunkte waren der Tag, an dem Anne in Sonjas Leben getreten war, und jener, an dem sie in dem Haus am Wilzenberg angefangen hatte. Weitere Daten folgten: die Trennung von Stefan Wahlert, Annes Vergewaltigung und die Affäre mit Viktor. Mit Sonjas Tod hörte sie auf, trat einen Schritt zurück und sah sich das Ganze aus der Entfernung an.

Sie versuchte, ein Muster zu erkennen, das Jans Theorie stützte, und verglich die Daten mit dem, was sie von Zeugen und Beteiligten erfahren hatte. In ihrem Hinterkopf entwickelte sich ein Gedanke, der noch zu unscharf war, um ihn greifen zu können. *Klack-klack*, machte das Zahnrad.

In einer neuen Zeile notierte sie jetzt sämtliche Theorien, die den Täter betrafen, inklusive jener von Jan. Als sie versuchte, diese mit der Zeitlinie in Einklang zu bringen, stellte sie fest, dass etwas nicht stimmte. Das Ganze erinnerte sie an zwei Wellenlinien auf einem Diagramm, die sich im entscheidenden Moment nicht berührten.

Sie ging die zeitlichen Angaben noch einmal durch, aber daran gab es nichts zu rütteln, ebenso nicht an jenen Aussagen, die bei allen Beteiligten übereingestimmt hatten. Also musste sie nach Aussagen suchen, die nicht zu den anderen passten. Nach den Angaben, die sich nicht mit der Zeitlinie in Einklang bringen ließen.

Und plötzlich hatte sie den Beweis.

Jan hatte recht: Es war so simpel, dass es fast schon wehtat.

Die einzige Erklärung, die ihr für ihre bisherige Blindheit einfiel, lag in den Nebelkerzen, die rund um Sonjas Ermordung gezündet worden waren. Eine Taktik, die sich stets bewährt hatte, wenn man Fakten verschleiern wollte. Mütze hatte augenblicklich den Mord an dem amerikanischen Präsidenten John F. Kennedy vor Augen. Er war ein Musterbeispiel dafür. Nachdem sich damals ein Großteil der amerikanischen Bevölkerung schnell sicher gewesen war, dass Lee Harvey Oswald kein Einzeltäter sein konnte, waren Theorien aufgetaucht, Regierungskreise würden hinter dem Attentat stecken. Anstatt diese nun öffentlich zu dementieren und damit immer wieder neue Angriffsflächen zu schaffen, erschuf man einfach weitere Möglichkeiten.

Die Mafia war es.

Fidel Castro war es.

Exil-Kubaner, die gegen Fidel Castro kämpften, waren es.

Zu jeder Theorie kamen in schneller Abfolge Bücher

auf den Markt, von denen jedes einzelne für sich betrachtet plausibel klang und die in der Summe dafür sorgten, dass bald schon niemand mehr wusste, was er nun glauben sollte. Ein Sammelsurium an Verdachtsmomenten und Verdächtigen, bis am Ende nur eines übrig blieb: Chaos.

Genauso war es ihr und Jan auch ergangen. Sie hatten sich in Theorien verloren, die sie zuerst aufgebaut und dann wieder verworfen hatten. Waren Spuren gefolgt, die nur zu diesem Zweck ausgelegt worden waren. Dabei hatten sie das Offensichtliche aus den Augen verloren.

Jetzt stand sie hier vor der Tafel, auf der die Lösung stand, und sagte: »Fuck!«

Es war so tragisch, ein Mord wie ein Missverständnis. Sinnlos und mit nicht vorhersehbaren Folgen.

*

»Du kannst dich so lange aufregen, wie du willst, Jan. Meine Entscheidung steht!«

Schon als Sarah ihn auf der Arbeit angerufen hatte, war ihm klar gewesen, dass sie keine guten Nachrichten bereithielt. Jetzt, wenige Minuten später, hatte sein Verdacht sich bestätigt, indem sie ihm mitteilte, dass sie beabsichtigte, in Bayern sofort mit diesem Sven zusammenzuziehen.

»Pass auf«, sagte er, wobei er klang, als würde er auf ein krankes Pferd einreden. »Meinst du, wir können darüber reden, ohne uns direkt zu zanken?«

»Dass gerade du das sagst, ist lächerlich!«

Er verdrehte die Augen.

»Lass uns doch ganz sachlich darüber sprechen«, erwiderte er. »Lass uns überlegen, ob es wirklich gut ist, Lukas nach einem neuen Wohnort und einer neuen Schule direkt auch einen Ersatzvater vor die Nase zu setzen. Ich meine, Sven hat doch eine eigene Wohnung oder ein Haus dort ... warum lasst ihr euch nicht einfach ein bisschen Zeit?«

»Das geht dich nichts an.«

»Was eure Beziehung angeht, hast du recht. Was meinen Sohn betrifft, nicht. Und ich denke ...«

»Ich glaube, du gönnst mir einfach mein Glück nicht! Sven meint, du hättest ihn mit eifersüchtigen Blicken geradezu durchbohrt, als wir Lukas bei dir abgeholt haben.«

Wenn dieser Hipster wirklich geglaubt hatte, es wäre Eifersucht gewesen, was er in Jans Blick gesehen hatte, war er noch dümmer, als er aussah.

»Ernsthaft«, sagte er. »Es ist mir vollkommen egal, was mit dir und diesem Sven ist. Du bist glücklich? Freut mich! Du willst mit ihm zusammenziehen? Alles Gute! Aber in dem Moment, wo Lukas ins Spiel kommt, ist es mir nicht mehr egal. Wenn du mich fragst, dann ...«

»Das ist genau der Punkt: Ich frage dich *nicht!* Ich habe dich nur angerufen, um dich der Fairness halber zu informieren. Lukas wird bei mir leben, das haben wir ja geklärt, und wenn es einen neuen Mann in meinem Leben gibt und ich nicht weiter die alleinerziehende Mutter bin, ist das nur gut für den Jungen. So hat er nämlich eine männliche Bezugsperson.«

»Er hat mich – seinen Vater!«

»Das bestreitet doch niemand. Du bist aber nicht da.«

»Was, nebenbei bemerkt, nicht meine Schuld ist!«

Damit hatten sie beide fürs Erste ihr Gift versprizt

und schwiegen sich an, bis Sarah wieder das Wort ergriff.

»Darf ich dich was fragen?«

»Klar.«

»Hast du mich jemals geliebt?«

»Natürlich habe ich das.«

Das war die Wahrheit, auch wenn Jan sich beim besten Willen nicht mehr erinnern konnte, warum. Es war erschreckend, wie schnell die Gefühle zu einem Menschen verblassen und verschwinden konnten, obwohl man einmal so intim mit ihm gewesen war. Oder vielleicht gerade deswegen: Man war sich einst so nah gewesen, dass es einem anschließend, wenn es vorbei war, so unwirklich vorkam wie ein Traum, den man schon fast vergessen hat.

»Ich bitte dich doch nur um eines, Sarah«, fuhr er anschließend deutlich sanfter fort. »Denk noch mal in Ruhe nach. Frag Lukas, was er davon hält, wenn Sven zu euch ziehen würde. Wäge anschließend alles ab und entscheide dich erst dann. Okay?«

Sie schwieg.

»Tust du mir den Gefallen?«

»Na gut«, gab sie nach. »Ich werde nicht mit Sven zusammenziehen, bevor ich mit Lukas geredet habe. Versprochen!«

Eine schwache Hoffnung, aber er gab sich damit zufrieden. Was blieb ihm auch anderes übrig? Er war kein Experte in solchen Dingen, aber ging davon aus, dass es keinen Paragraphen gab, der seiner Exfrau untersagt hätte, mit einem neuen Mann zusammenzuziehen. Auch dann nicht, wenn das Auswirkungen auf den gemeinsamen Sohn hatte, die er für negativ hielt.

Bevor der Streit erneut aufflackern konnte, verabschiedete er sich von ihr. Immer noch ärgerte er sich über

Sarah und darüber, wie stark sie ihn spüren ließ, dass sie theoretisch zwar ein gemeinsames Sorgerecht hatten, sie praktisch gesehen jedoch die Macht über sämtliche Entscheidungen besaß. Noch stärker jedoch ärgerte er sich über sich selbst. Über sein fehlendes Talent, in solchen Momenten einen kühlen Kopf zu bewahren. Er war zu emotional, zu aufbrausend, trotz seiner mittlerweile gut vierzig Jahre.

Er musste sich eingestehen, dass sich diese Eigenschaften nicht nur privat, sondern auch beruflich auswirkten. Auch da ließ er die Vernunft gerne außen vor, wenn sein Bauch ihn in eine andere Richtung trieb. Häufig tat er Dinge aus der Situation heraus, nicht als Ergebnis einer gewissenhaften Überlegung. Er ging zu oft Risiken ein, die unverantwortlich waren. Immer noch steckte zu viel von einem Kind in ihm, das mit Begriffen wie Vernunft und Kalkül nichts anfangen konnte. Er kannte seine Fehler, seine Schwächen. Er hatte nur keine Ahnung, wie er sie abstellen konnte.

Plötzlich hatte er Angst, alt zu werden, ohne jemals erwachsen geworden zu sein.

DER UHRMACHER

Nach den Übergriffen in der Silvesternacht 2015 rund um den Kölner Hauptbahnhof war der Verkauf an Elektroschockern sprunghaft angestiegen: Geräte, die aus einer niedrigen Batteriespannung hohe Ausgangsspannungen erzeugten, wodurch das sensorische und motorische Nervensystem der Zielperson lahmgelegt wurde. In der Regel waren diese Waffen nicht tödlich, erzeugten aber starke Schmerzen und führten zu krampfartigen Zuckungen, die in Lähmungen mündeten.

Der größte Nachteil solcher Geräte bestand in dem direkten Kontakt, der zwischen den Metallkontakten und der Haut des Angreifers bestehen musste, was eine dichte Annäherung voraussetzte. Sie arbeiteten nicht auf Entfernung, und um dickere Kleidung durchdringen zu können, waren sie zu schwach.

Anders sah das bei Elektroschockpistolen aus, wie sie auch von amerikanischen Polizeibehörden eingesetzt wurden. Die sogenannten TASER konnten aus zehn Metern Entfernung abgeschossen werden, und ihre mit Widerhaken versehenen Spitzen durchdrangen problemlos bis zu fünf Zentimeter dicke Schichten aus Kleidungsstücken. Wenn sie sich einmal in die Haut des Angreifers gebohrt hatten, konnten über den Abzugsgriff mehrere Stromstöße mit über drei Milliampere abgegeben werden, wodurch der Angreifer minutenlang außer Gefecht gesetzt wurde.

Oder das Opfer.

Der Uhrmacher hatte sich eine solche Waffe über das Internet besorgt und nicht lange gebraucht, um ihre Wirkungsweise bis ins kleinste Detail zu verstehen. Entscheidend war, dass der erste Schuss das Zielobjekt traf – wenn die beiden an isolierten Drähten hängenden Projektile einmal abgeschossen waren, bekam man keine zweite Chance. Sicherlich wäre es einfacher, seinen Widersacher sofort zu töten. Ein schneller Schuss, ein klassischer, harter Abgang. Aber dann würden die Fragen, die ihn seit zwei Jahrzehnten quälten, für immer unbeantwortet bleiben.

Was er wollte, was er *brauchte*, waren Antworten.

Der Uhrmacher wusste, dass es entgegen der Darstellung in Actionfilmen kaum Menschen gab, deren Schweigen durch Folter nicht gebrochen werden konnte. Meist genügte schon deren bloße Androhung, um jemanden zum Reden zu bringen. Ein vor den Augen der gefesselten Person positionierter Lötkolben, ein paar Zangen und Schneidwerkzeuge, mehr war nicht nötig. Die Fantasie erledigte den Rest. Doch damit er überhaupt in eine solche Position kam, musste er Münch lebend in seine Gewalt bekommen, um ihn dann in die verlassene Jugendherberge zu bringen, die er als Verhörraum ausgesucht hatte. Sie lag in der Nähe von Schmallenberg und war von Wiesen und Wäldern umgeben. Keine Häuser weit und breit, deren Bewohner eventuelle Schreie hören konnten. Niemand, der ihn stören würde. Nur er und sein Widersacher und die Lüge, die zwischen ihnen stand.

Bevor es jedoch so weit war, gab es noch eine Sache, die er erledigen musste. Ein letztes Mal noch wollte er sich dem Menschen nahe fühlen, der sein Leben wie kein anderer bestimmt hatte und für den er das alles hier tat. Er war dieser Frau gegenüber stets loyal gewesen, in einer Welt, in der manche gar nicht mehr wussten, dass es so etwas wie Loyalität überhaupt gab.

Von Meschede aus folgte er zuerst der B55 und der B511 in südlicher Richtung, wobei er darauf achtete, das vorgegebene Tempolimit nicht zu überschreiten. Er durchquerte den Ortskern von Schmallenberg und bog dann auf die Grafschafter Straße ab. Kurz darauf stellte er den Golf auf dem Parkplatz eines kleinen Friedhofs ab, der von Hecken und Bäumen gesäumt direkt an der Landstraße lag.

Es dauerte nicht lange, bis er die Reihe gefunden hatte, die er suchte. Die Grabsteine hier hatten längst ihren Glanz verloren, und über manche strich er im Vorübergehen mit der Hand, als wenn alte Freunde dort begraben lägen. Vor einem besonders sonnengebleichten Stein blieb er stehen. Auf dem Grab lagen frische Blumen, und zum ersten Mal wurde ihm bewusst, dass er nicht der Einzige war, der Sonja vermisste. Einen Moment lang bedauerte er, selbst keine Blumen mitgebracht zu haben. Dann bückte er sich und wischte mit einem Taschentuch Staub und Schmutz von ihrem in den Stein gemeißelten Namen. Obwohl der Boden vom gestrigen Regen noch feucht war, setzte er sich neben ihr Grab, um ihr ganz nah zu sein.

In dieser Erde liegt Sonja, wiederholte er im Kopf immer wieder. *In dieser Erde liegt Sonja.*

Die immer gleichen Fragen tauchten auf, wie Flecken, die sich nicht entfernen ließen. *Was wäre, wenn …*

Es war die gefährlichste Frage überhaupt. *Was wäre, wenn wir uns früher begegnet wären? Was wäre, wenn du mich vor deinem Mann getroffen hättest? Was wäre, wenn ich mich nach dem Abitur bei der Berufswahl anders entschieden hätte?*

Immer löste diese Frage einen Strom von Gedanken aus, der sich kaum noch stoppen ließ. Der nagende Zweifel schwamm darin mit, die Ungewissheit, das Verlangen. Und egal, wie intensiv man über die Antworten nachdachte – es war unmöglich, bis zur Quelle vorzudringen oder festzustellen, in welchem Meer dieser Strom mündete.

Seufzend stand der Uhrmacher auf und klopfte sich die feuchte Erde von der Hose. Dann bückte er sich und legte seine Lippen auf den kalten Stein. Sang anschließend das Lied, das sie früher immer beruhigt hatte, und hoffte, dass sie es auch jetzt hören konnte.

Hush, little baby, don't say a word
Papa's gonna buy you a mockingbird

Er sang es komplett, Strophe für Strophe, mit weicher, melodischer Stimme. Dann wendete er sich ab und kehrte Sonjas letzter Ruhestätte für immer den Rücken zu.

*

»Sind wir mittlerweile weitergekommen, was die Suche nach Thomas Sonnenfeld angeht?«

Ja, dachte Münch. »Nein«, sagte er.

Müde rieb Stassen sich die Augen. Der stellvertretende Abteilungsleiter wirkte verzweifelt, und am liebsten hätte Münch ihn erlöst, aber das ging nicht. Sonnenfeld war einzig und allein sein Problem. Er musste um jeden Preis verhindern, dass der Mann vor Gericht aussagte, weil dort nicht nur die Verfehlungen des Verfassungsschutzes ans Licht kommen würden, sondern auch seine ganz persönlichen, und die waren in diesem speziellen Fall ausnahmsweise sogar schlimmer.

Bei seinem ersten Gespräch mit Stassen hatte Münch ihm nicht die ganze Wahrheit gesagt. Er hatte verschwiegen, dass er selbst es war, der Sonnenfeld damals angeheuert hatte. Zu jeder Zeit hatte er gewusst, welche Aufgaben Sonnenfeld innerhalb der RAF erfüllte. Er hatte die Folgen akzeptiert, weil er wusste, dass ein anderer die Bomben bauen würde, wenn Sonnenfeld es nicht tat. Vorwürfe machte er sich deshalb nicht: Es hatte schließlich nicht in seiner Macht gestanden, zu entscheiden, wer für die RAF ein Ziel wurde und wer nicht. Ihm war es nur darum gegangen, zu erfahren, welche Personen in die Anschläge involviert waren, und dafür war Sonnenfeld bestens geeignet gewesen – das hatte er ab dem Moment gewusst, als er ihn das erste Mal im Rahmen der Brokdorf-Proteste vernommen hatte.

Münch war damals schnell klar gewesen, dass Sonnenfeld ein pathologischer Lügner war, der über eine ganz erstaunliche Fähigkeit verfügte: Er konnte sogar sich selbst belügen. Er konnte sich so lange einreden, ein Teil der RAF zu sein und mit ihren Zielen zu sympathisieren, bis er selbst daran glaubte. Er hielt diese Lüge anschließend konsequent durch, bis er wieder mit Münch in einem Verhörzimmer des Verfassungsschutzes saß – wo er dann innerhalb eines einzigen Gesprächs zum V-Mann wurde, der diejenigen verriet, mit denen er sich gerade noch voller Überzeugung solidarisch erklärt hatte. Sonnenfeld war die perfekte Ratte, und Münch hatte sich ihrer bedient, bis die RAF am Ende gewesen war.

Was ihn, rein juristisch gesehen, zum Mittäter machte.

Und leider begann die Ratte jetzt durchzudrehen.

Wahrscheinlich hatte Sonnenfeld sich in den zwanzig Jahren in Nicaragua eingeredet, dass nicht er, sondern andere für den Tod von Sonja verantwortlich waren. Sich selbst betrachtete er vermutlich nur als unschuldiges Werkzeug, das damals benutzt worden und gar nicht in der Lage gewesen war, die Folgen seines Tuns zu begreifen. Genau diese Geschichte würde er dann auch Richtern und Staatsanwälten erzählen, und Münch wusste, dass der Mann sehr überzeugend sein konnte.

Das würde er nicht zulassen. Also erzählte er Stassen nichts von dem Golf, der in seiner Straße gestanden hatte. Von der heimlich angeordneten Überprüfung, die ergeben hatte, dass das Fahrzeug auf einen Mann zugelassen war, der bereits vor zwei Jahren gestorben war und dessen Name jetzt anscheinend in gefälschten Papieren verwendet wurde. Von der Adresse in dem Ausweis, der dem Straßenverkehrsamt vorgelegt worden war.

»Wir sollten jetzt Nägel mit Köpfen machen und die ermittelnden Behörden informieren«, sagte Stassen gerade. »Nach seiner Rückkehr hat Sonnenfeld bereits zwei Menschen getötet, und ich will nicht mit der Verantwortung leben, einen dritten Mord zugelassen zu haben, obwohl wir ihn verhindern könnten.«

Münch beugte sich vor. Für ihn kam es jetzt darauf an, Zweifel zu säen, Zeit zu gewinnen. »Lassen Sie uns nicht vorschnell handeln, Herr Stassen. Niemand kann mit Sicherheit sagen, ob Sonnenfeld Gernot Spengler und Rebecca Kaiser getötet hat – auch wenn natürlich Vieles dafür spricht. Außerdem bitte ich Sie nochmals, die Folgen für die Behörde zu überdenken. Wenn herauskommt, dass wir einem gesuchten Terroristen nicht nur die Ausreise ermöglicht, sondern ihn auch mit falschen Papieren ausgestattet haben, kann dies den Verfassungsschutz über Jahre hinweg diskreditieren. Wollen Sie das wirklich riskieren?«

»Was schlagen Sie stattdessen vor?«

»Niemand kennt Sonnenfeld so gut wie ich. Geben Sie mir die Möglichkeit, ihn ausfindig zu machen.«

Nach diesen Worten hielt Münch die Luft an, versuchte aber, äußerlich gelassen zu wirken. Seine gesamte Zukunft hing an Stassens Entscheidung.

»Was würden Sie dazu brauchen?«

Er atmete auf. »In erster Linie ein wenig Zeit und die Unterstützung der Behörde, wann immer ich sie einfordere. Eine Woche genügt, denke ich. Sollte ich ihn dann nicht haben, können wir immer noch die Polizei einschalten.«

Noch war der Abteilungsleiter nicht gänzlich überzeugt. »Wenn das rauskommt, könnte man mir vorwerfen, dass ich die Ermittlungen verschleppt habe.«

»Dafür stehe ich gerade. Sie sagen dann einfach, ich hätte Sie zu spät informiert. Wie klingt das für Sie?«

Er konnte Stassen ansehen, dass er mit sich haderte, welche Entscheidung die richtige war. Er wusste aber auch, dass Menschen in solchen Situationen dazu neigten, sich unbewusst für die ihnen angenehmere Variante zu entscheiden, und auch Stassen stellte da keine Ausnahme dar.

»In Ordnung«, sagte sein Gegenüber und seufzte. »Eine Woche, aber keinen Tag mehr. Danach informiere ich die Polizei.«

Münch nickte. Eine Woche war mehr, als er brauchte. In zwei, spätestens drei Tagen würde Sonnenfeld tot sein. *Widerstand bei der Festnahme* vielleicht? Ja, das klang gut. Mit ihm würden dann auch die anderen dunklen Geister der Vergangenheit sterben: Sonja Risse, Anne Lehmann, das Haus am Wilzenberg.

»Ich werde Ihr Vertrauen nicht enttäuschen«, sagte er.

»Davon gehe ich auch nicht aus.«

*

Als Jan die Redaktion gegen 18 Uhr verließ, wurde der bleigraue Himmel gerade von der hereinbrechenden Dunkelheit verdeckt. Noch immer konnte er dicke Wolken über sich sehen, regenschwer und in der Mitte fast schwarz. Ein böiger Wind war aufgekommen, der sie vor sich hertrieb, und er hoffte, dass der Wind die Wolken wegschob, bevor sie sich entladen konnten.

Bis zur Mülheimer Brücke lief der Verkehr recht flüssig, dann steckte er im üblichen Feierabendchaos fest. Direkt vor ihm stand ein dunkelblauer Passat-Kombi, dessen Fahrer wild gestikulierend mit der Beifahrerin diskutierte, und Jan fragte sich einen Moment lang, um was es dabei wohl ging.

Die Blechkarawane rollte ein paar Meter weiter, um

sofort wieder ins Stocken zu geraten. Dabei sah Jan, wie die Hand des Passat-Fahrers ins Gesicht der Beifahrerin klatschte. Die Frau versuchte noch, ihre Arme zu heben, als der Mann erneut zuschlug. Jan hupte, dann stieg er aus. Er hämmerte gegen das Seitenfenster des Passats, bis der Fahrer ihm sein zorngerötetes Gesicht entgegendrehte und das Fenster einen Spaltbreit herunterließ.

»Was?«, schrie er.

Der Kerl war Anfang fünfzig, breitschultrig und übergewichtig. Seine Wangen hingen schlaff herunter. Wahrscheinlich war er in jungen Jahren eine Sportskanone gewesen, bis zu viele Gläser Bier und Koteletts seinen Weg gekreuzt hatten.

»Ich kam gerade nicht umhin, Ihren Ausbruch zu beobachten«, sagte Jan. »Ich möchte, dass Sie damit aufhören.«

»Und ich will, dass du dich verpisst!«

Scheinbar waren sie schon beim Du angekommen.

Jan schaute die Frau an, die ihn fassungslos musterte. »Geht es Ihnen gut?«

Sie nickte nur.

»Wollen Sie aussteigen und bei mir mitfahren? Ich kann Sie bis zur nächsten Straßenbahnhaltestelle bringen oder zur Polizei, wo Sie den Dreckskerl anzeigen können.«

»Was geht Sie das an?«, zischte sie.

»Sie sollten …«, begann Jan, wurde aber unsanft unterbrochen, als der Fahrer die Tür aufstieß und einen Fuß auf den Boden setzte.

Jan hatte in den letzten Jahren vieles von Arslan gelernt. Wie man richtig zuschlägt, wie man seine Deckung einsetzt. Vor allem aber, dass die beste Art, eine Schlägerei zu führen, darin bestand, sie zu vermeiden. Er wartete, bis der Mann sein ganzes Gewicht auf den Fuß verlagert hatte, dann trat er mit voller Wucht gegen die offen stehende Autotür. Sie schlug zu und klemmte das Bein des Fahrers ein, der daraufhin lauthals aufschrie.

»Sind Sie sicher, dass Sie nicht lieber aussteigen möchten?«, fragte er die Frau erneut.

»Hau bloß ab, du Wichser«, fuhr sie ihn an. »Wenn du nicht sofort Leine ziehst und meinen Mann in Ruhe lässt, zeige ich dich an!«

Er hatte keine Ahnung, was in dem Kopf der Frau vor sich ging. Ihm wurde nur erneut bewusst, wie kompliziert Beziehungen sein konnten. Dass es im Gefühlsleben mancher Menschen etwas gab, das es ihnen ermöglichte – oder sie dazu zwang –, diejenigen zu lieben, die sie eigentlich verachten sollten.

Vor dem Passat hatte sich der Verkehr mittlerweile wieder in Bewegung gesetzt, und die ersten Autos hinter ihm hupten. Jan ging zurück zu seinem Alfa, stieg ein, blinkte und umfuhr den vor ihm stehenden Wagen, dessen Fahrer ihn immer noch schmerzerfüllt anstarrte. Aus den Augenwinkeln heraus erkannte er noch, wie die Frau ihm tröstend über die Wange strich.

Was für eine kranke Welt.

*

Sofern Arslan nicht gerade trainierte, saß er meist an der Bar des Studios, wo er irgendwelche Proteindrinks in sich hineinschüttete. Genau da fand Jan ihn auch, als er den Laden eine Viertelstunde später betrat.

»Was geht ab, Bruder?«, wollte der Boxer zur Begrüßung wissen.

Jan vergewisserte sich, dass niemand ihnen zuhören konnte. Dann erzählte er seinem Freund, dass er mit Mütze noch einmal ins Sauerland fahren wollte, um mit Maria Risse und Sebastian Waldheim zu sprechen. Übermorgen wollten sie aufbrechen, und Arslan sollte mitkommen. Allerdings sollte er dort nicht mit zu Sonjas Mutter gehen, sondern zeitgleich am Wilzenberg auf sie warten. Sich in der Nähe der Kapelle im Verborgenen halten. Versteckt an einem Platz, von dem aus er freie Sicht auf den Altar hatte.

»Kein Thema«, erwiderte Arslan. »Sagst du mir auch, warum?«

Manchmal fiel es einem schwer, Dinge, die im eigenen Kopf ganz logisch erschienen, einem anderen Menschen auch genauso zu vermitteln. »Mir hat dieser Altar seit unserem Besuch keine Ruhe mehr gelassen«, sagte er. »Die Kerze, das aufgestellte Bild von Sonja … irgendwie wirkt er für mich wie ein Ort, den jemand geschaffen hat, um Buße zu tun. Jemand, der regelmäßig dorthin geht. Und wer sollte das anders sein als der Mörder?«

»Klasse«, sagte Arslan. »Dann lass uns zusammen hingehen und den Kerl schnappen!«

»So einfach ist das leider nicht«, musste Jan eingestehen. »Ich habe zwar einen Verdacht, aber nichts, womit ich ihn beweisen könnte. Maria Risse jedoch kann diesen Beweis wahrscheinlich liefern – allerdings könnte sie nach unserem Besuch auch etwas tun, was den Täter verschreckt. Beispielsweise ein Telefonat führen, das sie nicht führen sollte.«

»Und deshalb willst du erst mit ihr sprechen, wenn der Mörder schon am Wilzenberg ist?«

Jan nickte.

»Wer garantiert dir denn, dass er immer am gleichen Tag und zur selben Zeit dort auftaucht?«

»Niemand«, gab er zu, »aber nach allem, was wir bisher wissen, ist der Mörder ein Mensch, der ordnungsliebend und gewissenhaft ist. Eine Person, der Rituale etwas bedeuten. Ganz ehrlich, Arslan … ich weiß selbst, dass die Chancen nicht die allerbesten sind, aber mir fällt leider nichts anderes ein.«

Arslan dachte einen Moment darüber nach, dann sagte er: »Und was soll ich machen, wenn der Typ kommt, bevor ihr da seid?«

»Nur ein paar Fotos mit dem Handy. Du greifst auf keinen Fall ein.«

»Und warum packe ich mir den Kerl nicht einfach und lege ihn eine Zeit lang schlafen, bis ihr da seid?«

Eine typische Arslan-Lösung.

»Weil wir nicht wissen, ob er wirklich der Täter ist«, sagte Jan, »bevor wir mit Maria Risse gesprochen haben. Außerdem will ich nicht, dass du dich in Gefahr begibst.«

Arslans Augenbrauen hoben sich um wenige Millimeter, und Jan merkte selbst, wie dumm seine letzte Bemerkung gewesen war. Sein Freund hatte in seinem Leben schon alle möglichen Auseinandersetzungen geführt, war aber nie zu Schaden gekommen. Was keine große Überraschung war: Um aus ihm ein potentielles Opfer zu machen, müsste die Weltbevölkerung auf zwei Menschen reduziert werden. Auf Arslan und einen durchgedrehten Straßenräuber, und Arslan würde gewinnen.

»Ist ja schon gut«, sagte Arslan. »Ich mache mit dem Handy ein paar Fotos und sonst nichts, versprochen!« Dann dachte er kurz nach. »Was glaubst du denn, wie lange ihr weg seid?«

»Wie gesagt: Wir fahren erst zu Sebastian Waldheim und dann zu Sonjas Mutter. Keine Ahnung, alles in allem vielleicht zwei, drei Stunden.«

Arslan wendete ein, dass das ja bedeuten würde, dass er sich am Wilzenberg stundenlang langweilen müsse. Jan sagte, dass das so kommen könnte. Arslan erwiderte, dass er darauf gar keinen Bock hätte, es Jan zuliebe aber tun würde. Jan sagte, er könne das verstehen und wisse das zu würdigen. Arslan gab zu, dass er selbst ja auch gerne wissen würde, wer Sonjas Mörder war. Jan sagte, das träfe auch auf ihn zu.

Gemeinsamkeiten betonen, hatten die Dozenten an der Journalistenschule stets gepredigt. So würde man mit dem Gegenüber am schnellsten eine Übereinkunft erzielen.

Irgendwann schaute Arslan Jan an und fragte, ob dieser ihn vielleicht verarschen wolle, indem er ihm bei allem zustimmte. Jan erwiderte, nichts würde ihm ferner liegen.

Arslan kniff die Augen zusammen und sagte: »Manchmal bis du schon ein komischer Typ.«

Jan sagte, das würde er ganz ähnlich sehen.

*

Als er aus dem Boxstudio trat, war der Abend schon weit vorangeschritten, und sein Magen verlangte nach Nahrung. Ohne lange nachzudenken, nahm er sein Handy und wählte Mützes Nummer.

»Was hat unser Modellathlet denn zu dem Plan gesagt?«, wollte sie als Erstes wissen.

»Arslan ist dabei. Ich denke, die Aussicht auf ein wenig Action reizt ihn.«

»Klasse.«

»Finde ich auch! Aber eigentlich habe ich dich nicht wegen Arslan angerufen, sondern um dich etwas zu fragen.«

»Du kannst es gerade nicht sehen«, sagte Mütze, »aber ich seufze theatralisch.«

»Sehr witzig! Hast du vielleicht Lust, gleich mit mir eine Pizza essen zu gehen?«

»Klar doch«, erwiderte sie begeistert. »Ich bin allein und verfügbar.« Pause. »Oh Mann, ich muss echt aufhören, solche Sätze zu sagen!«

Als er zwanzig Minuten später bei ihr klingelte, musste er nicht lange warten, bis Mütze aus der Haustür kam. Ihr Anblick haute ihn fast um. Normalerweise fiel ihm schon gar nicht mehr auf, wie fantastisch sie aussah, aber heute war das anders. Sie hatte eine hellgraue Fleecejacke an und ein schwarzes Beanie auf dem Kopf, unter dem ihre dunkelblonden Haare herausschauten. Sie sah jung aus, strahlend, als würde sie von innen leuchten. Eine Frau, die …

»Was guckst du so komisch?«

Er fühlte sich ertappt. Sagte lahm: »Ich gucke nicht komisch.«

»Tust du doch«, erwiderte sie. »Stimmt etwas mit meinem Make-up nicht? Habe ich noch Reste vom Milchkaffee an der Oberlippe?«

»Nein, im Gegenteil. Du siehst heute einfach klasse aus!«

»*Heute?*«

Manchmal vergaß er auch, wie schlecht sie mit Komplimenten umgehen konnte.

»Ich habe noch einmal über alles nachgedacht«, sagte er, nachdem sie in der Pizzeria angekommen waren und

Platz genommen hatten. »Setzen wir mal voraus, unsere Theorie bezüglich Sonjas Mörder würde stimmen. Nehmen wir weiter an, Münch hat Rebecca ermordet. Welche Rolle spielt Viktor dann?«

Sie schaute einen imaginären Punkt an der Wand an. »Es muss eine Verbindung zwischen ihm und Münch geben, die wir noch nicht kennen. Vielleicht hat Viktor ihn aus irgendwelchen Gründen in der Hand. Kommt es dir nicht komisch vor, dass Münch ihn wenige Tage nach Sonjas Ermordung ausreisen ließ, obwohl ihm klar sein musste, dass er zu den Hauptverdächtigen gehört? Jetzt ist Viktor wieder zurück, und wenn Münch ihn ausschaltet, würde er damit zwei Fliegen mit einer Klappe schlagen. Zum einen würde Viktor sein Geheimnis mit ins Grab nehmen, zum anderen könnte Münch dem ehemaligen RAF-Terroristen nicht nur den Mord an Sonja, sondern auch den an Rebecca in die Schuhe schieben. Die Polizei würde die Akten dann endgültig schließen, und niemanden interessiert es mehr, was damals in dem Haus passiert ist.«

»Wenn du recht hast, ist Viktor in Gefahr.«

Sie nickte wortlos, und auch Jan sagte nichts. Stattdessen ließ er seinen Blick durch das Lokal schweifen. An den Tischen saßen verliebte Pärchen, Familien mit Kindern und hart arbeitende Menschen, die sich nach Feierabend eine Pizza oder ein Nudelgericht gönnten.

»Egal, was Münch getan hat«, fuhr er dann fort. »Viktor ist ein Mörder. Mit seiner Hilfe haben Terroristen unschuldige Menschen umgebracht. Wie weit würdest du gehen, um einen solchen Mann zu schützen?«

»So weit wie bei jedem anderen. Es steht uns nicht zu, Gott zu spielen.«

Ihm war klar gewesen, dass Mütze so reagieren würde – er selbst hatte da allerdings eine andere Einstellung. Für ihn war eben nicht jeder Mensch gleich. Es gab Menschen, die durch ihr Handeln jegliches Recht auf Solidarität verwirkt hatten. Mörder, Vergewaltiger, Kinderschänder. Vielleicht hatte er aber auch einfach nur zu viel Zeit mit Arslan verbracht.

»Du willst also einen Killer vor einem anderen schützen«, stellte er fest.

Sie zuckte die Schultern.

»Auf die Polizei können wir dabei nicht zählen, Mütze. Nicht, solange das bloße Spekulationen sind.«

»Ich bin nicht naiv, Jan.«

»Was schlägst du also vor?«

»Wir müssen Viktor finden, bevor Münch ihn findet, und dann zu einer Aussage bewegen.«

Er lächelte. »Bei dir klingt das so einfach.«

»Das ist es auch!«, erwiderte sie entschlossen. »In gewisser Weise tragen wir bereits eine Mitschuld an Rebeccas Tod, und ich möchte mir den gleichen Vorwurf nicht noch mal machen.«

Rebeccas Ermordung war ein Totschlagargument, und Mütze wusste das. Auch sie kämpfte mit harten Bandagen, wenn es darum ging, ihr Gegenüber von der eigenen Meinung zu überzeugen.

»Einverstanden«, sagte er, nachdem er kurz darüber nachgedacht hatte.

Sie schaute ihn verwundert an, hatte wahrscheinlich mit mehr Gegenwehr gerechnet. »Okaaaay«, sagte sie gedehnt. »Dann lass uns morgen schon ins Sauerland fahren. Wir befragen die Anwohner in den beiden Wohnblocks, schauen uns um und hoffen, dass wir dabei auf eine Spur stoßen, die uns zu Viktor führt. Schaffen wir das nicht, nehmen wir uns für die Nacht ein Hotel und warten, bis Arslan kommt.«

Er hatte ihrer Dynamik nichts entgegenzusetzen.

»Prima«, sagte Mütze und blickte über seine Schulter. »Ich glaube, da kommt unser Essen.«

DER UHRMACHER

Mit jedem Meter, den sich die schmale Straße den Berg hochwand, wurde sie steiler. Der altersschwache Diesel des Transporters keuchte, und der Uhrmacher schaltete einen Gang herunter. Er hatte das Fahrzeug vorgestern einem Handwerksbetrieb in Lippstadt abgekauft, bislang aber noch nicht umgemeldet. Warum auch? Die alten Kennzeichen waren als Tarnung perfekt, und bis dem Betrieb deren unrechtmäßige Nutzung auffiel, hatte er das Land schon wieder verlassen.

Wiesen und Felder zogen vorbei, ein paar Häuser, dann hörte auch diese Bebauung auf. Die Scheinwerfer des Transporters tanzten im Rhythmus der Schlaglöcher, dann sah er die aufgegebene Jugendherberge inmitten einer Baumgruppe vor sich. Man hatte sie 2014 geschlossen, als die ständig sinkenden Besucherzahlen die laufenden Kosten nicht mehr decken konnten. Seitdem war das Gelände verwaist, mehr oder weniger der Natur übergeben.

Der Uhrmacher bog von der Straße ab und parkte auf dem Vorplatz der Anlage. Dann schaltete er den Motor aus. Sofort umgab ihn eine bedrückende Stille. Kein von

Menschen oder Motoren erzeugtes Geräusch war zu hören. Aus der Ferne grüßten die Lichter Schmallenbergs, und rechts der Stadt konnte er den Wilzenberg ausmachen, der sich dunkel und drohend über die umliegenden Wiesen erhob.

Er griff nach der auf dem Beifahrersitz liegenden Sporttasche und verließ das Fahrzeug. Sie war so schwer, dass sie seinen Arm nach unten zog. Er schulterte sie und ging links an der Jugendherberge vorbei, bis er eine stählerne Seitentür erreicht hatte, die mit einer schweren Eisenkette verschlossen war. Das Vorhängeschloss, mit dem die Kette gesichert war, hatte er bereits Tage zuvor mit einem Bolzenschneider geknackt und durch ein neues ersetzt. Ihrem Zustand nach zu urteilen, war die Tür bereits seit Jahren nicht mehr geöffnet worden, so dass der Austausch niemandem auffallen würde.

Er öffnete sie, schaltete die mitgebrachte Taschenlampe ein und zog die Tür wieder zu. Hinter ihr lag die ehemalige Küche der Anlage, weitgehend demontiert. Geblieben waren leere alte Schränke und Löcher in den Arbeitsplatten, wo man Elektrogeräte ausgebaut hatte, um sie einem Altgerätehändler verkaufen zu können. Rostbefallene Rohre an den Wänden zeigten, wo früher Wasserhähne installiert gewesen waren. Der ganze Raum stank nach Rattenkot und Schimmel.

Er durchschritt ihn, bis er einen schmalen Durchgang erreichte, der in das nächste Zimmer führte. Die Fußböden waren fleckig und der Deckenputz stellenweise abgebröckelt, die Folgen von eingedrungenem Regenwasser. Keine Vorhänge an den Fenstern, leere Wände. Er bog im Neunzig-Grad-Winkel in den nächsten Raum ab, der groß und rechteckig vor ihm lag. Durch ein vor

Schmutz fast blindes Fenster fiel das letzte Licht des Tages ein.

Bis auf einen rund sechs Meter langen Holztisch, der in der Mitte des Raumes stand, war auch dieser leer. Keine Schränke, keine Regale. Wahrscheinlich war der Tisch einfach zu ramponiert und schwer gewesen, als dass es sich gelohnt hätte, ihn abzutransportieren. Der Uhrmacher stellte die Sporttasche auf die Tischplatte und zog den Reißverschluss auf. Er holte eine große Rolle Plastikplane heraus, wie Anstreicher sie benutzen, um die Fußböden vor Farbklecksern zu schützen, und ein Doppelpaket Panzerklebeband. Beides hatte er in einem Baumarkt gekauft.

Anschließend legte er die Plane auf dem Boden aus und befestigte sie mit dem Klebeband. Er arbeitete sorgsam, Bahn für Bahn, bis der komplette Boden bedeckt war. Dann entnahm er der Sporttasche eine Sprühdose mit schwarzer Farbe und ging auf das einzige Fenster des Raumes zu. Er besprühte es nahezu vollständig, ließ nur ganz oben einen kleinen Streifen Glas frei. Mit jedem Sprühstoß wurde der Raum dunkler. Er sah, dass die Farbe an dem Fenster herablief und dicke Laufnasen bildete, aber das störte ihn nicht. Es ging ihm nicht um Schönheit, sondern um Zweckmäßigkeit.

Nachdem das Fenster abgedunkelt war, entnahm er der Tasche weitere Gegenstände, darunter mehrere Kabelbinder, einen Hammer, eine Zange, ein Teppichmesser mit rotem Plastikgriff und einen Kartuschen-Gasbrenner, dessen Form entfernt an eine Pistole erinnerte. Die schwersten Sachen kamen zum Schluss: eine starke Autobatterie mit 100 Ampere Kapazität sowie zwei Elektrokabel mit Klemmen an beiden Enden.

All diese Dinge breitete er zwei Meter vom Tisch entfernt auf dem Boden aus. Dann legte er sich mit dem Rücken auf die Tischplatte und prüfte, ob er die auf dem Boden liegenden Utensilien sehen konnte, wenn er den Kopf drehte. Als diese Überprüfung positiv ausfiel, gab er sich zufrieden.

Nachdem er die Jugendherberge verlassen und das Schloss verriegelt hatte, stieg er in seinen Wagen. Der Transporter schüttelte sich beim Dreh des Schlüssels kurz und erwachte dann unwillig zum Leben. Langsam setzte der Uhrmacher zurück, bis er die an der Jugendherberge vorbeiführende Straße erreicht hatte. Als er hundert Meter weiter eine Bodenwelle überfuhr, hörte er es metallisch im Laderaum scheppern. Er wusste, dass das Geräusch von der großen Sackkarre aus massivem Stahlrohr herrührte, die darin lag. Er hatte sie gemeinsam mit dem Klebeband und der Plastikplane in dem Baumarkt gekauft und knapp 150 Euro dafür ausgegeben. Laut den Herstellerangaben betrug ihre Traglast 250 Kilogramm. Mehr als genug, um große Kühlschränke zu transportieren.

Weit mehr, als er brauchte.

*

Als sie am nächsten Tag ins Sauerland aufbrachen, glänzten die Straßen immer noch feucht vom nächtlichen Regen. Mütze hatte angespannt gewirkt, als Jan sie von zu Hause abgeholt hatte, und diese Anspannung hatte bis jetzt nicht nachgelassen. Ihre Finger waren fest ineinander verschlungen, die Knöchel traten weiß hervor, der Mund glich einer schmalen Linie.

»Nervös?«, fragte er.

»Nein, nur ernüchtert. In der Theorie kam mir gestern alles noch ganz logisch vor – die Methoden der Rasterfahndung, das Festlegen auf den Ort, die ausgesuchten Wohnblocks –, aber jetzt? Genauso gut könnten wir unser Glück beim Lotto versuchen.«

»Hmm«, machte er.

»Macht dich das nicht verrückt?«

Er überlegte kurz. »Vielleicht. Ganz sicher sogar, wenn wir noch andere Möglichkeiten hätten und uns aufgrund solch schwacher Indizien für eine davon entscheiden müssten. Aber die haben wir nicht. Entweder finden wir ihn dort oder gar nicht. Wenn du sowieso nur eine Chance hast, spielt es keine Rolle, wie klein sie ist.«

Mütze nickte nur, und Jan ließ sie in Ruhe. Er kannte ihre Geister, ihre Dämonen, auch wenn er nicht wusste, was sie einst geweckt hatte. Irgendwann würde sie ihm erzählen, was sie quälte und was es ihr unmöglich machte, Fälle wie diesen nicht persönlich zu nehmen. Irgendwann.

Der Rest der Fahrt verlief ereignislos. Als sie gegen Mittag in dem Schmallenberger Ortsteil Grafschaft ankamen, steuerte Jan einen Gasthof in Fachwerkbauweise an, den er zuvor im Internet gefunden hatte. Auf dem Parkplatz standen nur drei Fahrzeuge, allesamt Mittelklasse. Es war Nebensaison, zu spät für die Sommergäste, zu früh für die Skifahrer.

Sie mieteten zwei Einzelzimmer, bekamen ihre Schlüssel und verabredeten, sich in zwanzig Minuten wieder in der Lobby zu treffen. Dann ging er nach oben, packte aus und wusch sein Gesicht mit kaltem Wasser. Durch das Fenster hatte er eine wunderschöne Aussicht auf die ihn umgebende Landschaft, und er merkte, wie seltsam vertraut ihm das Sauerland vorkam – fast wie bei jemandem, der hier aufgewachsen war, das Landleben dann gegen eine Großstadt eingetauscht hatte und jetzt wieder zurückkehrte. Vielleicht sollte er, wenn die Geschichte vorbei war, sich in einem Hotel wie diesem einquartieren, die Seele baumeln lassen und eine Woche lang zur Ruhe kommen. Am besten im Winter, wenn alles mit einem schneeweißen Tuch bedeckt war.

Er schüttelte den Gedanken ab wie ein Hund die Feuchtigkeit, dann ging er nach unten, wo Mütze schon auf ihn wartete. Sie wirkte bereit, durch und durch entschlossen, völlig verwandelt. Keine Frau mehr, die von Selbstzweifeln geplagt war. Eine Kriegerin.

Es gab niemanden, den er lieber an seiner Seite gehabt hätte.

Meschede war deutlich urbaner als Schmallenberg, außerdem fehlten der Stadt die touristische Infrastruktur und der historische Ortskern. Hier lebten und arbeiteten Menschen, aber niemand wäre auf die Idee gekommen, sich diesen Ort für seinen Urlaub auszusuchen.

Ihr erstes Ziel lag im Süden Meschedes, nicht weit vom Zentrum entfernt. Ein lang gezogener mehrstöckiger Wohnkomplex, der von einem Hügel aus auf das Tal niederblickte. Mehr als fünfzig Namen standen auf dem Klingelbrett, und keiner davon sagte ihm irgendwas. Während er noch überlegte, drückte Mütze schon auf die erste Klingel oben links: »Irgendwo müssen wir ja anfangen.«

Sie fuhren mit dem Aufzug hoch und betraten den Flur. Nur eine der vielen Wohnungstüren stand offen.

Als sie näherkamen, sahen sie eine junge Frau im Türrahmen stehen, die ein Baby auf dem Arm hielt.

Jan erklärte, wer sie waren und dass sie nach einem Mann suchten, der eventuell vor knapp drei Monaten in dem Haus eingezogen sein könnte. Die Beschreibung, mit der er arbeiten konnte, war äußerst vage: Um die fünfzig Jahre alt, braune Haare, groß gewachsen und wahrscheinlich von schlanker Statur. Die Frau schüttelte den Kopf und sagte, dass ihr niemand einfallen würde, auf den die Beschreibung zuträfe.

Anschließend arbeiteten sie sich Stockwerk für Stockwerk weiter nach unten durch. Kamen an unzähligen Türen vorbei, sprachen mit unzähligen Menschen, die stets die gleiche Antwort gaben: Nein, ein solcher Mann sei ihnen nicht aufgefallen.

Sie wollten fast schon aufgeben, als ihnen im zweiten Stock ein älterer Herr die Tür öffnete, der nicht direkt abwinkte, sondern fragte: »Warum suchen Sie denn nach diesem Mann?«

Die besten Lügen waren immer die, die dicht an der Wahrheit blieben. Also erzählte Jan, dass sie als Journalisten an einer Geschichte arbeiten würden, die sich um einen ehemaligen Stasi-Agenten drehte, der untergetaucht sei. Gerüchte würden darauf hindeuten, dass dieser jetzt unter falschem Namen in der Gegend wohnte.

Der Alte schüttelte den Kopf. »Ich glaube, Sie suchen an der falschen Stelle. Wenn jemand anonym bleiben will, ist das hier das verkehrte Haus.«

Jan sah ihn fragend an.

»Hier ziehen die Leute nicht am laufenden Band ein und aus«, erläuterte der Rentner. »Von außen mag das Haus ja nicht besonders schön sein, aber die Wohnungen sind gut geschnitten und die Miete ist günstig. Es gibt Supermärkte in der Nähe und Schulen, die Leute fühlen sich wohl. Außerdem kenne ich jeden hier: Wenn ein Kerl, auf den Ihre Beschreibung passt, hier eingezogen wäre, dann wüsste ich es.«

Jan bedankte sich bei ihm. Der Mann wollte schon die Tür schließen, als Mütze ihn fragte: »Sie wohnen schon lange in Meschede?«

»Praktisch mein ganzes Leben, Gnädigste.« Er lächelte sie an. »Ich bin in Königsberg geboren, aber mit den Eltern kurz nach dem Krieg hierhin gezogen.«

Mütze ging einen Schritt auf ihn zu. »Vielleicht könnten Sie uns dann ja einen Tipp geben?«

Sein Gesicht begann zu leuchten. Wie so häufig bei älteren Menschen, wenn jüngere ihren Rat suchten.

»Wenn Sie dieser ehemalige Stasi-Agent wären und in Meschede anonym untertauchen wollten«, begann sie. »Wo würden Sie dann hinziehen?«

Er musste nicht lange überlegen: »Fahren Sie nach Norden und orientieren Sie sich dabei an der Ausschilderung in Richtung Warstein. Irgendwann kommen Sie an einem Gewerbegebiet vorbei, in dessen Mitte eine große Moschee liegt – kann man gar nicht verfehlen. Vielleicht 500 Meter weiter kommt auf der linken Seite eine Tankstelle, da müssen Sie dann rein. Dann nehmen Sie die zweite Straße rechts und fahren direkt auf eine Hochhaussiedlung zu. Genau dort würde ich mir eine Wohnung suchen, wenn ich keine Lust auf neugierige Nachbarn hätte.«

Jan musste Mütze gar nicht anschauen, um zu wissen, wie sie reagierte. Der hilfsbereite alte Herr hatte gerade genau jene Siedlung beschrieben, die als Ziel Nummer zwei auf ihrem Zettel stand.

DORMAGEN

Die Temperaturen waren deutlich gefallen, als Münch frühmorgens das Haus verließ. Auf der anderen Seite des Rheins ging gerade mühselig die Sonne auf. Er atmete die kalte Luft ein, frisch und feucht riechend. Spätherbst. Kaum noch Blätter an den Bäumen, der Winter nahte.

Er schloss die Haustür und durchschritt den Vorgarten. Die Straße vor ihm lag immer noch in einem fragilen Dämmerzustand zwischen Nacht und Tag. Eine Halbwelt, in der hinter manchen Fenstern schon Licht brannte und hinter anderen noch Dunkelheit herrschte.

Wie immer ließ er seinen Blick gewohnheitsmäßig über die am Straßenrand geparkten Autos streifen. Auf der gegenüberliegenden Seite fiel ihm ein weißer Transporter auf, dessen Seitenwand der Name eines Reparaturdienstes für Haushaltsgeräte zierte. Das kam ihm merkwürdig vor – für den Besuch von Handwerkern war es eigentlich noch zu früh.

Er ging auf den Transporter zu, um ihn genauer anzusehen. Der Wagen war schon alt, sicher zehn Jahre, und wies die für Gewerbefahrzeuge typischen Gebrauchsspuren auf. Niemand saß hinter dem Lenkrad, niemand auf dem Beifahrersitz. Die Motorhaube war kalt, die Vorderräder leicht eingeschlagen. Einen Moment lang dachte er nach, dann rüttelte er an der seitlichen Schiebetür. Verschlossen. Er ging weiter bis zum Heck. Zwei Türen, von denen die linke einen Spalt breit offen stand.

Was dann passierte, ging schneller, als sein Gehirn es verarbeiten konnte. Münch spürte einen Stich im Rücken, ähnlich dem einer Wespe, nur wesentlich schmerzvoller. Sein Instinkt schrie nach Flucht, aber dazu war er schon nicht mehr in der Lage. Ein zweiter, ebenso starker Stromstoß wurde in seinen Körper gejagt. Seine Muskeln kontrahierten, Zuckungen wie die eines Epileptikers. Er verlor vollends die Kontrolle und stürzte. Sein Gesicht schlug hart auf dem Asphalt auf. Die Haut an Kinn und Jochbein platzte, Blut schoss hervor.

Anschließend bekam er wie durch einen Schleier mit, wie starke Arme ihn unter den Achseln packten und in den Laderaum des Transporters hievten. Dort wurden ihm Hände und Füße mit Kabelbindern gefesselt. Er versuchte noch, seinen Angreifer zu identifizieren, konnte aber nur eine dunkle Kontur ausmachen, die sich scharf gegen das ins Fahrzeuginnere fallende Licht abzeichnete. Kurz darauf wurde ihm der Mund mit einem unangenehm riechenden Klebestreifen verschlossen.

Verzweifelt probierte er, sich aufzurichten. Keine Chance. Er hatte nach wie vor keine Gewalt über seinen Körper. Dann traf wie aus dem Nichts heraus ein Faustschlag sein Kinn.

Anschließend.

Aus.

MESCHEDE

Die Fahrt zu den beschriebenen Wohnhäusern führte Jan und Mütze einmal quer durch Meschede, was beeindruckender klang, als es aufgrund der Größe des Ortes war. Sie brauchten keine zehn Minuten, um ihr Ziel zu erreichen: Drei verschachtelt angelegte Hochhäuser, sechs- bis achtgeschossig, von denen jeweils mehrere Anbauten abgingen.

Ein kleiner Spielplatz lag davor und eine Wiese, auf der jemand ein Kinderfahrrad achtlos liegen gelassen hatte. Die zumeist älteren Autos, die in den Parkbuchten standen, ließen darauf schließen, dass ihre Besitzer ihr Geld lieber in Alufelgen und Tieferlegungssätze investierten als in eine gewissenhafte Pflege der Fahrzeuge. Es war keine wirklich schlimme Siedlung; bei Weitem nicht so heruntergekommen wie erwartet. Würde sie in Köln und nicht mitten im Sauerland stehen, wäre sie keiner Erwähnung wert gewesen. Hier jedoch, in der Heimat der gepflegten Fachwerkhäuser und schiefergedeckten Dächer, fiel sie auf. Auch aufgrund der Personen, die diese Häuser verließen oder betraten. Ein Großteil davon waren Migranten oder Menschen, deren Kleidung davon zeugte, dass ihre Träger es im Leben nicht sonderlich weit geschafft hatten.

Während Jans Blick noch über die Hausfassaden wanderte, passierte etwas mit ihm. Er spürte plötzlich, dass sie hier richtig waren. Es war keine unverrückbare Erkenntnis, mehr eine Ahnung. Sie ließ ihn erkennen, dass dieser Ort wie geschaffen für einen Ex-Terroristen war. Groß und anonym. Ein ständiges Kommen und Gehen, dazu keine hundert Meter bis zur nächsten Autobahn.

»Denkst du gerade das Gleiche wie ich?«, fragte Mütze neben ihm.

Er nickte.

»Dann sollten wir keine Zeit verlieren«, sagte sie und stieg aus.

Sie begannen ihre Suche nach Viktor mit dem Haus ganz links. Drückten wahllos auf die Klingeln, warteten auf das Surren des Türöffners und gingen hinein. Wieder begannen sie ganz oben. Stellten ihre Fragen und ernteten Kopfschütteln und Ablehnung. Klopften an die nächste Tür und versuchten es erneut.

Im dritten Stock öffnete ihnen eine Frau, deren Alter man nur schwer schätzen konnte. Ihre Haare waren schwarz gefärbt, die ersten Fältchen mit zu viel Make-up bedeckt. Das einzig Bemerkenswerte an ihr waren die blauen Augen, die etwas Eisiges ausstrahlten. Keine Verachtung, aber nicht weit davon entfernt.

»Was gibt's?«, fragte sie.

Jan erklärte ihr, weshalb sie hier waren und nach wem sie suchen würden. Die Frau erwiderte nichts. Er wollte gerade zu einer Ergänzung ansetzen, als er unsanft unterbrochen wurde.

»Ich habe keine Ahnung, wer der Typ ist«, sagte die Eiskönigin. »Und wenn ich's wüsste, würde ich trotzdem nichts sagen. Was sind Sie eigentlich – ein Gerichtsvollzieher, der hier einen krummen Trick versucht?«

Dann knallte sie ihnen die Tür vor der Nase zu.

Auch im zweiten und dritten Haus wurde es nicht besser. Entweder blieben die Türen zu oder sie stießen bei den Bewohnern auf Ablehnung. Die einzigen Menschen, die ihnen mit einem Lächeln begegneten, waren zwei türkische Frauen, die aber der deutschen Sprache nicht mächtig waren.

Frustriert und ermüdet standen Jan und Mütze irgendwann wieder auf der Straße, nachdem sie auch mit dem letzten Haus durch waren.

»Und jetzt?«, fragte sie.

Plötzlich kam ihm eine Idee. »Du bist dir doch sicher, dass unser Mann mobil ist, richtig?«

Sie nickte.

»Dann lass uns ein paar Meter zu Fuß gehen.«

Sie schaute verwundert, folgte ihm aber, bis sie die an der Landstraße liegende Tankstelle erreicht hatten. Ein junges Mädchen arbeitete hinter der Theke, deren auffälligstes Merkmal ein glitzerndes Nasenpiercing war.

Jan wartete, bis der Shopbereich leer war, dann stellte er seine Fragen. Das Mädchen hieß Lena und arbeitete fünf Tage die Woche hier. Sie roch leicht nach Marihuana und war seit Stunden der erste Mensch, der ernsthaft über die Beschreibung nachdachte.

»Seit wann soll der Typ hier wohnen?«, fragte sie.

»Ein paar Wochen erst. Um die fünfzig, ziemlich groß und wahrscheinlich schlank.«

»Braune Haare, sagten Sie?«

Er nickte.

Sie zuckte die Schultern. »Spontan fällt mir nur einer ein, auf den das zutrifft. Kommt immer mal wieder hier vorbei mit einem älteren Golf. Rot und ziemlich ungepflegt. Das Kennzeichen kann ich Ihnen leider nicht sagen. Muss ich Angst vor ihm haben?«

Jans Interesse stieg. »Nein, das müssen Sie nicht. Wir suchen ihn nur, weil er uns bei einer Reportage als Augenzeuge behilflich sein könnte. Wissen Sie vielleicht, ob der Mann seine Tankrechnungen mit Karte bezahlt?«

Sie dachte darüber nach und sagte: »Nein. Er zahlt immer bar. Ich kann mich auch nur deshalb so gut an ihn erinnern, weil er mir das Geld immer wortlos hinhält und sich nie bedankt, wenn er sein Wechselgeld zurückbekommt. Normalerweise machen Menschen das.«

»Er redet also nicht viel?«

Sie schüttelte den Kopf. »Er redet gar nicht.«

»Wirkt er unheimlich auf Sie?«

»Das nicht. Eher scheu und … traurig. Ja, genau, das trifft es: Irgendwie sieht er wie ein sehr trauriger Mensch aus.«

»Wann war er denn das letzte Mal hier?«, fragte Mütze.

»Puh … vielleicht vor zwei, drei Tagen? Tut mir wirklich leid, dass ich Ihnen nichts Genaueres sagen kann.«

»Das muss es nicht«, sagte Jan. »Sie sind uns eine große Hilfe gewesen! Vielleicht wissen Sie ja, ob der Mann in den Hochhäusern da hinten wohnt?« Er deutete in die passende Richtung.

»Leider nicht.« Jetzt lächelte sie. »Wissen Sie, ich achte auf die Leute, sobald sie an die Tanksäulen kommen, und vergesse sie wieder, sobald sie sie verlassen. Dass ich mich überhaupt an einen der Typen erinnern kann, ist schon eine Ausnahme.«

Sie bedankten sich und verließen die Tankstelle.

Vor den Hochhäusern suchten Jan und Mütze das beschriebene Fahrzeug auf den Parkplätzen, wurden aber nicht fündig. Dann setzten sie sich in den Alfa und warteten, aber der rote Golf tauchte nicht auf. Nach zwei Stunden gaben sie es auf, fuhren ins Hotel zurück und nahmen ein spätes Abendessen zu sich.

»Morgen«, sagte Mütze zwischen zwei Bissen mit einer Entschlossenheit, die ihn verblüffte. »Morgen finden wir ihn – das spüre ich einfach!«

*

Münch hatte keine Ahnung, wo er war. Sein ganzer Körper war verspannt und der Kopf schmerzte, besonders eine Stelle hinter dem linken Ohr. Anscheinend hatte es der Angreifer nicht bei dem einen Faustschlag bewenden lassen, um ihn für längere Zeit ruhigzustellen.

Er lag jetzt nicht mehr im Laderaum des Transporters, sondern in irgendeinem Gebäude. Augenscheinlich ein leer stehendes Haus, ungeheizt, feucht und heruntergekommen. Er brauchte ein paar Sekunden, um zu realisieren, dass er auf einem massiven Holztisch festgebunden war. Lange Kabelbinder zogen sich um seinen Körper herum, an vier Stellen mit der Tischplatte verbunden. Seine Hände und Füße waren separat gefesselt, doch am schlimmsten war der Kabelbinder, den sein Angreifer ihm um den Hals geschlungen hatte – er war weit genug, dass er den Kopf bewegen konnte, aber zu eng, um ihn aus der Schlinge zu ziehen.

Münch war kein Amateur. Er hatte eine gute Ausbildung genossen. Er wusste: Wenn das Unerwartete über dich hereinbricht, verschwende keine Zeit. Überlege nicht, wie und warum es passiert ist oder welche Fehler du gemacht hast. Stell keine Gedankenspiele an, wie man solche Fehler das nächste Mal vermeiden könnte. Für all das war später Zeit. Nachdem man sich auf das Wesentliche konzentriert hatte: Wie man überlebte.

Zuerst musste er seine Möglichkeiten abschätzen. Dann einen Plan entwickeln. Diesen Plan dann umsetzen. Doch diese einstudierte Abfolge kam bereits beim ersten Punkt ins Stocken: Diese Situation bot keine Möglichkeiten. Keine Chancen. Alles, was er tun konnte, war abzuwarten. Nachdem er seine Situation verinnerlicht hatte, blieb ein einziger Gedanke übrig.

Ausgeliefert.

Er wusste, dass es keinen Sinn hatte zu schreien, ganz unabhängig von dem Band, das auf seinem Mund klebte. Er wusste es, weil er gelernt hatte, dass es unterschiedliche Arten von Stille gab. Die Stille zwischen zwei Menschen, die sich anschwiegen. Die Stille, wenn man in einer Großstadtwohnung den Fernseher ausschaltete. Die Stille, wenn man eine laute Kneipe verließ und auf eine leere Straße trat.

Und dann gab es noch eine Stille, die völlig anders war. So wie jene in diesem Raum. Sie war dichter. Absoluter. Fast wie ein physischer Gegenstand. Sie umhüllte einen und entstand nur, wenn man weit weg von allem war, das Geräusche erzeugte.

Er drehte den Kopf und schaute sich um. Was er sah, bestätigte seine Einschätzung. Abblätternder Putz an den Wänden und ein mit schwarzer Farbe besprühtes Fenster, an dem nur ein kleiner Rand frei geblieben war. Die Decke über ihm hatte einen ekelhaften Gelbstich und war mit Schimmelflecken übersät. Doch das Schlimmste war der Boden, der mit einer Plastikplane überspannt war. Münch wusste sofort, welchen Zweck sie erfüllen sollte. Insbesondere als ihm die Gegenstände auffielen, die neben dem Tisch platziert waren. In einer anderen Umgebung hätten die Werkzeuge vielleicht wie die Arbeitsgeräte eines Handwerkers gewirkt. Das Teppichmesser, die Zange, die Autobatterie mit den dazugehörigen Kabeln – alles Dinge, mit denen man Menschen Schmerzen zufügen konnte. Gewaltige Schmerzen. Es lag nur an dem Geschick des Verhörenden, ob zuerst der Redefluss oder die Ohnmacht einsetzte.

Dann hörte er Schritte.

Obwohl es albern war, gab er sich kurz der Hoffnung hin, dass ein Unbeteiligter den Raum betreten und ihn befreien würde.

Münch war kein Held. Genauer gesagt, hatte er in seinem Leben auch noch keinen einzigen Helden kennengelernt, der sich einer empathielos durchgeführten Folter widersetzen konnte. Vielleicht ein paar, die das von sich glaubten. Niemand, der es in der Praxis unter Beweis gestellt hatte.

Dann sah er den Mann, und die Hoffnung starb. Er hätte ihn auch auf der Straße sofort wiedererkannt. Sonnenfeld trug die Haare jetzt kürzer und ein paar Falten hatten sich in sein Gesicht gebrannt, ansonsten aber war er ganz der Alte geblieben. Groß gewachsen und schlank. Sehnige Muskeln, flackernder Blick. Er sah mit einem Lächeln auf Münch herab, das die Augen nicht erreichte. Spöttisch, fast ein wenig mitleidig.

»Hallo, Edgar«, sagte Sonnenfeld. »Wir haben uns lange nicht gesehen. Ich würde gerne sagen, dass ich dich vermisst habe, aber das wäre gelogen. Die Umstände unseres Treffens«, er machte eine Geste, die den ganzen Raum umfasste, »dürften dir bereits klargemacht haben, dass es keine fröhliche Wiedersehensfeier werden wird.«

Dann ging Sonnenfeld um ihn herum, bis er direkt neben seinem Gesicht stehen blieb. Er beugte sich herunter, fuhr ihm über die Haare und sagte: »Ich bin sicher, dass du jede Menge Fragen hast – die hattest du ja immer schon. Aber heute sind die Vorzeichen umgekehrt. Heute bist du es, der meine Fragen beantworten wird.«

Münch warf den Kopf hin und her und versuchte zu schreien. Durch das Klebeband drangen nur unverständliche Laute. Die Fesseln, an denen er in dem sinnlosen Versuch rüttelte, sich zu befreien, schnitten noch tiefer in sein Fleisch. Ein roter Schleier legte sich über seine Augen, sein Gehirn verweigerte jeden klaren Gedankengang. Alles, was übrig blieb, war der nackte Überlebenswille und die Panik, es nicht zu schaffen.

Sonnenfeld betrachtete ihn dabei so, wie ein Forscher ein wehrloses Insekt betrachtete. »In all den Jahren, die wir uns kennen, habe ich immer Angst vor dir gehabt«, sagte er mit tonloser Stimme. »Bis heute. Heute werden wir das ändern. Und ich endlich die Wahrheit erfahren.«

SCHMALLENBERG

Den nächsten Tag begannen Jan und Mütze mit einem ausgiebigen Frühstück. Unter normalen Umständen war Jan niemand, der morgens viel essen konnte: Kaffee und ein wenig Obst, mehr bekam er meist nicht runter. Aus irgendeinem Grund änderte sich das aber immer, wenn er in einem Hotel war. Wenn er das Büffet sah und die Warmhaltevitrinen, in denen Rühreier und kross gebratener Schinkenspeck lagen, ging ihm das Herz auf. Und der Magen. Mit dieser cholesteringesättigten Grundlage würde er es bis zum Abendessen oder bis zum Herzinfarkt schaffen – was auch immer zuerst kam.

Für den Anfang jedoch bevorzugte er etwas Leichteres. Er griff nach einem kleinen Schälchen, schüttete Müsli hinein, legte ein wenig Obst oben drauf und übergoss das Ganze mit Milch. Dann trug er die Schale an den Tisch, wo Mütze schon wartete. Fast zeitgleich griffen sie nach der Kaffeekanne.

»Herrlich«, sagte er zwischen zwei Bissen.

Sie erwiderte nichts und trank einen Schluck Kaffee. Sagte dann: »Mir geht nicht aus dem Kopf, dass die Kassiererin gesagt hat, er würde so traurig aussehen. Scheu und traurig.«

»Er hat ja auch allen Grund dazu. Wenn er nach so langer Zeit zurückkommt, um Antworten zu bekommen, und sich dann in einer Gegend aufhält, in der ihn alles an seine große Liebe erinnert …«

»Ja, klar, aber für mich passt das einfach nicht zu dem Bild, das ich von einem RAF-Terroristen habe. Da muss noch mehr dahinterstecken, und ich hoffe wirklich, wir finden ihn, bevor Münch es tut.«

»Ich weiß nicht … verklärst du ihn nicht gerade? Wegen der beiläufigen Bemerkung einer Frau, die noch nicht einmal ein Wort mit ihm gesprochen hat?«

Sie lächelte. »Kann sein. Meine romantische Ader. Vielleicht will ich einfach nicht wahrhaben, dass ein Mensch, der zu solch großer Liebe fähig ist, trotzdem durch und durch schlecht sein kann.«

»Wir werden es feststellen. Spätestens, wenn wir mit Maria Risse gesprochen haben.«

»Warum bist du eigentlich so überzeugt davon, dass sie uns diesmal die ganze Wahrheit sagen wird?«

Er dachte kurz darüber nach. »Weil wir ihr keine andere Wahl lassen«, sagte er dann. »Als wir das erste Mal bei ihr waren, hatten wir nichts in der Hand. Sie konnte uns erzählen und verschweigen, was sie wollte – sei es um Sonja zu schützen, sei es um ihrer selbst willen. Heute ist das anders. Wir sagen ihr auf den Kopf zu, was wir denken. Konfrontieren sie mit unserer Theorie und machen ihr klar, dass die Zeit für Ausflüchte vorbei ist. Sie wird einknicken, Mütze. Sie kann gar nicht anders. Vor allem nicht, wenn Waldheim zuvor unseren Verdacht bestätigt hat.«

Sie grinste. »Wenn Optimismus eine olympische Disziplin wäre, hättest du eine Goldmedaille verdient.«

»Stimmt«, erwiderte er und stand auf. »Und Athleten müssen essen, damit ihre Muskeln genügend Brennstoff bekommen.«

»Du hast doch gegessen!«

»Aber nichts Richtiges. Nur Körner und Obst.«

Bevor Mütze ihn mit einem missbilligenden Blick strafen konnte, ging er auf das Büffet zu. Immer in die Richtung, aus der der Duft nach gebratenem Speck kam.

Auch heute wurden sie in Meschede nicht fündig. Kein roter Golf stand auf den Parkplätzen, und sie trafen auch auf keine Anwohner, die sich an einen Mann erinnern konnten, auf den ihre Beschreibung zutraf – allerdings auch niemand, der gewirkt hatte, als würde er sich dabei sonderlich Mühe geben.

»Das bringt doch nichts«, sagte Mütze genervt, als ihnen erneut eine Wohnungstür vor der Nase zugeschlagen wurde. »Wahrscheinlich halten sie uns für Bullen, die einen Haftbefehl in der Tasche haben. Wenn es hier wirklich jemanden gibt, der Viktor kennt, wird er ihn eher warnen, bevor er uns verrät, wo er wohnt.«

Auch Jan war frustriert. Gemeinsam mit Mütze verließ er das Haus und wollte gerade zu seinem Alfa gehen, als sein Blick auf den Spielplatz fiel. Er war nicht besonders groß: eine Schaukel und ein paar Geräte, auf denen Kleinkinder wippen konnten. Davor ein kleiner Sandkasten und eine Rutsche, auf der ein kreativer Graffitikünstler die frohe Botschaft verkündet hatte, dass eine gewisse Joline auch wirklich jedem Typen einen blasen würde.

Was sein Interesse geweckt hatte, war allerdings weder der Sandkasten noch das Graffiti, sondern eine Gruppe von vier Jungs, von denen der jüngste vielleicht acht, der älteste zehn Jahre alt sein mochte.

»Tust du mir einen Gefallen und läufst schnell zur Tankstelle, ein paar Süßigkeiten kaufen?«, fragte er. »Ich warte hier.«

»Warum das und warum gehst du nicht …«

»Bitte, Mütze: Mach es einfach!«

Sie schaute ihn verwirrt an, bevor sie sich demonstrativ grummelnd in Bewegung setzte. Als sie nach ein paar Minuten zurückkehrte, hielt sie drei Tüten mit Gummibärchen in den Händen, dazu ein paar Kaugummis und zwei Tafeln Schokolade.

»Hey, Sportsfreunde«, rief Jan, als er auf die Kinder zuging. »Ich suche einen Kumpel von mir, der irgendwo hier wohnt, und wer mir hilft, ihn zu finden, bekommt die ganze Ladung Naschkram hier.«

Die Kinder schauten sich untereinander an, unsicher zumeist, dann trat einer der größeren Jungs auf ihn zu. Aus der Nähe erkannte Jan, dass der Bursche ein wenig älter war als anfangs gedacht. Elf Jahre, vielleicht auch zwölf.

»Warum suchste den denn?«, wollte der Junge wissen.

»Willst du diskutieren oder dir den Bauch vollschlagen?«

Sein ein Meter fünfzig großes Gegenüber brauchte nicht lange, um sich zu entscheiden. »Okay, lass hören: Wie sieht der Typ aus?«

Jan gab ihm die Beschreibung.

»Kenne ich«, behauptete der Knirps. »Aber ich will

die Süßigkeiten und 'nen Kuss von der da!« Er zeigte auf Mütze. »Und mein Kumpel macht ein Foto davon für Instagram.«

Arslan hätte den Zwerg wahrscheinlich vom Fleck weg adoptieren wollen.

»Okay«, sagte Jan.

»Was heißt hier *okay*?«, fragte Mütze, die neben Jan stand und den Jungen schmunzelnd musterte. »Müsstest du nicht mich fragen, wenn du einen Kuss willst?«

Das Kerlchen schüttelte den Kopf. »Du bist seine Frau, also muss ich ihn fragen. Ist doch logisch, oder? Alles andere wäre nicht korrekt!«

Auch ein Weltbild.

»Jetzt gib ihm schon den Kuss, damit wir hier weiterkommen«, sagte Jan, bevor er wieder den Jungen anschaute. »Wie heißt du eigentlich?«

»Devin.«

»Hi Devin – ich bin Jan. Was hältst du davon, wenn du uns erst mal ein paar Informationen lieferst, bevor du einen Kuss bekommst?«

Der Knirps schüttelte den Kopf. »Erst die Bezahlung, okay? Schau dich an, schau mich an – du bist größer, stärker und viel, viel älter. Nachher sage ich euch alles und ihr lasst mich dann einfach stehen. Hast du überhaupt einen Plan, wie viele Likes mir so ein Foto bringt?«

Als Devins Freund sein Handy endlich in der Hand hielt, beugte Mütze sich zu dem Kerlchen herunter und drückte ihm mit gespitzten Lippen einen Kuss auf den Mund. Unter dem Kichern der anderen wurden Fotos gemacht, dann richtete Mütze sich wieder auf. »So, Devin – meinen Teil der Vereinbarung habe ich eingehalten, jetzt bist du dran.«

Der Junge nickte und deutete auf das mittlere der drei Hochhäuser. »Zweiter Stock, zweites Fenster von links. Den Namen von dem Typen kenne ich aber nicht.«

»Weißt du denn, was für ein Auto er fährt?«

»Roter Golf der vierten Generation«, kam es aus seinem Mund geschossen. »Ein Benziner mit wenig Leistung. Das rechte Hinterrad macht komische Geräusche – schätze, da ist das Radlager hin.«

Scheinbar wusste er, wovon er sprach, und es deckte sich eins zu eins mit dem, was sie gestern von der Frau an der Tankstelle erfahren hatten.

Jan und Mütze wollten sich gerade verabschieden, als Devin Mütze am Ärmel festhielt, auf Jan deutete und sagte: »Ist der Typ nicht ein bisschen zu alt für dich?«

»Findest du?«, stieg Mütze auf sein Spiel ein.

Devin nickte. »Aber mach dir keinen Kopf! Ich kenne Ehepaare, wo es noch krasser ist. Wenigstens sieht er nicht aus wie dein Vater.«

»Falls es dich beruhigt: Jan und ich sind nicht verheiratet, sondern nur Kollegen.«

Der Junge grinste und zwinkerte ihr zu. »*Kollegen*, verstehe!«

Bevor Devin erklären konnte, was genau er da zu verstehen glaubte, verabschiedeten sich Jan und Mütze. Unter allen Menschen, mit denen sie hier bislang gesprochen hatten, war Devin definitiv die hellste Kerze auf der Torte, und Jan hoffte, dass das Leben ihm die Chancen bieten würde, die er verdient hatte.

Dann ging er mit Mütze auf das mittlere Hochhaus zu.

Der Flur des Hauses wurde durch mehrere hinter Milchglas steckende Neonröhren erhellt, die leicht flackernd ein psychedelisches Licht verbreiteten. Vom Aufzug aus führte er in beide Richtungen, nach links und rechts. Grob geschätzt, wohnten zwölf Parteien auf jeder Etage, aber wenn Jan den Grundriss des Gebäudes richtig verstand, musste die gesuchte Wohnung die zweite auf der rechten Seite sein.

Auf dem Klingelschild neben der Tür stand der Name Kohlmann, handgeschrieben auf einem eingeklemmten Stück Papier. Jan drückte auf den dazugehörigen Knopf und hörte die Klingel im Inneren der Wohnung anschlagen. Nichts rührte sich. Er versuchte es noch einmal. Mit demselben Ergebnis. Auch, als Mütze fest gegen die Tür hämmerte, änderte sich nichts daran.

»Wir warten«, sagte sie.

»Aber draußen, im Auto.«

Sie verließen das Haus gerade, als sie erneut auf Devin trafen, der eine halb volle Tüte Gummibärchen in der Hand hielt und eins nach dem anderen in den Mund stopfte. »Der Typ ist nicht da, richtig?«

»Stimmt«, sagte Jan. »Und woher weißt du das?«

»Euer Freund ist ein bisschen merkwürdig«, erwiderte der Knirps und deutete zum Fenster. »Ist er da, sind die Vorhänge zu. Ist er weg, sind sie offen. Jetzt sind sie offen – seit zwei Tagen schon.«

Der Junge hatte wirklich was auf dem Kasten. »Und warum hast du uns das nicht gleich gesagt?«

Devin zuckte die Schultern. »Ihr habt nicht danach gefragt.«

»Würdest du mich anrufen, wenn der Mann wieder auftaucht oder du sein Auto siehst?« Er gab ihm eine seiner Visitenkarten.

»Cool, ich soll für euch arbeiten? Dann brauche ich

aber auch so 'ne Visitenkarte. Am besten eine, wo draufsteht, dass ich 'ne Art Hausdetektiv für eure Zeitung bin.«

Jan beugte sich ihm entgegen. »Du arbeitest undercover, Devin. Da gibt es keine Karten. Du darfst noch nicht einmal mit jemandem über deinen Job reden, auch nicht mit deinen Kumpels.«

»Klar, verstehe … und wie sieht es mit Kohle aus?«

»Neu eingestellte Hausdetektive arbeiten ausschließlich auf Erfolgsbasis. Du hältst die Augen auf, und wenn du ihn siehst und uns anrufst, gibt es eine Belohnung.«

Der Junge blickte enttäuscht drein, nickte aber. Dann schaute er Mütze an. »Aber ein zweiter Kuss als Anzahlung muss doch drin sein, oder?«

Sie machte ihm klar, dass der eine Kuss für mindestens fünf Jahre reichen musste und es einen zweiten nur geben würde, wenn sein Detektiveinsatz von Erfolg gekrönt sei. Devin zog eine Schnute, stimmte dann aber zu und winkte ihnen nach, als sie in den Alfa stiegen und davonfuhren.

»Drolliger Bursche«, meinte Mütze, als sie an der Tankstelle wieder auf die Landstraße abbogen.

»Stimmt.«

»Und so pfiffig.«

Er warf ihr einen Blick zu.

»Einen ausgesprochen guten Geschmack scheint er auch zu haben.«

»Absolut«, stimmte Jan zu. »Gummibärchen sind eine feine Sache!«

Mütze verdrehte die Augen und richtete den Kopf wieder nach vorn. Beide sprachen es nicht aus, aber ihnen war klar, dass ihre letzte Hoffnung jetzt auf dem Besuch bei Maria Risse und dem Plan, den sie mit Arslan geschmiedet hatten, ruhte. Wenn Devin sich nicht melden würde, würde alles zurück auf Anfang gedreht werden. Auf den einen Ort, der sich wie ein roter Faden durch ihre Recherchen zog.

Sonjas Schicksal hatte sich auf dem Wilzenberg entschieden.

Dasselbe galt nun auch für ihre Ermittlungen.

DER UHRMACHER

Eine Stunde lang hatte er Münch bearbeitet, ohne ihn zum Reden zu bringen. Alles, was der Verfassungsschutzmann zugab, war, dass er Rebecca in Berlin aufgesucht hatte, um ihr eine Warnung zukommen zu lassen, nicht mehr mit den beiden Journalisten zu reden. Alles andere hatte er vehement abgestritten, vor allem den Mord an Sonja.

Doch der Uhrmacher wusste es besser.

Vielleicht waren die Schmerzen noch nicht groß genug gewesen, um Münchs Widerstand zu brechen. Vielleicht wurde dieser Schmerz noch von jenem übertroffen, der entstand, wenn man sich einer vernichtenden Wahrheit stellen musste.

Münch hatte ihm damals klargemacht, was passieren würde, wenn er sich nicht von Sonja trennte, und bis zu dem Moment, wo er ihr am Bruderteich gegenübergestanden hatte, war der Uhrmacher gewillt gewesen, die Warnung zu beherzigen. Dann jedoch hatte sie vor ihm gestanden, und ein einziger Blick aus ihren Augen hatte genügt, um seinen Vorsatz ins Wanken zu bringen. Die erste Berührung ihrer Hände hatte ihn ausgelöscht. Und als sie ihn dann geküsst hatte, war ihm klar geworden, dass es keine Macht gab, die stark genug war, sie von ihm zu trennen.

Hush, little baby, don't say a word ...

Er wusste, wie man im Untergrund überlebte und welche Fähigkeiten es dazu brauchte. Er konnte gefälschte Papiere besorgen und Grenzen passieren, ohne aufzufallen. Er konnte Schutz garantieren, auch für sie – zumindest hatte er das damals geglaubt. Sie hatten vereinbart, den Wilzenberg getrennt voneinander zu verlassen, um nicht zusammen gesehen zu werden. Diese eine Nacht hatte ihrer gemeinsamen Zukunft noch im Wege gestanden, und er hatte ihr die Spieluhr mitgebracht, damit ihre Melodie Sonja beruhigen sollte, wenn sie zu Hause ihre Sachen packte und loszog, um an seiner Seite ihr bisheriges Leben hinter sich zu lassen. Ein Leben, in dem es nichts gab, was von Bedeutung gewesen wäre.

Bis heute hatte er den letzten Moment mit ihr noch genau vor Augen. Die Stille und Dunkelheit des Waldes. Wenn er jetzt die Augen schloss, konnte er die Berührung ihrer Lippen immer noch spüren, seine Hand an ihrem Hals, ganz zart. Wie ein Flügelschlag eines Schmetterlings hatte ihr warmer Atem seine Haut gestreift. Umspannt von einer nächtlichen Himmelskuppel waren sie die letzten Menschen auf Erden gewesen, die Zurückgebliebenen einer Apokalypse, die alles andere ausgelöscht hatte. Sobald der Morgen graute, würden sie wie Wiedergeborene sein. Zwei Menschen, die alles andere vergessen und gemeinsam neu beginnen konnten.

Dann war er gegangen.

Er hatte den Teich hinter sich gelassen und sich durch

das Unterholz geschlagen, bis er den im Mondlicht liegenden Weg erreicht hatte, der ihn zu dem Parkplatz führte, an dessen Rand er sein Fahrrad im Gebüsch versteckt hatte. Alle paar Meter hatte er gegen den unwiderstehlichen Drang ankämpfen müssen, einfach umzudrehen und zu ihr zurückzulaufen. Als wenn da eine Ahnung gewesen wäre. Der Hauch einer Vorstellung, die zu abwegig schien, um von dem klar denkenden Teil seines Gehirns akzeptiert zu werden. Er war weitergegangen, Schritt für Schritt.

Weg von ihr.

Münch musste ihm damals auf den Berg gefolgt sein. Hinter Büschen versteckt hatte er sie dort belauscht. Hatte gehört, dass er Sonja nie aufgeben würde, dass er sie mitnehmen würde – sie und das Geheimnis, das Münch und ihn verband. Münch hatte das nicht zulassen können, also hatte er gehandelt. Der Uhrmacher war für die Behörde zu wertvoll gewesen; seine Aussagen zu entscheidend bei der Jagd nach anderen RAF-Mitgliedern. Außerdem besaß er einen Joker. Eine *Freiheitskarte*, die er jederzeit ziehen konnte und mit der er Münch in der Hand hatte.

Auf Sonja traf das allerdings nicht zu. Sie war für den Verfassungsschutz nur irgendein Mädchen. Jung und schön, aber bedeutungslos. Ein leicht zu ersetzendes Objekt.

Aber für ihn, den Uhrmacher, war sie die Welt gewesen.

Noch immer wusste er nicht, was sich auf dem Berg in Sonjas letzten Minuten abgespielt hatte. Hatte sie das Messer in Münchs Hand frühzeitig gesehen? Hatte sie Angst gehabt, oder war das Ende schnell gekommen? Er wusste es nicht. Er ahnte, dass die Wahrheit wehtun konnte, und dennoch musste er sie erfahren.

Und Münch würde alles erzählen.

Bei Gott, das würde er.

*

Waldheims Anwesen lag nur anderthalb Kilometer von ihrem Hotel entfernt, direkt am Ortsausgang. Von der Straße aus sah man zuerst eine kiesbedeckte Auffahrt, die von hohen Bäumen umgeben war. Dann kam das alte Fachwerkhaus in Sicht. Die offen stehende Garage daneben, in der kein Auto stand.

Sie klingelten, aber niemand öffnete. Jan ging einmal um das Haus herum – hinter keinem der Fenster brannte Licht, nirgendwo flackerte ein Fernseher. Als er wieder bei Mütze angekommen war, seufzte er. »Heute scheint der Tag der verschlossenen Türen zu sein.«

Sie blickte auf die Uhr. »Es ist ja noch früh. Vielleicht ist er nur zum Supermarkt gefahren.«

Vielleicht.

Geduld war eine Eigenschaft, die trainiert werden musste. Im Laufe ihres Berufslebens hatten Jan und Mütze schon oft auf etwas oder jemanden warten müssen und einige Erfahrung in dieser Disziplin. Die erste halbe Stunde überbrückten sie mit Gesprächen, die zweite mit Musik aus dem Radio. Als Mütze kalt wurde, machte Jan den Motor an, um die Heizung auf Touren zu bringen. Dabei schaute er sie wiederholt aus den Augenwinkeln an. Sie sah entschlossen aus, fast ein wenig Furcht einflößend, und unfassbar schön.

Eine weitere halbe Stunde verging. Dann wurden sie

durch eine Krähe aufgeschreckt, die auf der Motorhaube landete, den Kopf schief legte und mit ausdruckslosen Augen ins Wageninnere starrte. Jan wedelte mit der Hand in Richtung Windschutzscheibe, aber der Vogel ließ sich nicht vertreiben. Stattdessen schüttelte er sich einmal und kackte aufs Blech, bevor er schadenfroh krächzend davonflog.

»Sag jetzt nichts«, flehte er.

Sie tat ihm den Gefallen, konnte sich ein Grinsen aber nicht verkneifen.

»Vielleicht ist Arslan ja schon im Hotel angekommen«, sagte sie dann. »Magst du nicht mal anrufen?«

Er griff nach dem Handy. Sein Freund ging bereits nach dem dritten Klingeln ran, und bevor Jan eine Frage stellen konnte, sagte Arslan mit gehetzter Stimme: »Pass auf, tut mir echt leid, aber ich bin noch gar nicht losgefahren. Hier ist die Hölle los, ein Trainer ist nicht erschienen, und ich musste kurzfristig einspringen. Gib mir noch zehn Minuten, okay? Spätestens dann sitze ich im Auto!«

Jan schaute auf die Uhr. Sein ganzer Zeitplan war damit durcheinandergebracht. »Kein Problem«, sagte er dennoch. »Beeil dich einfach, ja?«

Arslan versprach, Tempolimits großzügig zu interpretieren, dann beendeten sie das Gespräch.

»Er ist erst in anderthalb Stunden hier«, informierte Jan Mütze. »Und ich habe, ehrlich gesagt, die Schnauze voll von der Warterei. Außerdem ist mir kalt und ich hätte gerne einen Kaffee. Was sagst du dazu?«

»Wenn ich mich recht entsinne, gibt's in Schmallenberg ein nettes Café am Schützenplatz. Lass uns einfach dorthin fahren, und später holen wir Arslan dann am Hotel ab.«

Er setzte rückwärts aus der Einfahrt raus und schlug den Weg in die Innenstadt ein. Rechts der Landstraße, hinter den Häusern und ein Stück weit entfernt, erhob sich der Wilzenberg. Obwohl der Himmel aufgeklart hatte, wirkte er dunkel und bedrohlich. Vielleicht lag dieser Eindruck nur an seiner momentanen Stimmung und dem Druck, unter dem er stand. Vielleicht entsprang er aber auch einem Bauchgefühl, auf das er besser hören sollte.

*

Die Kellnerin in dem Café hatte ihnen gerade zwei Cappuccino gebracht, als Jans Mobiltelefon klingelte. Mit einem Blick auf das Display stellte er fest, dass es Menz war, sein ehemaliger Kollege aus der Wirtschaftsredaktion.

»Ich hatte dir ja versprochen, dass ich mich melde, sobald ich mehr über die Geldströme der Simblock GmbH rausbekomme. Heute ist dein Glückstag.«

»Schieß los!«

»Im Prinzip ist es ganz einfach«, sagte Menz. »Wir wussten ja bereits, dass sämtliche Gelder der Firma von einem Datenunternehmen aus Duisburg stammten, der Kolvadus GbR. Was wir noch nicht wussten, aber nun herausgefunden haben, ist, dass dieses Datenunternehmen seine Finanzmittel wiederum von acht unterschiedlichen Firmen erhielt, die alle durch eine Gemeinsamkeit verbunden sind – der Staat ist an ihnen beteiligt. Die Schlussfolgerung daraus bekommst du selbst hin, oder?«

Jan sagte, dass er sich das schon gedacht hatte.

»Okay«, erwiderte Menz. »Es wird aber noch besser! So wie es aussieht, hat dein Edgar Münch an den Honigtöpfen genascht, und ich glaube nicht, dass das so vorgesehen war. Er hat dem Duisburger Datenunternehmen, bei dem er ja ebenfalls Geschäftsführer war, im Auftrag der Simblock GmbH Rechnungen gestellt, die durch keine Kostenstelle gedeckt waren. Das dürfte kein Problem dargestellt haben – er hat sich ja quasi selbst kontrolliert.«

»Was bedeutet das genau?«

»Er hat seinen Auftraggeber ausgenommen. Den Staat.«

Jan ließ das Gehörte kurz sacken. Fragte dann: »Über welche Summen reden wir hier?«

»Nicht viel. In knapp zwei Jahren umgerechnet rund 150 000 Euro.«

»Ich würde schon behaupten, dass das viel ist.«

»Ja, weil du in Bargelddimensionen denkst. Bargeld spielt dabei aber keine Rolle. Gott sei dank – ansonsten wären die Geldströme deutlich schwerer nachzuvollziehen.«

Jetzt kam Jan nicht mehr mit. Was Wirtschaft und Finanzen anging, war er ziemlich ahnungslos, was er seinem ehemaligen Kollegen auch sagte.

Menz seufzte. »Okay, wir nehmen Münch als Beispiel und stellen ein paar Vermutungen an, wie sein Leben damals ausgesehen hat, ja? Er ist Beamter gewesen, gute Gehaltsklasse. Er hat wahrscheinlich in irgendeinem Vorort gelebt. In einem Haus, vielleicht abbezahlt, vielleicht auch nicht. Ein Auto für ihn, eines für seine Frau, falls er verheiratet war. Eine private Lebensversicherung, vielleicht ein paar kleine Aktienfonds oder Sparpakete für die Kinder. Eine oder zwei Kreditkarten. Sagen wir mal: Sein finanzieller Nettowert liegt bei ungefähr einer halben Million Euro?«

»Einverstanden – du kennst dich da besser aus«, sagte Jan.

»Fein. Und jetzt stell ihn dir vor, wie er morgens aus dem Haus geht. Wie viel Bargeld hat er dabei?«

»Keine Ahnung. Vielleicht hundert Euro?«

»Von mir aus auch hundertfünfzig. Wichtig ist: Insgesamt hat Münch einen Nettowert von einer halben Million Euro, aber nur hundertfünfzig davon sind Bargeld. Der gesamte Rest ist entweder in Gegenständen angelegt oder existiert nur in Computern. Prozentual gesehen dürfte das bei der Regierungsbehörde, für die er gearbeitet hat, ganz ähnlich aussehen. In nackten Zahlen natürlich deutlich beeindruckender. Ein Jahresbudget im dreistelligen Millionenbereich, von dem allerdings nur ein Bruchteil als Bargeld vorhanden ist. Hohe Zahlen also, aber kaum Cash.«

»Ich verstehe«, erwiderte Jan. »Allerdings weiß ich noch immer nicht, was mir das sagen soll.«

Menz stöhnte. Anschließend klang seine Stimme sanfter, beinahe beruhigend. So, wie Jan mit Lukas sprach, wenn dieser in der Schule eine neue Rechenart nicht verstand. »Pass auf, ich erklär's dir: Was diese Behörde zahlt, macht sie bargeldlos, okay? Gehälter, Mieten, Anschaffungen – alles. Nehmen wir mal an, in dem Haus am Wilzenberg muss ein Abfluss repariert werden und Handwerker rücken an. Anschließend stellen diese Handwerker eine Rechnung an die Simblock GmbH, die dann den fälligen Betrag überweist. Die Simblock GmbH ihrerseits würde den Betrag dem Datenunternehmen in Rechnung stellen, dieses dann eine neue Rechnung an eine der acht Firmen schreiben, diese Firma wiederum eine weitere an die Regierungsbehörde. Ein schöner, sauberer Geldfluss. Jeder Euro jederzeit nachvollziehbar.«

»Verstehe.«

»Dann passiert aber irgendetwas, für das Münch Bargeld braucht. Gelder, für die er keine Rechnung vorlegen kann. Was also macht er?«

»Keine Ahnung. Er fälscht eine?«

»Ganz genau! Und da er gleichzeitig auch Geschäftsführer der Kolvadus GbR ist, der die Sache in Rechnung gestellt wird, nickt er den Vorgang ab – so, als wenn er ihn geprüft und für richtig befunden hätte. Anschließend leitet er die an die Simblock GmbH überwiesene Rechnung an die nächste Firma weiter, die sie dann ausgleicht, und immer so weiter. Niemandem fällt etwas auf, da Münch sowohl für die Schaltstelle verantwortlich ist, in der der eigentliche Betrug vonstattenging, als auch für die, in der diese Masche hätte entdeckt werden können.«

»Und es gab kein Risiko, dass er damit mal auffliegt? Beispielsweise bei einer Steuerprüfung?«

»Irgendwann, vielleicht. In der ersten Zeit zumindest war es noch verschwindend gering. Vor allem, da diese Summen nur einen Bruchteil der gesamten Geldbewegung ausgemacht haben, die zwischen den Firmen hin- und hergingen. Weißt du … ich habe mir sämtliche Bilanzen der dreieinhalb Jahre gezogen, in denen es die Simblock GmbH gegeben hat: In der Zeit wurden 4,3 Millionen umgesetzt. Euro, wohlgemerkt, nicht D-Mark – die Umrechnung habe ich für dich schon vorgenommen.«

So langsam wurde das Bild klarer. Es stand außer Frage, wofür die Millionenbeträge verwendet worden waren. Die neu geschaffenen Existenzen für die Männer in dem Haus, die Kosten für die Ausreisen, das Startkapital in ein neues Leben. All das hatte Unsummen verschlungen. Und dann gab es da ja noch die Dinge, die Münch auf eigene Faust erledigte. Die Mädchen. Die Gelder, mit denen er sie zum Schweigen brachte.

»Ich danke dir, Helmut«, sagte er. »Und vergiss nicht: Du hast einen gut bei mir!«

»Eine Frage kannst du mir jetzt schon beantworten: Was glaubst du? Wofür hat Münch das abgezweigte Geld gebraucht? Für was ist er ein solches Risiko eingegangen?«

»Ich denke, er hat es für Sex und Reisen in ferne Länder ausgegeben.«

Einen Moment lang sagte Menz nichts, dann lachte er. So, als habe Jan gerade einen Witz gemacht.

DER UHRMACHER

Münch erwies sich als härterer Brocken, als er angenommen hatte. Noch immer hatte er nicht geredet. Noch immer leugnete er, Sonja in jener Nacht getötet zu haben. Hätte der Uhrmacher die Wahrheit nicht gekannt, wäre er mittlerweile fast versucht gewesen, ihm zu glauben.

Aber er wusste, wie gut Münch lügen konnte. Das war schon früher seine Stärke gewesen, neben dem perfekten Zusammenspiel aus Zuckerbrot und Peitsche.

Bis er damit begonnen hatte, war der Uhrmacher sich nicht sicher gewesen, ob er tatsächlich in der Lage sein würde, einen Menschen zu foltern. Das Töten machte ihm nichts aus, aber Folter war etwas anderes. Wesentlich unmittelbarer, und Mitleid oder Empathie waren dem Uhrmacher nicht fremd. Er war kein Mensch, dessen Innerstes so kalt war, dass er sämtliches Mitgefühl aussperren konnte. Aber immer, wenn ihn derartige Emotionen überkamen, musste er nur an Sonja denken, um weitermachen zu können. An das, was sie in dem Haus hatte mitmachen müssen, und an das, was ihr auf dem Wilzenberg angetan wurde.

Dann folterte er weiter. Irgendwann erreichte ihn tatsächlich nichts mehr. Weder die Schreie Münchs, noch sein Betteln und Flehen. Bislang war er bei seinem Verhör eher vorsichtig vorgegangen und hatte sich auf das Zufügen oberflächlicher Wunden beschränkt, aber langsam war die Zeit gekommen, eine härtere Gangart einzuschlagen.

Bevor es dazu kam, erinnerte er sich an etwas, was er in einem Buch gelesen hatte, das ein russischer Soldat nach dem zweiten Tschetschenienkrieg geschrieben hatte. Sicher, Gewalt war das vorherrschende Thema darin gewesen, aber der SpezNas hatte auch betont, dass die hohe Kunst des Folterns auf einer Wechselwirkung zwischen Schmerz und Verständnis beruhte. Wenn man Menschen in einem Moment demütigte und im nächsten gut behandelte, zerbrachen sie. Es zerstörte ihre innere Ordnung, weil es keine Verlässlichkeit mehr gab, keinen Anker, an den sie sich klammern konnten.

Also ließ der Uhrmacher von Münch ab, stieg in seinen Transporter und fuhr nach Schmallenberg. Wenn er wiederkommen würde, würde er etwas dabeihaben, mit dem Münch nicht rechnen konnte. Er würde ihn verwöhnen, kulinarisch, und vielleicht auch versprechen, dass ihr Wiedersehen nicht mit seinem Tod enden musste. Nicht zwangsläufig zumindest. Alles, was er, der Uhrmacher, dafür erwartete, war Ehrlichkeit.

In der Schmallenberger Innenstadt gab es mehrere Geschäfte, die ideal für sein Vorhaben waren. Er kaufte an einem Feinkoststand gefüllte Oliven und Paprika, nahm aus einer Metzgerei Frikadellen und ein paar Würstchen mit und ließ sich in einem kleinen Laden, der mit Hunderten Porzellanpuppen dekoriert war, eine Schachtel belgische Pralinen geben.

Als er auf dem Rückweg zu seinem Auto war, fiel sein Blick auf ein kleines italienisches Café am Schützenplatz. Die Aussicht auf einen heißen Kaffee war verlockend. In Nicaragua hatte er einen der besten Kaffees der Welt bekommen, hier in Europa gehörte italienischer zu seinen Favoriten.

Eine angenehme Wärme und der Duft gerösteter Bohnen umgab ihn, als er den Laden betrat. Tief atmete er ein. Seine Sinne sprangen an. Dann setzte er sich an einen kleinen Ecktisch und schaute sich um, bis die Bedienung kam. Der Laden war gut gefüllt, und wenn der Kaffee und die Ciabattas, die es hier gab, nur halb so gut schmeckten, wie sie dufteten, war das auch kein Wunder.

Die anderen Gäste waren meist mittleren Alters. Zwei Personen fielen ihm besonders auf – weil er sie kannte. Es waren die beiden Journalisten, die vor einiger Zeit Anne einen Besuch abgestattet hatten. Jan Römer und Stefanie Schneider, wenn er sich richtig erinnerte. Dann kam die Bedienung, und er gab seine Bestellung auf. Er zahlte direkt, nachdem er das Gewünschte erhalten hatte, nippte an dem Getränk und spürte, wie das nussig-herbe Aroma seinen Gaumen kitzelte. Ein guter Kaffee. Nicht ganz so gut wie der in Nicaragua, aber vollmundig und weich. Mit wenig Säure und einer tadellosen Crema.

Er hielt die Tasse mit beiden Händen umschlossen und dachte nach. Dass die beiden Journalisten ausgerechnet jetzt hier auftauchten, konnte kein Zufall sein. Er ging die Möglichkeiten durch, die sie nach Schmallenberg geführt haben konnten, und blieb bei zwei Namen hängen: Anne Lehmann und Maria Risse. Beide wohnten ganz in der Nähe. Entweder waren die Journalisten auf dem Weg zu ihnen oder gerade dort gewesen. Um was zu tun? Ihre Recherchen fortzusetzen. Weiterhin nach der Wahrheit zu suchen.

Er betrachtete es als Wink des Schicksals.

Er war jetzt selbst kurz davor, die Wahrheit zu erfahren, und dort saßen zwei Reporter, die ebenfalls danach suchten, um sie dann einer breiten Öffentlichkeit zu präsentieren. Eine Möglichkeit, die er selbst nicht hatte.

Der Uhrmacher rutschte auf seinem Stuhl etwas tiefer und beobachtete die beiden aus den Augenwinkeln heraus. Die Frau war schön. Unter einer modischen Mütze schauten lange, dunkelblonde Haare hervor. Weich geschwungene Lippen, eine Stupsnase, dennoch kein Püppchen. Sie sah aus, als wenn sie sich in einer harten Welt durchsetzen könnte. Der Typ Frau, der als Kind lieber mit Jungs als mit anderen Mädchen gespielt hatte.

Dann wanderte sein Blick zu dem Mann. Jan Römer hielt sein Smartphone in der Hand und sprach angeregt hinein, ohne seine Umgebung im Auge zu behalten. Seine dunkelbraunen Haare waren einen Tick zu lang und von ersten grauen Strähnen durchzogen. Er war groß, wahrscheinlich knapp eins neunzig. Dunkle Augen und eine Figur, die so gerade noch als sportlich durchgehen konnte.

Er fragte sich, was die beiden bereits über Sonja wussten. Wie viel sie von dem Menschen erahnen konnten, der sie gewesen war. Generell hatte er keine gute Meinung von Journalisten, akzeptierte aber, dass sie für eine Demokratie von entscheidender Bedeutung waren. Sofern sie ihren Job ernst nahmen und an der Wahrheit mehr Interesse zeigten als an der Auflage. Ob das auf die beiden zutraf?

Er fragte sich, ob sie ein Verhältnis miteinander hatten. Es sah ganz danach aus, da war etwas zwischen ihnen, das über Berufliches hinausging. Einen schmerzhaften Moment lang wurde dem Uhrmacher bewusst, dass er den Mann beneidete. Nicht um die Frau an sich, sondern darum, dass er etwas besaß, was er selbst vor langer Zeit verloren hatte.

Als die beiden kurz darauf aufstanden und gingen, folgte er ihnen. Ihr Auto stand nicht weit von seinem Transporter entfernt, so dass er keine Probleme hatte, an ihnen dranzubleiben. Er scherte dreißig Meter hinter dem Alfa aus der Parklücke, schloss zu ihnen auf und ließ sich dann zurückfallen, als sie die Landstraße nach Grafschaft erreichten. Mittlerweile ahnte er, wo sie hinwollten.

Kurz hinter dem Ortseingangsschild verringerte er den Abstand wieder. Dann leuchteten die Bremslichter vor ihm auf, und der Alfa bog auf einen Hotelparkplatz ab, der ein wenig abseits der Straße lag. Er selbst fuhr noch vierzig Meter weiter und hielt dann an einer Bushaltestelle an. Wartete drei Minuten, wendete und fuhr ebenfalls auf den Parkplatz, wo er den Transporter abstellte. Der Wagen des Journalisten stand keine zehn Meter von ihm entfernt. Scheinbar hatten die Insassen das Hotel bereits betreten.

Er kurbelte das Fenster herunter und zündete sich eine Zigarette an. Mit jedem Zug saugte er den Rauch so tief in sich hinein, als wolle er alles absorbieren, als solle nichts von dieser Zigarette jemals wieder nach draußen dringen. Den übrig gebliebenen Stummel schnippte er anschließend achtlos auf den Parkplatz. Dann drehte er das Fenster wieder hoch und neigte die Lehne seines Sitzes ein Stück weit nach hinten.

Er war jetzt ganz entspannt.

Alles begann, sich ineinanderzufügen.

*

Arslan wartete bereits in der Lobby des Hotels auf sie. Er hatte sich auf einen Barhocker gesetzt, den Rücken lässig gegen die Theke gelehnt.

»Habt ihr eure Zimmer noch?«, fragte er, nachdem sie sich begrüßt hatten. »Ich habe es nicht mehr geschafft, mir vorher etwas Warmes anzuziehen, und würde das gerne nachholen, bevor ich mir auf dem Berg den Arsch abfrieren muss.«

Er hielt einen riesigen Rucksack hoch, und Jan reichte ihm seinen Zimmerschlüssel.

»Ich könnte auch auf Mützes Zimmer gehen«, sagte Arslan und zuckte zweimal mit den Augenbrauen. »Sie könnte ja mitkommen, um mir beim Umziehen zu helfen.«

Mütze grinste nur müde. »Schade, dass ich zu reif für dich bin.«

»Über die paar Jahre würde ich glatt hinwegsehen.«

»Ich sprach von geistiger Reife.«

»Oh.«

Als Arslan wieder nach unten kam, trug er einen schwarzen Rollkragenpullover und eine dunkelblaue Outdoorjacke. Seine Füße steckten in halbhohen Schuhen, die bis über die Knöchel reichten.

»Perfekt«, sagte Jan. »Hast du auch an Handschuhe gedacht?«

Arslan klopfte auf eine der Jackentaschen.

»Mir gefällt der Gedanke trotzdem nicht, dass wir Arslan am Wilzenberg alleine lassen«, sagte Mütze. »Ich meine ... gibt es denn keine andere Möglichkeit?«

Obwohl Jan sicher war, dass Arslan dort kaum eine Gefahr drohte, teilte er ihre Bedenken. Es passte ihm auch nicht, dass sein Freund auf den Mörder treffen konnte, bevor sie wieder bei ihm waren. Ob der Täter allerdings wirklich auf den Wilzenberg kommen würde, stand bislang noch in den Sternen, und wenn sie die Chance, die ihnen ihr Plan bot, nicht gefährden wollten, mussten sie sich möglichst genau an die besprochenen Abläufe halten.

»Wir schenken uns den Besuch bei Waldheim«, entschied er. »Wenn wir die Bestätigung unserer Theorie von Sonjas Mutter bekommen, reicht das vorerst, und wir können so die verlorene Zeit ausgleichen. Was meinst du?«

Er schaute seinen Freund an.

»Ich meine, dass wir jetzt endlich mit der blöden Laberei aufhören sollten«, sagte Arslan. »Setzt mich ab, holt euch die Beweise und dann kaufen wir uns das Schwein!«

Als sie zu dritt in den Alfa stiegen, fiel Jan ein älterer Transporter auf, der ein paar Meter von den anderen Fahrzeugen entfernt stand. Dem Seitenaufdruck zufolge gehörte der Wagen einem Handwerksbetrieb aus Lippstadt – nichts, was Jan interessierte. Das für einen Sekundenbruchteil aufflackernde komische Gefühl in der Magengegend verdrängte er.

Jan bog auf die Landstraße ab, die vor dem Hotel verlief, und anschließend auf eine kleinere Straße, die direkt zum Wilzenberg führte. In weit geschwungenen Kurven schlängelte sie sich bergauf und endete auf dem Waldparkplatz, auf dem er bereits zweimal gestanden hatte. Die Sonne war mittlerweile hinter dem Gipfel versunken, und es wurde minütlich dunkler. Jan musterte Arslan, der aussah wie jemand, der genau wusste, was er wollte. Seine Körperhaltung wirkte gleichzeitig in sich ruhend und lauernd, als würde er die Welt ausblenden und nur auf den Moment warten, in dem er endlich losschlagen konnte.

»Bereit?«, fragte Jan.

Arslan nickte, und sie stiegen aus.

Die Bäume ragten vor ihnen wie ein mächtiger Schutzwall auf. Jan roch das verrottende Laub auf dem Boden und hörte einen einsamen Vogel zwitschern. Er wusste, dass das Haus, in dem Sonja gearbeitet hatte, keine zwei Kilometer entfernt lag. Ihr Elternhaus keine fünf, Sebastian Waldheims Haus vielleicht drei.

Der Wilzenberg war Sonjas Schicksalsort gewesen. Liebe und Tod, Freude und Leid, alles hatte sich in seinem Schatten abgespielt. Es gehörte nicht viel Fantasie dazu, um in ihm etwas Mystisches zu sehen. Besonders nicht zu dieser Uhrzeit, wenn der Tag langsam in die Nacht überging.

»Mütze und ich fahren jetzt zu Sonjas Mutter und kommen dann so schnell wie möglich zurück«, sagte Jan. »Eine Stunde, maximal anderthalb, okay?«

Wieder nickte Arslan, während er sich zeitgleich seine Jacke und die Handschuhe anzog. »Macht euch keinen Stress. Das Schlimmste, was mir passieren kann, ist ein Herzinfarkt aus Langeweile.«

Dann ging Mütze auf Arslan zu und küsste ihn auf die Wange. Es war kein Kuss, der wie ein Versprechen auf mehr wirkte, sondern einer, wie die ältere Schwester ihn dem jüngeren Bruder gibt. »Pass auf dich auf, Großer«, sagte sie. »Mach keinen Blödsinn und geh kein Risiko ein! Egal, wie überlegen du dich fühlst.«

Er grinste sie an und deutete in Richtung des Gipfels. »Wenn es da Ärger geben sollte, musst du dir um den anderen Sorgen machen, nicht um mich. Aber keine Bange – ich verspreche, ein braver Junge zu sein.«

Dann ging er los, ohne sich noch einmal umzudrehen. Seine Schritte wirkten leichtfüßig und federnd. So wie früher wahrscheinlich, wenn er als Profi auf dem Weg in den Ring gewesen war.

Jan und Mütze schauten ihm hinterher, bis er zwischen den dichtstehenden Bäumen verschwunden war. Dann noch eine Minute länger, wortlos in den eigenen Gedanken versunken. Schließlich wendeten sie sich ab und schauten sich an.

»Sag mir, dass es richtig ist, was wir hier tun«, sagte Mütze.

Er öffnete die Fahrertür. »Lass uns zu Maria Risse fahren. Dann wissen wir es.«

DER UHRMACHER

Er wartete an der letzten Kreuzung unterhalb des Wald-
parkplatzes. Sah den Alfa in Richtung des Gipfels ent-
schwinden, sah den Himmel dunkler werden, sah den
Alfa zurückkehren.

Der andere Wagen passierte ihn im Abstand von zwanzig Metern. Er folgte ihm, ohne das Licht einzuschalten.
Das tat er erst, als sie die Landstraße nach Schmallenberg
erreicht hatten, die sie dann anderthalb Kilometer durch
Wiesen und Felder führte, bevor die Kernstadt vor ihnen
auftauchte. Sie durchquerten sie, bogen auf die B236 ab
und kamen kurz darauf in den Stadtteil Gleidorf. Jetzt
wusste er, wo sie hinwollten, und konnte sich weiter zurückfallen lassen. Stück für Stück setzte sich das Puzzle
zusammen, nahm Gestalt an und strebte auf seine Fertig-
stellung zu.

Auf den einen, alles entscheidenden Moment.

Die Straße, in der Maria Risse lebte, erreichte er eine
knappe Minute nach den Journalisten. Ihr Wagen stand
bereits verlassen am Straßenrand, die beiden waren schon
im Haus verschwunden.

Auf der gegenüberliegenden Straßenseite war vor einem aufgegebenen Ladenlokal noch eine Parklücke frei. Der Uhrmacher manövrierte den Transporter hinein und schaltete den Motor aus. Dann öffnete er das Handschuhfach und griff nach der Beretta 92. Es war dieselbe Waffe, mit der er schon den Mexikaner getötet hatte. Zuverlässig und solide, seit über vierzig Jahren bei Polizei- und Militäreinheiten beliebt. Er lud sie durch und sicherte sie. *Durchladen und sichern* – so hatte er es in der RAF gelernt. Eine Zeit, die ihm unendlich fern erschien.

Er schloss die Augen und ließ nur einen schmalen Spaltbreit offen, dann gab er sich seinen Gedanken hin. Versuchte zu ergründen, wie er geworden war, was er war. Er dachte an den kleinen Jungen aus Friedrichskoog, der unbedingt Tierarzt hatte werden wollen. An den rebellischen Teenager, an die Demonstrationen vor den Atomkraftwerken. Er erinnerte sich an Kindertage, frei und unbeschwert, an seine Jugendliebe und an Sonja. Vor allem an Sonja. In seinem Leben hatte er oft vor der Wahl gestanden, wie es mit ihm weitergehen sollte, und rückblickend kam es ihm vor, als hätte er mit unerschütterlicher Konsequenz jedes Mal die falsche Entscheidung getroffen.

Und jetzt? Trauerte er um sein verschwendetes Leben und träumte sich in die Geborgenheit seiner Kindertage zurück. Wünschte sich mehr als alles andere, er könnte die Uhr anhalten und dann langsam rückwärts drehen, Jahr für Jahr, bis zu dem Tag, an dem er den ersten, entscheidenden Fehler gemacht hatte.

Der bewaffnete Kampf, der doch nur Terror gewesen war.

Die Bindung an Münch.

Der Verrat.

Ab dem Moment hatte er die Kontrolle über sein Leben verloren. Fortan trafen andere die Entscheidungen für ihn, und er musste sich ihnen beugen. Ein einziges Mal hatte er aufbegehrt, als es um Sonja gegangen war, und anschließend den höchsten Preis dafür bezahlt.

Er war ein Kind gewesen, das geliebt wurde. Ein junger Mann, der geliebt wurde. Münch hatte ihm alles genommen und ihn zu dem gemacht, was er jetzt war.

Ein Niemand.

Er riss die Augen auf, um sich aus dem Gedankenstrudel zu befreien, und richtete den Blick auf das gegenüberliegende Haus. Er wusste, dass der Besuch der beiden Journalisten nicht lange dauern würde. Wenn er hätte raten sollen, hätte er auf eine Viertelstunde getippt.

Um sich wach zu halten und die Minuten bis zu ihrer Rückkehr zu überbrücken, schaltete er das Radio ein und wechselte die Sender, bis er einen gefunden hatte, der Rockmusik spielte. *Seven Nation Army*. Er erinnerte sich, dass das Lied von der Detroiter Band *The White Stripes* stammte: einer der bekanntesten Vertreter des sogenannten Garage Rocks, 1997 gegründet, 2011 aufgelöst. Er kannte sich mit Rockmusik aus, liebte dieses Lied mit seinen harten Gitarrenriffs, und begann, sich zu entspannen. Das Einzige, was ihn ärgerte, war, dass der linke Türlautsprecher des Transporters dröhnte.

Mit einem Lächeln stellte er kurz darauf fest, dass er die Journalisten richtig eingeschätzt hatte. Nach exakt 18 Minuten verließen die beiden das Haus. Der Uhrmacher öffnete die Tür und stieg aus.

*

Arslan ließ den zum Bruderteich führenden Pfad links liegen und folgte dem befestigten Weg bis zum Gipfel. Von seinem ersten Besuch her wusste er, dass er direkt zum Wilzenbergturm führte, dem höchsten Punkt des Berges. Von dort aus musste er sich nur noch nach links wenden, um die Kapelle von der anderen Seite zu erreichen.

Mittlerweile war das Tageslicht fast vollständig verschwunden, aber der Übergang fand fließend statt, so dass seine Augen sich gut an die hereinbrechende Dunkelheit gewöhnen konnten. Dennoch waren seine Nerven angespannt. Ständig knackte und raschelte irgendwas, und jedes Mal hatte er das Gefühl, beobachtet zu werden. Wälder waren einfach nicht sein Ding – er lebte in einer Großstadt, und auch damals in seiner Heimat hatte es nur einzelne Bäume und Büsche gegeben.

Wenn sich ihm jetzt drei Typen in den Weg gestellt hätten, hätte er erleichtert aufgeatmet. Direkte Konfrontationen waren nichts, was ihm Sorgen bereitete, aber das hier war eine andere Nummer. Er fühlte sich bedroht, ohne dass er hätte sagen können, warum. Immer wieder flog sein Kopf von einer Seite zur anderen. Immer wieder meinte er, inmitten der Baumstämme ein Huschen gesehen zu haben. Immer wieder glaubte er, einen Sekundenbruchteil zu langsam gewesen zu sein, um die unbekannte Bedrohung erkennen zu können.

Es machte ihn irre.

Kurz vor dem Ziel beschrieb der Weg eine Linkskurve, dann endete er. Arslan orientierte sich kurz, dann ging er mit dem Wilzenbergturm im Rücken langsam weiter. In dem diffusen Dämmerlicht, das jetzt herrschte, verschwammen sämtliche Schatten und Unebenheiten, und er musste aufpassen, nicht zu stolpern.

Wie aus dem Nichts tauchte die Kapelle plötzlich vor ihm auf. Vorsichtig ging er dichter heran, bis er auch die Heiligenhäuschen sehen konnte und die in den Stein gehauene Grotte, in der das Bild des Mädchens stand. Kein Mensch war zu sehen, keine Bewegung wahrzunehmen. Er schlich im Uhrzeigersinn um die Lichtung herum, bis er einen Platz gefunden hatte, der alle gewünschten Voraussetzungen erfüllte. Deckung für ihn, freien Blick auf die Grotte. Hinter ein paar Büschen hockte er sich nieder.

Er wusste, dass er jetzt Geduld brauchte. Als er den Unbekannten das letzte Mal gesehen hatte, war es eine Stunde später gewesen. Außerdem konnte niemand sagen, ob der Mann tatsächlich immer zur gleichen Zeit auftauchte. Ihr gesamter Plan beruhte schließlich nur auf einer Vermutung von Jan.

Schon die ersten Minuten der Wartezeit zogen sich wie Kaugummi. Jedes Mal, wenn er ein Geräusch hörte, zuckte er zusammen, um dann festzustellen, dass es wahrscheinlich nur ein Tier gewesen war oder ein Zweig, der auf den Boden fiel. Nicht der, auf den er wartete. Um es sich bequemer zu machen, rutschte er irgendwann ein Stück nach hinten, lehnte den Rücken gegen einen Baumstamm und umschloss die Knie mit den Händen.

Trotz seiner warmen Kleidung war die Kälte jetzt immer deutlicher zu spüren. Sie kroch durch jede Ritze, in jede noch so kleine Öffnung hinein. Er wäre jetzt gerne aufgestanden, um sich wie vor einem Kampf warm zu machen, aber das ging nicht. Nicht, wenn er nicht riskieren wollte, dass der Unbekannte ihn sah, bevor er ihn bemerkte. Er seufzte.

Plötzlich raschelte es im Unterholz, keinen Meter von ihm entfernt. Er riss den Kopf zur Seite und starrte auf ein Eichhörnchen, welches ihn mindestens genauso verblüfft musterte. Es hatte sich auf den Hinterbeinen aufgerichtet, der buschige Schwanz zuckte, dann ergriff es die Flucht. Sauste ins Unterholz wie eine kleine, pelzbemantelte Rakete.

Arslan lächelte, dann richtete er den Blick wieder nach vorn. Und wartete.

*

In dem Moment, in dem Jan und Mütze wieder im Wagen saßen und aus der Parklücke stoßen wollten, öffnete sich die hintere Tür und ein Mann stieg ein. Jan fuhr herum und sah die Waffe, die der Fremde in der Hand hielt. Das Auto rollte bereits rückwärts, als Mütze »Scheiße« sagte. Dann trat er auf die Bremse und griff nach dem Spiegel, um ihren Passagier besser sehen zu können.

Der Mann war Anfang fünfzig, hatte kurze Haare und ein kantiges, hageres Gesicht. Seine Augenfarbe lag zwischen Grün und Grau, sein Blick ging zwischen Jan und Mütze hin und her.

»Sie sind Viktor, richtig?«

Der Unbekannte nickte. »Ich habe den Namen nie leiden können. Oder den, den sie mir danach gegeben haben. Sagen Sie Thomas zu mir, das ist mein richtiger Name. Thomas Sonnenfeld. Sie sind Jan Römer, und die Frau neben Ihnen ist Stefanie Schneider, stimmt's?«

Jan nickte.

»Prima. Und jetzt fahren Sie los.«

Jan legte den ersten Gang ein. Der Alfa rollte an.

»An der nächsten Straße links abbiegen und dann immer geradeaus.«

Stumm folgte Jan den Anweisungen Sonnenfelds.

Was blieb ihm auch anderes übrig? Sie hatten sich überrumpeln lassen, und jetzt saßen sie mit einem Ex-Terroristen im Auto, wahrscheinlich auf dem Weg zu dem Berg, an dem alles angefangen hatte. Jan überlegte hin und her, aber ihm fielen keine Varianten ein, in denen die Geschichte gut für sie endete.

»Wo haben Sie die letzten zwanzig Jahre gelebt?«, wollte Mütze wissen, als sie den ersten Kreisverkehr erreicht hatten.

»Nicaragua«, erwiderte Sonnenfeld. »Es ist wunderschön da. Unter anderen Umständen würde ich Ihnen das Land als Ziel für den nächsten Urlaub empfehlen.«

»Und warum sind Sie wieder hier? Warum haben Sie …«

»Sie reden zu viel, Schönheit. Ich möchte, dass Sie Ihre Hände jetzt aufs Armaturenbrett legen und den Mund halten. Verstehen Sie mich nicht falsch, ich habe nichts gegen Sie persönlich. Um Sie geht es gar nicht.«

»Worum dann?«, hakte Jan nach und blickte in den Spiegel.

Sonnenfeld saß auf der Rückbank und schaute aus dem Seitenfenster wie bei einer Taxifahrt. »Um den Mörder von Sonja.«

Jan schwieg.

»Sie haben geglaubt, ich hätte das getan?«

»Anfangs schon«, gab Jan zu. »Alles hat darauf hingedeutet, die ganzen Tatumstände. Ein Mord unter Liebenden, und Sie waren der Einzige, der dafür infrage kam. Und ich bin weiterhin davon überzeugt, dass Sie in der Tatnacht am Wilzenberg gewesen sind. Die Spieluhr kann nur von Ihnen stammen.«

»Das stimmt«, gab Sonnenfeld zu. »Ich war mit Sonja verabredet. Wir wollten am nächsten Tag abhauen und uns vorher noch einmal treffen, um die letzten Details zu besprechen. Mir war klar, wie nervös Sonja sein würde, also habe ich ihr die Spieluhr mit der Melodie besorgt, die sie immer beruhigte.«

Jan wollte die momentane Gesprächsbereitschaft Sonnenfelds ausnutzen. »Was ist dann schiefgelaufen?«

»Münch hat am selben Tag herausgefunden, was wir vorhatten. Sie wissen, von wem ich rede?«

Jan nickte.

»Ich war Mitglied der Roten Armee Fraktion, wussten Sie das? Meine Vorgeschichte war ziemlich *pikant*, und Münch konnte nicht riskieren, dass Sonja davon erfahren würde. Das wäre aber zwangsläufig passiert, wenn wir zusammengeblieben wären. Also drohte er mir. Er machte mir klar, was passieren würde, wenn ich mich seinem Wunsch widersetzte. Was soll ich sagen? Er hat Wort gehalten.«

»Warum erzählen Sie uns das alles?«

»Weil ich will, dass Sie die Geschichte festhalten und veröffentlichen. Sie sind doch Journalist, oder? Dann tun Sie Ihren Job und bringen Sie die Story. Erzählen Sie den Menschen, was damals passiert ist.«

Jan hatte mittlerweile die Schmallenberger Innenstadt verlassen und war auf die Grafschafter Straße abgebogen. In der Ferne sah er den Wilzenberg aufragen. Er warf erneut einen Blick in den Rückspiegel und sagte: »Aber Sie und Sonja wollten nicht auf ihn hören. Sie hatten ihre eigenen Pläne.«

Sonnenfeld starrte ihn im Rückspiegel ausdruckslos an. »Wir haben uns geliebt«, sagte er. »Wir waren überzeugt, dass nur unsere Gefühle zählten und sich alles andere schon fügen würde. Vielleicht ist das ein Zeichen wahrer Liebe: Man denkt, dass sich die ganze Welt an einem selbst orientiert.«

»Was ist dann passiert?«

»Wir haben an dem Teich unsere Flucht besprochen und vereinbart, uns am nächsten Vormittag in Schmallenberg zu treffen, um gemeinsam nach Norddeutschland zu gehen. Ich habe wirklich geglaubt, ich hätte Münch mit meinem Wissen in der Tasche.«

Mütze drehte sich zu ihm um, seine früheren Anweisungen ignorierend. »Sie wollen also sagen, Münch sei Ihnen in dieser Nacht gefolgt, hätte alles mitgehört und Sonja dann umgebracht, nachdem Sie gegangen sind?«

»Ja. Eine andere Erklärung gibt es nicht.«

»Sind Sie sich da sicher?«

Er lachte kurz auf. »In spätestens einer Stunde werden Sie es wissen. Ich will Sie nicht töten, im Gegenteil, lebendig können Sie mir mehr helfen. Aber ich werde es ohne zu zögern tun, wenn Sie versuchen sollten, mich aufzuhalten. Und jetzt halten Sie den Mund. Da vorne müssen Sie rechts abbiegen.«

Jan setzte den Blinker. Gleichzeitig wurde ihm klar, dass Sonnenfeld nicht zum Wilzenberg wollte.

*

Die Wunden taten weh, doch dieser Schmerz war nichts im Vergleich mit der Angst, die Münch mittlerweile völlig im Griff hatte. Sonnenfeld war komplett durchgedreht, nicht mehr Herr seiner Sinne. Er wollte etwas von ihm hören, was Münch unmöglich sagen konnte. Scheinbar hatte der Idiot die zwanzig Jahre in Nicaragua damit verbracht, sich eine eigene Wahrheit zurechtzubasteln, in der nicht er Sonja umgebracht hatte, sondern er, Münch.

Münch wusste, dass seine Wunden nicht lebensgefährlich waren. Die meisten von ihnen hatten bereits aufgehört zu bluten. Doch wie würde Sonnenfeld beim nächsten Mal reagieren, wenn er dessen Irrsinn wieder nicht bestätigte? Er würde die Dosis steigern. Mit den anderen Gerätschaften diesmal, die neben dem Tisch standen. Es würde noch übler werden. Noch schmerzhafter.

Sein Kopf tat weh und seine Gedanken rasten, während er fieberhaft nach einem Ausweg suchte. Sonnenfeld hatte Sonja getötet, das war klar. Wahrscheinlich war er damals auf den Wilzenberg gegangen, um ihre Beziehung zu beenden, und dann war irgendwas zwischen den beiden außer Kontrolle geraten. Ein falsches Wort, eine in der Wut hervorgestoßene Bemerkung. Er hatte den Terroristen nach dem Mord an Sonja nicht darauf angesprochen, vielleicht auch, weil er die Antwort gar nicht hatte hören wollen. Wenn Sonnenfeld ihm gestanden hätte, Sonjas Mörder zu sein, hätte er handeln müssen, und dann wären auch andere Dinge ans Tageslicht gekommen. Das hatte er nicht riskieren können. Damals nicht und heute nicht.

Sobald Sonnenfeld zurückkam, musste er ihm irgendetwas geben. Nur was? Die einzige Alternative zur Wahrheit bestand darin, Sonnenfelds Wahnvorstellungen zu bestätigen. Dann würde er ihn wahrscheinlich trotzdem töten, nur schneller. Weniger Schmerz, aber ein endgültiges Ende der Vorstellung, die man Leben nannte.

Und Münch hing an seinem beschissenen Leben.

Doch es gab keinen Ausweg, keine anderen Optionen. Ein schneller oder ein langsamer Tod, das war alles. Die Erkenntnis sickerte wie ein Gift in sein Bewußtsein. Man sagte, die Hoffnung sei das Letzte, was starb, aber das stimmte nicht. Sein Körper lebte noch, aber die Hoffnung war tot, dahingerafft durch die Ausweglosigkeit der Lage, in der er sich befand. Die letzte Entscheidung, die ihm in seinem Leben noch blieb, war die zwischen einem schnellen und einem langsamen, schmerzhaften Ende.

*

»Da vorne rechts rein«, sagte Sonnenfeld.

Jan steuerte den Wagen über eine zwischen Bäumen liegende Einfahrt auf einen matschigen Platz, an dessen Ende ein T-förmiges Gebäude aufragte. Laut dem Schild, das jemand neben der Straße in den Boden gerammt hatte, handelte es sich um eine Jugendherberge, die aber dem Anschein nach längst aufgegeben worden war. Das Gebäude war nur zwei Etagen hoch, aber weitläufig. Über dem Mauerwerk thronte ein mächtiges Satteldach, an dem bereits der Zahn der Zeit nagte. Gardinenlose Fenster starrten ihn wie blinde Augen an, aber keines von ihnen war zerbrochen. Überhaupt gab es an dem Gebäude keine äußeren Anzeichen von Vandalismus. Der Gesamteindruck war nicht der, als wäre die Jugendherberge verwahrlost, sondern vergessen worden.

»Aussteigen!«, befahl Sonnenberg.

Sie verließen den Wagen, wobei ihr Entführer die Waffe stets auf Mütze gerichtet hielt. Zu dritt folgten sie einem schmalen Pfad, der links an der Anlage vorbeiführte. Auf der anderen Seite ragte ein kleiner Hügel empor, ein paar Sträucher, einige Bäume. Der Seiteneingang, den sie dann erreichten, war mit einer massiven Kette gesichert. Sonnenfeld öffnete das Schloss und zog die Tür auf. Die obere Türangel quietschte, die untere kreischte. Zusammen klang es wie der Schrei einer Wahnsinnigen.

Dann deutete Sonnenfeld mit der Waffe ins Innere.

Jan und Mütze gingen hinein, gefolgt von dem Ex-Terroristen, der jetzt noch eine lichtstarke Taschenlampe in der Hand hielt.

»Was haben Sie vor?«, wollte Jan wissen.

»Sie werden gleich Zeugen eines Geständnisses werden.«

»Sie sind verrückt«, flüsterte Jan und bereute es im gleichen Augenblick.

»In diesem Punkt«, erwiderte Sonnenfeld, »gibt es wohl kaum einen Zweifel. Aber auch Sie sind verrückt, mein Lieber. Das sind wir wahrscheinlich alle. Ruhelose Geister, die nicht mehr nach Hause finden. Und nun halten Sie den Mund und gehen weiter.«

Sie durchquerten eine ehemalige Küche, dann einen weiteren Raum. Ohne die Taschenlampe wären sie von Finsternis umschlossen gewesen. Lediglich ihr gleißender Lichtstrahl riss Fragmente aus der Dunkelheit. Kurz bevor sie den dritten Raum erreichten, hörte Jan ein leises Wimmern. Im ersten Moment dachte er an Ratten, bevor er erkannte, dass die Laute menschlichen Ursprungs waren.

Mütze griff nach seiner Hand, als sie den letzten Raum betraten. Vor ihnen stand ein großer Holztisch, an dem früher wahrscheinlich Kinder und Jugendliche ihre Mahlzeiten eingenommen hatten. Jetzt war auf ihm ein Mann fixiert, und im Licht der Taschenlampe konnte Jan auch sein Gesicht erkennen. Münch starrte sie mit aufgerissenen Augen an, in denen nichts als Panik stand.

»Sie sind wirklich wahnsinnig geworden«, fuhr Jan Sonnenfeld an, ohne sich um die Waffe zu scheren. »Was soll das hier sein? Ihr ganz persönliches Guantanamo?«

Sonnenfeld stellte die Taschenlampe auf den Boden, so dass ihr Strahl gegen die Decke fiel, die das Licht sanft reflektierte. »Ich bin nicht wahnsinnig«, sagte er. »Ich bin das, wozu dieser Irre mich gemacht hat.«

Am liebsten hätte Jan gelacht. Da stand er nun, inmitten eines Raumes, der tief in der Hölle liegen musste, und hörte, wie ein Wahnsinniger einen anderen als Irren bezeichnete.

»Sie denken also, dass es Münch war, der Sonja umgebracht hat?«, stieß Mütze hervor. »Sie denken, dass er es war, der nach Ihnen zum Wilzenberg gekommen ist? Ich sage es nur ungern, Sonnenfeld, aber Sie sind ein Idiot!«

Ruckartig fuhr die Waffe herum. »Halten Sie den Mund!«, stieß Sonnenfeld hervor. »Ihre Aufgabe ist es, zu beobachten und zuzuhören. Münch hat Sonja getötet, und Ihre Aufgabe besteht darin, der Öffentlichkeit anschließend die Wahrheit zu berichten.«

»Die Wahrheit?«, schnaubte Mütze und lachte verächtlich. »Von welcher Wahrheit reden wir hier? Ihrer? Seiner? Oder interessiert Sie vielleicht doch, was damals *wirklich* passiert ist?«

Sonnenfelds Blick flackerte. Jan erkannte, dass er unsicher wurde und unter Druck geriet. Druck konnte Kohle in Diamanten verwandeln. Druck bewirkte etwas. Auch bei Menschen. Selbst bei einem Ex-Terroristen. Sie mussten nur aufpassen, dass der Druck nicht so groß wurde, dass Sonnenfeld irgendwann explodierte und vollends außer Kontrolle geriet.

»Verarschen Sie mich nicht«, zischte ihr Entführer.

Jan schüttelte den Kopf. »Meine Kollegin hat recht: Münch war es nicht. Er hat mit dem Tod Ihrer Freundin nichts zu tun. Er ist ein Schwein, keine Frage, aber wenn Sie den Schuldigen für Sonjas Tod suchen, haben Sie den Falschen erwischt.«

»Woher wollen Sie das wissen?«

»Im Prinzip ist es ganz einfach. Einzelheiten und Beweise sammeln. Das ist die Basis für alles andere. Man muss nur lange und sorgfältig genug beobachten. Meine Kollegin hier hat das gemacht. Sie hat sämtliche Daten verglichen. Die Aussagen aller Beteiligten. Glauben Sie mir, er war's nicht.«

Münch versuchte, mit dem an den Tisch gefesselten Kopf zu nicken, was beinahe komisch aussah. Dennoch war Jan nicht nach Lachen zumute. Alles hing von Sonnenfelds nächster Reaktion ab.

Der Mann ging auf ihn zu und drückte ihm die Mündung der Waffe auf die Stirn. »Wer war es dann?«

Jan antwortete nicht.

»Reden Sie!«

Wieder sagte Jan nichts. Es war Mütze, die das Schweigen brach. »Ich biete Ihnen einen Deal an, Sonnenfeld«, sagte sie. »Der wahre Täter inklusive der passenden Beweise gegen Ihre Zusicherung, dass Sie ihn dann nicht töten werden.«

»Sie können nicht beweisen, was nicht stimmt!«

»Oh doch, das kann ich. *Weil* es stimmt. Alles, was Sie dafür tun müssen, ist, mit uns jetzt auf den Wilzenberg zu fahren.«

»Für wie blöd halten Sie mich eigentlich?«, fragte er, während er die Waffe weiterhin auf Jan gerichtet hielt. »Ich habe Sie schon länger beobachtet, verstehen Sie? Sie sind mit drei Leuten zum Wilzenberg gefahren und zu zweit wieder heruntergekommen.«

Damit hatte Mütze nicht gerechnet. Jan sah ihr die Verblüffung an und versuchte, die Situation zu retten, indem er einfach weiterredete.

»Sie haben recht«, sagte er. »Aber wenn Sie das schon wissen, sollten Sie auch darüber nachdenken, warum wir unseren Freund auf dem Wilzenberg zurückgelassen haben. Wir konnten ja nicht wissen, dass Sie uns vor Maria Risses Haustür auflauern würden, stimmt's? Ich sag's Ihnen: Unser Freund soll dort auf Sonjas Mörder warten. Wenn es stimmt, was wir denken, wird der Täter heute Abend zum Wilzenberg zurückkehren. Und wenn Sie nicht so stur an Münch als Mörder festhalten würden, hätten wir sogar eine Chance, ihn zu erwischen – um ihn dann der Polizei zu übergeben. Es sind genug Menschen gestorben, Sonnenfeld: Heute muss kein weiterer dazukommen.«

»Sie glauben, ich lasse Sonjas Tod ungesühnt?«

»Ganz im Gegenteil«, erwiderte Jan. »Sie verschaffen ihr Gerechtigkeit, aber diesmal eine, die ihrer würdig ist. Kein weiteres Blutbad, das auf das Konto einer Toten geht.«

Er sah, wie es in dem Mann arbeitete. Wie er das Für und Wider abwog und wie schwer es ihm fiel, eine Überzeugung, die sich über zwei Jahrzehnte hinweg manifestiert hatte, infrage zu stellen.

»Kommen Sie«, bedrängte Jan ihn weiter. »Was haben Sie zu verlieren? So, wie es aussieht«, er deutete auf Münch, »läuft der Ihnen so schnell ja nicht weg.«

Dann zählte Jan stumm rückwärts.

Drei.

Zwei.

Eins.

Als er bei null angekommen war, wusste er, dass er gewonnen hatte.

*

Arslan langweilte sich hinter dem Busch förmlich zu Tode. Er vertrieb sich die Zeit, indem er stumm die komplette Mannschaftsaufstellung von Galatasaray und Fenerbahce Istanbul aufsagte, bevor er mit Köln und Dortmund weitermachte. Dann versuchte er, alle Boxweltmeister im Schwergewicht zusammenzukriegen, beginnend mit Sonny Liston 1962. Als ihm das gelungen war, hatte sich die Situation noch immer nicht verändert. Wenn der Zeitplan aufging, den sie sich zurechtgelegt hatten, mussten Jan und Mütze jeden Moment auftauchen.

Endlich.

Arslan konnte mit vielen Dingen umgehen. Langeweile gehörte nicht dazu.

Er atmete durch und ermahnte sich wieder zur Geduld. Die Lichtung lag weiterhin verlassen vor ihm. Er konnte die weiß getünchte Fassade der Kapelle und das Heiligenhäuschen gut ausmachen, der Rest verschwamm zusehends mit der Dunkelheit. Er wusste, dass das menschliche Auge auf Bewegungen stärker reagierte als auf Farbunterschiede, aber das brachte ihn hier nicht weiter. Überall war Bewegung: in den Zweigen und Blättern der Bäume, in den Sträuchern, die ihn umgaben. Er schloss die Augen und konzentrierte sich auf seine anderen

Sinne. Lauschte. Minutenlang. Plötzlich vernahmen seine Ohren einen Laut, der sich von den vorherigen, durch die Natur erzeugten, unterschied. In ihm veränderte sich etwas. Ein Gefühl, das er kaum benennen konnte. So wie er es bei einem Kampf manchmal verspürt hatte, wenn die alles entscheidende Runde anstand. Seine Konzentration erreichte einen Höhepunkt. Er behielt die Lichtung und alles, was sich auf ihr abspielte, fest im Blick. Regungslos. Abwartend. Er wurde zu einem Baum unter Bäumen, zu einem Busch unter Büschen.

Der Wind fuhr ihm unter die Jacke.

Es war kalt.

Außer ihm schien niemand da zu sein.

Doch Arslan wusste, dass er nicht mehr lange allein sein würde.

*

Der Weg von der Jugendherberge bis zum Waldparkplatz dauerte nur wenige Minuten, und dennoch kam es Jan wie eine Ewigkeit vor. Das lag vor allem an der Angst, die er verspürte.

Als er mit Mütze in Köln darüber gesprochen hatte, war ihm ihre gemeinsame Theorie noch durch und durch plausibel erschienen, fast schon zwingend. Er hatte keine Zweifel gehegt, zumal sie sich mit allem deckte, was sie bislang herausgefunden hatten. Jetzt aber, mit einem bewaffneten Irren auf dem Rücksitz, kamen ihm Zweifel. Falls sie sich getäuscht hatten, waren sie geliefert.

Er warf einen kurzen Seitenblick zu Mütze und wunderte sich, wie gelassen sie wirkte. Nur an ihrer versteinerten Miene ließ sich erkennen, wie angespannt sie war. Es war absurd, aber in diesem Moment hätte er sie gerne in die Arme genommen und geküsst. Wenigstens einmal, bevor alles zu Ende war.

Kleine Steinchen knirschten unter den Reifen, als sie den Parkplatz am Wilzenberg erreichten. Als Jan den Motor ausschaltete, war die Stille im Innenraum fast mit Händen greifbar, unterbrochen nur durch die Atemgeräusche der drei Personen. Jan blickte durch die Windschutzscheibe auf den vor ihm aufragenden Waldrand, der sich scharf vor einem jetzt schon fast schwarzen Himmel abzeichnete. Noch ein paar Minuten, und sie würden von vollständiger Dunkelheit umgeben sein.

»Aussteigen«, befahl Sonnenfeld.

Sie verließen den Wagen und gingen langsam auf den Pfad zu, der hoch zum Gipfel führte. Die Bäume links und rechts waren riesig und im Laufe der Zeit zu bizarren Formen verwachsen. Große Ulmen und Eschen, Buchen und Tannen. Lebende Statuen, die sich im Wind wiegten. Trotz seiner Anspannung lächelte Jan, als er feststellte, dass Mütze erneut nach seiner Hand griff.

»Versuchen Sie jetzt nicht, den Helden zu spielen«, warnte Sonnenfeld ihn. »Irgendeine dumme Aktion, und Sie können zuschauen, wie Ihre Freundin stirbt, bevor ich mich Ihnen zuwende.«

Es ging jetzt tiefer in den Wald hinein, und Jan ertappte sich dabei, wie er unbewusst seine Schritte immer weiter verlangsamte, um die Entscheidung hinauszuzögern.

Als sie an dem Holzschild ankamen, das in Richtung des Bruderteichs wies, bogen sie ab. Das Gehen fiel jetzt schwerer. Seine Füße wollten nicht mehr, die Schuhe schienen auf der weichen Erde förmlich festzukleben. Sein Herz setzte für einen Schlag aus, als irgendwo eine Krähe schrie, als beklage sie einen Verlust.

Dann erreichten sie den Teich, wo Sonnenfeld sie kurz anhalten ließ. Er stand jetzt drei Meter hinter ihnen und schaute sich um. Jan hätte zu gerne gewusst, was dem Mann in diesem Moment durch den Kopf ging, traute sich aber nicht zu fragen. Eine Minute standen sie stumm da, dann sagte Sonnenfeld: »Weiter geht's!«

Sie schritten anschließend den Hang hinauf, bis die Lichtung mit der Kapelle vor ihnen auftauchte. Die weiß verputzen Heiligenhäuschen, die sie umgaben. Die Kreuzungsgruppe dahinter.

Sonnenfeld stieß ihm die Waffe in den Rücken und Jan rief: »Komm raus, Arslan.«

Nichts rührte sich.

Er rief erneut.

Wieder keine Reaktion.

»Ich gebe dir jetzt fünf Sekunden, Arschloch«, schrie Sonnenfeld, bevor er die Pistole auf Mützes Hinterkopf richtete. »Sehe ich dich dann nicht, stirbt die Blondine.«

*

Fieberhaft überlegte Arslan, was er jetzt tun sollte. Seine Gedanken rasten, während er sämtliche Möglichkeiten durchging, doch jede einzelne davon endete mit dem Satz: »… und dann erschießt er Mütze!«

Arslan wusste, wie man kämpfte. Er wusste aber auch, wann die Zeit gekommen war, aufzugeben. Vorerst zumindest. Er erhob sich aus dem Versteck und betrat die Lichtung. Der Zorn, den er dabei verspürte, fraß ihn schier auf. Ein Großteil davon war der Bedrohung seiner Freunde geschuldet, ein anderer, kleinerer Teil dem Gefühl der eigenen Hilflosigkeit.

»Hier bin ich«, rief er.

Drei Köpfe fuhren herum und blickten in seine Richtung. Mit kaum unterdrückter Wut sagte er: »Nur, damit das klar ist: Wenn du Mütze oder meinem Freund was tust, bist du tot! Wenn du ihnen auch nur ein Haar krümmst, ist das so, als ob du von einem Hochhaus springst: Du bist noch nicht aufgeschlagen, hast aber keine Chance mehr, den Tag zu überleben.«

Sonnenfeld war unbeeindruckt. »Mir ist vollkommen gleich, ob ich sterbe. Ich will nur …«

Arslan schaute Mütze an. »Geht's dir gut?«

Sie zuckte die Schultern. »Es zählt nicht gerade zu meinen Hobbys, mit einer Knarre am Kopf rumzulaufen, aber davon abgesehen: Ja, alles in Ordnung.«

»Und dir, Jan?«

Jan nickte, bevor er zwischen Arslan und Sonnenfeld hin und her blickte: »Habe ich nicht gesagt, dass heute niemand mehr sterben wird? Ich will, dass wir uns jetzt beruhigen und darauf konzentrieren, weshalb wir hier sind. Sonjas Mörder wird nicht auftauchen, wenn wir hier weiterhin herumstehen und uns lauthals gegenseitig bedrohen.«

Sonnenfeld sah ihn aus zusammengekniffenen Lidern an. »Okay«, sagte er nach kurzer Überlegung. »Zurück ins Gebüsch. Aber verarschen Sie mich nicht, Römer – eine dumme Aktion, und ich schieße!«

Zu viert gingen sie zu dem Platz, an dem Arslan sich bereits zuvor versteckt hatte. Sonnenfeld hielt sich dabei hinter ihnen, die Waffe wieder auf Mützes Hinterkopf gerichtet. Dann hockten sie sich nieder, und Jan blickte zu Mütze, die neben ihm saß. Sie schaute ihn an, und er lächelte. Ihm fiel nichts ein, was er hätte sagen können.

Sie wusste selbst, dass jetzt alles davon abhing, ob ihre Theorie richtig war.

Anschließend blickte er zu Arslan, der auf der anderen Seite saß. Sein Freund wirkte wieder entspannt. Wie ein Soldat in seinem Unterstand, der sich der eigenen Überlegenheit dem Feind gegenüber bewusst war.

Von Sonnenfeld selbst hörte Jan nur dessen schweren Atem. Der Ex-Terrorist musste angespannter sein als sie alle zusammen. Er hatte drei Leute in Schach zu halten, während sein Arm mit der Waffe minütlich schwerer wurde. Wahrscheinlich ließ er ihn zwischendurch bereits sinken, um die Muskulatur zu lockern. Einstein hatte die Menschheit gelehrt, dass Zeit relativ war: Sekunden krochen dahin, Minuten dehnten sich, aber Jahre konnten an einem vorbeirauschen. Solange Sonnenfeld die Geduld bewahrte, war die Zeit auf ihrer Seite.

Dann richtete er den Blick wieder nach vorn. Wenn man aus einem hellerleuchteten Haus ins Dunkel trat, kam einem die Nacht unendlich schwarz vor, aber das war sie nicht. Jans Augen passten sich den Lichtverhältnissen immer besser an. Die Kapelle vor ihm wirkte jetzt, als ob sie beleuchtet wäre, dabei warf ihre weiß getünchte Fassade nur das Mondlicht zurück.

Er versuchte, möglichst gleichmäßig zu atmen. Dabei überdachte er ihre Theorie wieder und wieder, suchte nach Schwachstellen. Durch Marias Risses Aussage wussten sie mit Bestimmtheit, wer Sonja umgebracht hatte. Das hieß aber nicht, dass auch der zweite Teil seiner Vermutung stimmen musste. Der, in dem er davon ausging, dass der Täter jeden Dienstag zum Wilzenberg zurückkehrte, um Buße zu tun. Immer zur gleichen Zeit, immer am gleichen Wochentag. Sonjas Todestag.

Er wollte Mütze gerade etwas zuflüstern, als er es sah. Ein Licht, das links von ihnen aufflackerte, dann von Büschen und Bäumen verschluckt wurde, bevor es erneut auftauchte. Langsam kam es näher und näher. Ein Seitenblick zeigte ihm, dass Mütze es auch bemerkt hatte. Er stieß Arslan an, der daraufhin ebenfalls in die Richtung blickte.

»Showtime«, sagte Jan.

*

Obwohl die blonde Journalistin den Kabelbinder, der seine Hände verband, mit dem Teppichmesser in einem unbeachteten Moment angeritzt hatte, brauchte Münch Ewigkeiten, um sich befreien zu können. Dann musste er seine Schuhe ausziehen, um die Füße aus der Umfesselung zu lösen. Anschließend war der Hals dran.

Kabelbinder waren äußerst widerstandsfähig und mit bloßen Händen nicht zu durchtrennen, aber Sonnenfeld hatte den, der seinen Kopf fixierte, relativ locker gelassen. So locker, dass Münch seinen Körper nun halb von der Liege drehen und mit den Beinen den Boden abtasten konnte. Irgendwann hatte er das Teppichmesser an seinen Füßen gespürt, das die Blondine wieder dorthin zurückgelegt hatte, als Sonnenfeld einen Moment lang abgelenkt gewesen war. Kurz darauf war es ihm dann gelungen, es mit den Zehen zu seinen Händen zu heben. Der Rest war schnell gegangen.

Er war aus der Jugendherberge geflohen und den Hügel runter in den Ort gelaufen. Die Wunden waren zwar schmerzhaft, behinderten ihn aber nicht großartig. Er brauchte nur wenige Minuten, um das erste Haus zu erreichen. Dort klingelte er Sturm und hämmerte zwischendurch immer wieder gegen die Haustür, die irgendwann aufging. Ein Mann, der seiner Bekleidung nach bereits im Bett gelegen hatte, schaute ihn misstrauisch an – wahrscheinlich hielt er ihn für einen betrunkenen Randalierer.

Münch brauchte nicht lange, um ihn davon zu überzeugen, die Polizei zu rufen. Es dauerte rund sechs Minuten, bis der Streifenwagen eintraf. Weitere fünfundvierzig, bis die Kriminalpolizei aus Meschede anrückte. Münch erklärte dem leitenden Beamten, einem Rafael Schäfer, in aller Kürze, um was es ging. Zuerst zeichneten sich in dessen Gesicht Zweifel ab, dann Ungläubigkeit, zuletzt die Erkenntnis, dass an der Geschichte, so unglaublich sie auch klingen mochte, etwas dran war. Kurz darauf saß Münch auf dem Rücksitz eines Audi A6, der in vollem Tempo zum Wilzenberg raste. Ein dunkler, schwerer Wagen, dem ein genau gleiches Gegenstück folgte.

Beide voll besetzt mit Männern, die kaum glauben konnten, einen zwanzig Jahre alten Mordfall endlich aufklären zu können.

*

Das Licht kam näher, Stück für Stück. Die Person dahinter hatte den Lichtkegel auf den Weg vor sich gerichtet, weit weg von ihrem Versteck. Ihre Schritte waren langsam, aber gleichmäßig. So, wie ein Mensch sich bewegte, der ein klares Ziel vor Augen hatte.

Als der Schatten vor der Grotte angekommen war und niederkniete, flüsterte Jan: »Jetzt oder nie.«

Sie erhoben sich und schlichen langsam näher, ständig bemüht, nur ja kein Geräusch zu erzeugen. Der Wind, der in den letzten Minuten wieder aufgefrischt hatte, half ihnen dabei, indem er die Blätter der Bäume zum Rauschen brachte.

Meter für Meter kamen sie der Grotte näher. Die Person kniete immer noch davor, augenscheinlich in stiller Andacht versunken. Hinter Jan atmete Sonnenfeld schwer. Wahrscheinlich war der Mann jetzt voll auf die Gestalt vor der Grotte konzentriert und nicht mehr auf sie. Einen Moment lang spielte Jan sogar mit dem Gedanken, sich einfach auf ihn zu stürzen und ihm die Waffe zu entreißen, doch er entschied sich dagegen. Bald schon würde eine andere, bessere Gelegenheit kommen, da war er sich sicher.

Er konzentrierte sich jetzt auf die Wahrheit, die zwanzig Jahre lang eingesperrt worden war. Für Sonnenfeld musste sie ein Schock sein. Er würde eine Zeit lang brauchen, um alles zu verstehen – ihm selbst war es ja nicht anders gegangen.

Dann ging Jan weiter, bis er kurz hinter der Person stehen blieb, die ihnen immer noch den Rücken zuwandte. Stumm blickte er auf den grauen Wollmantel und die zu einem Zopf gebundenen Haare. Auf den Rücken und die Schultern, die eine unsichtbare Last nach unten zog.

»Guten Abend, Frau Lehmann«, sagte er.

*

Ihr Körper versteifte sich, dann drehte sie sich um. Ihr Blick traf Jan. Ihr Mund öffnete sich. Dann sah sie den Mann hinter ihm. Sonnenfeld. Sie erkannte ihn sofort.

»Viktor ...«

»Warum?«

»Ich habe ...«

»Warum hast du Sonja umgebracht?«

»Ich habe sie nicht ... »

Ein letzter Versuch, das Unausweichliche zu verhindern.

»Sie können mit dem Schauspiel aufhören, Frau Lehmann«, sagte Jan. »Es ist vorbei.«

»Warum hast du das getan?«, fragte Sonnenfeld mit gebrochener Stimme.

Als Anne nicht antwortete, übernahm Jan das für sie. »Sie hat Sonja aus Liebe getötet«, sagte er. »Dem scheinbar größten und in Wahrheit doch banalsten aller Gründe.« Dann ging er einen Schritt auf die Kniende zu. »Sie und Sonja waren ein Paar, richtig?«

Sie sagte nichts. Blickte ihn nur stumm an und suchte nach einem Ausweg, den es nicht gab.

»Es lag alles ganz deutlich vor uns«, sagte er. »Wir wollten es anfangs nur nicht wahrhaben. Wahrscheinlich wären wir schneller darauf gekommen, wenn Sonja lesbisch gewesen wäre, aber das war sie ja nicht. Sie war für beide Geschlechter offen, hat sich sexuell ausprobiert, wie viele Menschen das in dem Alter tun. Als Waldheim uns sagte, dass Sonja mit Jungs nicht viel hätte anfangen können, haben wir dem keine Bedeutung beigemessen. Ich meine ... sie hatte ja einen Freund, stimmt's? Aber spätestens bei dem Besuch bei Sonjas Mutter hätten wir stutzig werden müssen. Sie hat Sie als *Früchtchen* bezeichnet. Als jemanden, der einen schlechten Einfluss auf ihre Tochter ausgeübt hat. Warum hat sie das getan? Hat sie sie beide im Bett erwischt?«

Anne starrte ihn weiterhin nur mit aufgerissenen Augen an.

»Wortwörtlich hat sie bei unserem ersten Besuch gesagt, es wäre ihr nicht möglich gewesen, Sonja ihre *Veranlagung* auszutreiben«, fuhr er fort. »Eine seltsame Wortwahl, nicht wahr? Aber für einen Menschen wie Maria Risse ist Bisexualität wahrscheinlich genau das: eine abnormale Veranlagung. Etwas, für das sie sich geschämt hat.«

Anne stand auf und wendete sich an Sonnenfeld. Sie hatte noch immer nicht aufgegeben. »Glaub ihnen nicht, Viktor! Sie wollen dich nur gegen mich aufbringen.«

Sonnenfeld stand vor ihr, die Waffe zu Boden gerichtet, die Augen feucht. Man konnte sehen, dass von ihm keine Gefahr mehr ausging. Der Mann wirkte gebrochen, innerlich zerstört.

Auch Arslan, der keine zwei Meter neben Sonnenfeld stand, nickte, um Jan zu signalisieren, dass er die Situation unter Kontrolle hatte und nur noch nicht eingriff, weil er nicht wusste, ob Jan für seine Behauptungen Beweise besaß. Wenn nicht, brauchten sie den Druck durch Sonnenfeld auf Anne, um sie zu einem Geständnis zu bewegen.

Dann war es Mütze, die das Schweigen brach. »Sie haben Sonja geliebt. Sie waren glücklich mit ihr. Aber als Thomas Sonnenfeld – den Sie als Viktor kennen – in dem Haus aufgetaucht ist, änderte sich Sonja. Sie stand auf ihn, schon lange bevor sie das erste Mal miteinander geredet haben. Und Sie haben gemerkt, dass der Mensch, den Sie liebten, sich plötzlich für einen anderen interessierte. So etwas spürt man einfach, nicht wahr? Sie mussten einen Keil zwischen die beiden treiben, wenn Sie Sonja nicht verlieren wollten. Ihn in Sonjas Augen als Partner unmöglich machen. Sie haben uns gesagt, dass

Sie sich damals wie eine Hure gefühlt haben, und jetzt verstehe ich auch, was Sie damit meinten. Sex mit Männern hat Ihnen nie etwas bedeutet. Sie taten es anfangs nur des Geldes wegen und später, weil Sie einen Plan verfolgten. Insbesondere an dem Abend, an dem Sie sich an Sonnenfeld rangeschmissen haben. In der Nacht Ihrer Vergewaltigung.«

Anne öffnete den Mund und schloss ihn wieder.

»Und in gewisser Weise kann ich Sie sogar verstehen«, fuhr Mütze fort. »Zur gleichen Zeit, in der Ihnen Schreckliches angetan wurde, verliebte sich Sonja so richtig in Viktor. Die beiden saßen Arm in Arm im Partykeller, während zwei Stockwerke höher der Mexikaner über Sie hergefallen ist. So etwas steckt man nicht weg. Niemand könnte das. Sie waren verzweifelt und haben in den Tagen danach auf Sonja eingeredet. Sie haben sogar Münch über das Verhältnis der beiden informiert, weil Sie hofften, dass er es beenden würde – was ihm ja fast auch gelungen wäre. Doch dann hat Sonja den Fehler gemacht, Ihnen von dem geplanten Treffen mit Viktor auf dem Wilzenberg zu erzählen.«

Mütze ging ein paar Schritte auf und ab, vollkommen in der Darstellung ihrer Theorie versunken. »Hat sie Ihnen da schon gesagt, dass endgültig Schluss ist und sie mit Sonnenfeld fliehen wollte? Oder haben Sie es erst erfahren, als sie die beiden in jener Nacht belauschten? Eigentlich ist das egal – es hat Ihnen so oder so unendlich wehgetan, und ich kann das nachvollziehen. Nichts schmerzt mehr als unerfüllte Liebe, und nichts wird schneller zu Hass. Wahrscheinlich haben Sie das Messer nur dabeigehabt, um sich nachts im Wald sicherer zu fühlen, aber dann ist etwas über Sie gekommen. Der Zorn. Die Enttäuschung. Die Wut. Es ist, als würde sich ein blutroter Film über die Augen legen. Man sieht nicht mehr klar und denkt nicht mehr. Alles wird ausgelöscht, bis nichts mehr übrig bleibt als dieser alles verschlingende Hass.«

Mütze legte eine kurze Pause ein und blickte Jan an. Er nickte, um ihr zu signalisieren, dass sie weitermachen sollte. Und das tat sie: »Als Thomas dann los ist und Sonja den Teich ebenfalls verlassen wollte, sind Sie auf sie zugegangen, um sie zur Rede zu stellen. Wahrscheinlich wollten Sie sie in dem Moment noch nicht töten. Vielleicht hat Sonja Sie dann beleidigt – oder über Ihre Gefühle gelacht. Was auch immer der Auslöser gewesen sein mag – Sie haben schneller zugestochen, als Sie denken konnten, und Ihr Pech war, dass bereits der erste Stich tödlich war. Keine Chance, wieder zu Sinnen zu kommen und Hilfe zu holen. Nichts mehr, das Sie tun konnten, außer Sonja so niederzubetten, als würde sie schlafen. Warum? Wollten Sie Ihrer großen Liebe zumindest die Würde wiedergeben, nachdem Sie ihr das Leben genommen hatten?«

Anne Lehmanns Blick huschte ziellos zwischen Mütze und Sonnenfeld hin und her, und Jan war jetzt bereit, ihr den entscheidenden Schlag zu versetzen. »Sicherlich fragen Sie sich, wie wir darauf gekommen sind. Ich verrate es Ihnen: Durch Stefan Wahlert, Sonjas Exfreund. Wir haben ihn im Gefängnis aufgesucht, und er war sich sicher, dass Sonja ihn damals wegen einem anderen Mann verlassen hat. Direkt nachdem sie in dem Haus am Wilzenberg angefangen hat. Er lag bei allem richtig – er hat sich nur beim Geschlecht geirrt.«

»Und wenn nicht?«, stieß Anne hervor. »Vielleicht hat er ja Viktor gemeint, nicht mich!«

Sie wollte immer noch nicht aufgeben. Erstaunlich. Nachdem sie sich zwei Jahrzehnte versteckt hatte, kämpfte sie nun mit dem Mut der Verzweiflung gegen die Wahrheit an.

»Interessant, dass Sie das sagen. Das habe ich anfangs nämlich auch gedacht«, sagte Jan. »Aber zum Glück habe ich eine Kollegin, die in solchen Dingen besser ist als ich. Die logischer denkt und die sich die Mühe macht, Zeiten und Aussagen miteinander zu vergleichen. Und wissen Sie, was ihr dabei aufgefallen ist?«

Anne antwortete nicht.

»Es passte nicht«, fuhr er fort. »Stefan Wahlert hat ausgesagt, dass Sonja sich von ihm trennte, kurz nachdem sie in dem Haus angefangen hat. Dass sie da schon jemand anderen hatte. Sonnenfeld konnte damit gar nicht gemeint sein – er wurde erst Monate später in dem Haus untergebracht. Und damit kamen Sie ins Spiel. Ihre Aussagen erschienen plötzlich in einem völlig anderen Licht. Beispielsweise, dass Sie die Einzige waren, die Sonjas Beziehung zu Sonnenfeld als flüchtig und nicht ernst zu nehmend beschrieben hat. So, als wollten Sie immer noch nicht wahrhaben, dass Sonja Sie wegen ihm verlassen hat. Und als wir vorhin bei Maria Risse waren und ihr die Wahrheit auf den Kopf zugesagt haben, hat sie uns erzählt, dass sie von Ihnen und Sonja gewusst hat. Von ihrer Tochter und dem *Früchtchen*, dass diese *Veranlagung* erst ausgelöst hat. Sie hat übrigens auch die Briefe gefunden, die Sie Sonja geschrieben haben. Die Liebesbekundungen mit den Träumen von einer gemeinsamen Zukunft, die es nun niemals geben würde. Maria Risse hat sie der Polizei nicht gegeben, weil es ihr peinlich war. Sie wollte nicht, dass die Welt erfuhr, dass ihre Tochter ein Verhältnis mit einer anderen Frau gehabt hatte. Ausgepackt hat sie erst, als wir ihr klargemacht haben, dass nur ihre Kooperation dafür sorgen würde, dass wir diesen Teil der Wahrheit aus unserem Bericht heraushalten.«

Annes Zusammenbruch begann langsam. Zuerst füllten sich ihre Augen mit Tränen, dann hielt sie die Hand vor den geöffneten Mund. Ihr Körper zitterte. Jan wusste nicht, was sie in diesem Moment mehr bedauerte – dass sie aufgeflogen war oder die lange unterdrückte Erkenntnis, dass Sonja nie das Gleiche für sie empfunden hatte wie umgekehrt. Letztendlich war es Jan auch egal. So gut er Annes Leid verstehen mochte – nichts rechtfertigte den Tod zweier Menschen.

»Das Einzige, was ich noch nicht weiß, ist, ob Sie auch Rebecca Kaiser getötet haben. Sie haben uns ja gesagt, dass sie an dem Tag vor Rebeccas Tod mit ihr telefoniert haben. Was ist dabei passiert? Wusste sie ebenfalls von Ihrem Verhältnis zu Sonja? Hat sie damit gedroht, es uns oder Münch zu erzählen? Oder haben Sie Münch nach dem Gespräch angerufen und behauptet, Rebecca wollte auspacken? Wie auch immer – die DNA-Anhaftungen an Rebeccas Kleidung werden die Wahrheit schon ans Tageslicht bringen.«

Jan hatte sich völlig auf Anne konzentriert, was ein Fehler war. Plötzlich riss Sonnenfeld die Waffe hoch. Der Ex-Terrorist war schnell, doch Arslan war schneller. Er stürzte sich auf ihn, bevor er abdrücken konnte. Dabei vertraute er nicht seinen Fäusten, sondern setzte den Kopf wie einen Rammbock ein.

Es war eine ganz einfache Regel.

Stirn gewinnt gegen Nase. Immer!

Sonnenfeld taumelte, und Arslan setzte sofort mit

einem Leberhaken nach, gefolgt von einer wuchtigen Geraden an den Kopf. Sonnenfeld stürzte wie ein gefällter Baum. Er war schon ohnmächtig, bevor er auf dem Boden aufschlug. Lag da, die Gliedmaßen von sich gestreckt, die Augen verdreht. Bevor Jan reagieren konnte, hatte sich Mütze schon gebückt und nach der Pistole gegriffen. Es war vorbei. Halbwegs zumindest.

Richtig vorbei war es erst, als mehrere Männer durch den Wald gestürmt kamen, ihre Waffen im Anschlag haltend, und laut »Polizei!«, riefen.

*

Niemand war gestern getötet worden, und trotzdem war Jan nicht zufrieden. Wie konnte er auch? Während er stundenlang in Meschede verhört worden war, hatte sich in seinem Kopf nur ein einziger Gedanke gedreht. Der an das, was sich vor zwanzig Jahren auf dem Wilzenberg abgespielt hatte. An eine Verkettung von Umständen, die zu dem Tod dreier Menschen geführt hatte. Um den Mexikaner tat es ihm nicht leid, wohl aber um Sonja und Rebecca, obwohl er eine der beiden Frauen nie kennengelernt hatte.

Er hätte es aber gerne.

Ab und zu gab es Menschen, die wie das Licht waren. Die alles anzogen, was um sie herumschwirrte, und jeden Raum ausfüllten, indem sie ihn nur betraten. Sonja musste ein solcher Mensch gewesen sein, und er fragte sich, welchen Verlauf ihr Leben genommen hätte, wenn sie das Haus am Wilzenberg nie betreten hätte. Er würde es nie herausfinden, und vielleicht war es das, was ihn am meisten frustrierte.

Bei Münch dagegen sah die Sache schon anders aus. Er war nicht Sonjas Mörder gewesen, aber er war dennoch geliefert. Rafael Schäfer, der Hauptkommissar, hatte Jan bei der Verabschiedung zwar nicht verraten, was Sonnenfeld ausgesagt hatte, aber durchblicken lassen, dass es brisant war und dazu führte, dass man Münch sofort verhaftet hatte. Vielleicht würde es Sonnenfeld aufgrund dieser Aussage ja sogar gelingen, einen Deal mit der Staatsanwaltschaft auszuhandeln, um seine Strafe für den Mord an dem Mexikaner zu verringern. Jan war sich sicher, dass der Verfassungsschutz ihm dabei gerne behilflich war – vorausgesetzt, dass alles, was damals in dem Haus passiert war, ausschließlich an Münch kleben blieb.

Anne Lehmann hatte gleich beim ersten Verhör nicht nur den Mord an Sonja gestanden, sondern auch zugegeben, dass sie Rebecca getötet hatte. Sie musste am Tag nach ihrem Telefonat mit Rebecca nach Berlin geflogen sein und die Stadt mit dem letzten Flug abends wieder verlassen haben – die Passagierlisten würden dies bestätigen. Ihr drohte jetzt ein auf lebenslänglich lautendes Urteil, und dennoch war Jan sich sicher, dass die Haftstrafe nicht das Schlimmste für sie war. Im Prinzip war Anne schon vor vielen Jahren gestorben, in einer kalten Herbstnacht auf dem Wilzenberg.

Gemeinsam mit Mütze und Arslan verließ er am Vormittag das Polizeirevier. Ein Streifenwagen brachte sie zurück zu seinem Wagen, der immer noch am Wilzenberg stand. Zu dritt fuhren sie anschließend in den Ort hinunter und checkten aus dem Hotel aus.

»Das war's jetzt, oder?«, wollte Arslan wissen.

»Ich denke, die Polizei wird sicherlich noch mal mit

uns sprechen wollen, aber im Prinzip: Ja, das war's. Tut die Beule noch weh?«

Arslan fasste sich an die Stirn. »Schmerz ist nur …«

»… Schwäche, die den Körper verlässt. Ich weiß!«

Sein Kumpel grinste, dann nahmen sie sich in die Arme und hielten sich fest. Freunde sind etwas Wunderbares, dachte Jan. Die Familie, die man sich selbst ausgesucht hatte.

Nachdem Arslan in seinen Mercedes gestiegen und davongefahren war, machten auch Jan und Mütze sich auf den Rückweg. Es gab nichts mehr, was sie hier noch tun konnten, und ehrlich gesagt war Jan auch froh, dem Sauerland den Rücken zu kehren.

Sie hatten ungefähr die Hälfte der Strecke hinter sich gebracht, als Mütze fragte: »Und – wie geht's dir jetzt?«

»Ich bin müde. Vollkommen leer und ausgebrannt. Ich werde heute noch Herold anrufen und ihn um Urlaub bitten. Sarahs anstehender Umzug nach Bayern, diese Geschichte hier … Weißt du, am liebsten würde ich mir jetzt eine abgelegene Hütte mitten im Nirgendwo suchen, wo mich niemand stört und ich in Ruhe zu mir selbst finden kann.«

»Soll ich mitkommen?«

Er zögerte kurz, dann schüttelte er den Kopf. »Besser nicht. Ich gebe momentan keine unterhaltsame Gesellschaft ab.«

Sie richtete den Blick wieder nach vorne. »Schon eine Idee, wo du hin willst?«

»Keine Ahnung … vielleicht in den bayrischen Wald oder an die Ostsee. Wäre es okay für dich, Sonjas Geschichte für die *Ungeklärten Kriminalfälle* allein zu schreiben?«

»Klar. Hau ab und gönn dir Ruhe. Ich schaue, ob ich noch etwas mehr über Sonjas Vater herausbekommen kann. Über ihr Leben, bevor sie am Wilzenberg angefangen hat.«

»Wie weit willst du zurückgehen?«

»So weit wie nötig. Notfalls bis zu der Zeit, in der Gottes Hund noch ein Welpe war.«

Er lächelte.

»Mach dir keine Sorgen«, beruhigte sie ihn. »Herold wird das sicher verstehen, und ich komme dieses eine Mal auch prima allein klar. Lass nur dein Handy an, falls was sein sollte, und wenn du merkst, dass du jemanden zum Reden brauchst, rufst du mich an, okay?«

Er versprach es.

»Wirklich?«, hakte sie nach.

Er warf ihr einen schnellen Seitenblick zu. »Ich wüsste gar nicht, wen ich sonst anrufen sollte. Arslan vielleicht, aber das ist nicht dasselbe. Du bist …«

»Ja?«

Tausend Antworten schossen ihm durch den Kopf. Er konnte sich für keine entscheiden, also schwieg er.

Als sie Köln erreichten, ließ er Mütze vor ihrer Haustür aussteigen und fuhr dann weiter. In seiner Straße parkte er unter einem Kastanienbaum und stieg aus. Öffnete die Haustür und fand in seinem Briefkasten zwei Schreiben. Er steckte beide achtlos ein und ging nach oben.

»Hallo, Herr Römer!«

Christina Guerin kam ihm im Treppenhaus entgegen. Sie trug ein graues Sweatshirt, eine eng sitzende schwarze Leggings und orangefarbene Turnschuhe. Eine Mittdreißigerin auf dem Weg zum Joggen, die auch dabei nicht auf ihr Make-up verzichtete.

»So sportlich heute?«

»Nicht nur heute«, sagte sie und lachte. »Wenn man in Form bleiben will, muss man was tun!«

Er hätte sie fast gefragt, für was genau sie in Form bleiben wollte und ob sie später nicht Lust auf ein Glas Rotwein hätte. Erst im letzten Moment verkniff er sich die Bemerkung. Sex ohne Gefühle mochte Spaß machen, würde aber keines seiner Probleme lösen, nur neue erschaffen.

In seiner Wohnung legte er die Post und die Schlüssel auf den Küchentisch und zog den Mantel aus. Dann schaltete er die Kaffeemaschine ein und nahm den ersten der beiden Briefe in die Hand. Er war von Sarah, die ihm schriftlich das genaue Datum ihres Umzugs nach Bayern mitteilte. Sie schrieb, dass es Lukas die Trennung sicher einfacher machen würde, wenn er bei der Abfahrt dabei wäre und ihm winken würde.

Im ersten Moment wollte er den Brief zerreißen und in den Mülleimer werfen. Er hatte keine Lust, so zu tun, als sei alles in Ordnung und als sei es für ihn überhaupt kein Problem, dass sie ihm den Sohn entriss.

Dann dachte er nach und beruhigte sich wieder. Das Schlimme war, dass Sarah mit ihrem Vorschlag sogar recht hatte. Wahrscheinlich würde die Trennung für Lukas tatsächlich einfacher sein, wenn er an dem Tag dabei wäre und seinem Sohn das Gefühl gab, dass alles in Ordnung war.

Dennoch hätte er Lukas jetzt am liebsten angerufen und ihm die Wahrheit gesagt. Dass sie sich durch den Umzug unweigerlich voneinander entfernen würden und dass Sarah und ihr neuer Freund ihm das Gefühl geben wollten, dass die beiden jetzt seine Familie seien und er, sein Vater, nur eine blasser werdende Figur aus der Vergangenheit. Sicher, er konnte dem zweimal pro Monat jeweils für ein Wochenende entgegensteuern, aber schon jetzt, wenn er nur darüber nachdachte, wurde ihm klar, welch schwacher Trost das war. Alles, was er tun konnte, war lächeln, während sein Sohn sich Stück für Stück von ihm entfernte.

All dies wollte er Lukas am liebsten auf der Stelle sagen, aber er konnte es nicht.

Nicht einem elfjährigen Kind.

Er legte Sarahs Brief zur Seite und nahm sich den zweiten vor. Auf dem Umschlag stand kein Absender, und die einzige Seite darin war eng beschrieben. Schon nach wenigen Zeilen wusste er, von wem er stammte.

Mein lieber Jan,

die Tage werden kürzer, die Nächte länger. Ein kalter Wind kommt aus dem Osten, und schon bald wird in der Eifel der erste Schnee fallen. In den letzten Tagen und Wochen musste ich oft an dich denken, an unsere gemeinsame Zeit, die viel zu kurz war. Vermisst du mich? Denkst du manchmal an mich?

Ich weiß, dass ich damals Fehler begangen habe. Fehler, die du mir nicht verzeihen kannst, obwohl ich sie dir gern erklärt hätte. Aber das ist es auch gar nicht, um was ich dich mit diesem Brief bitten möchte. Ich möchte dich bitten, vorsichtig zu sein. Aufzupassen. *Er* wird nicht mehr lange in Haft sein, und *er* ist kein Mensch, der vergibt – wenigstens in diesem einen Punkt seid ihr euch ähnlich.

Vielleicht kannst du ja doch über deinen Schatten springen und dich entschließen, mit mir zu reden. Nicht über uns, sondern über ihn. Es gibt vieles, was ich dir sagen muss. Du weißt, wo du mich findest, und du sollst wissen, dass ich immer für dich da bin. So unglaubwürdig das für dich auch klingen mag: Es ist nie anders gewesen.

Pass auf dich auf, Jan. Pass gut auf dich auf!

Er legte den Brief zur Seite und schloss die Augen.
Die Vergangenheit ist nicht tot.
Manchmal ist sie noch nicht einmal vergangen.

ENDE

NACHWORT UND DANKSAGUNG

Sie haben es geschafft und den dritten Band der Jan-Römer-Reihe gelesen: Hoffentlich mit demselben Vergnügen, mit dem ich ihn geschrieben habe!

Ich bin – unter uns gesagt – keiner jener Autoren, die Kapitel für Kapitel im Voraus plotten und beim Schreiben stets wissen, was als Nächstes passiert. Wenn ich mit einem Buch beginne, kenne ich den Anfang und das Ende, aber nicht den Weg dorthin. Keine gerade Linie, sondern viele Kurven und Abzweigungen. Oftmals entscheide ich mich erst an den Weggabelungen, welche Richtung jetzt die richtige ist.

Genauso war es auch bei diesem Buch.

Auf die Idee zu dem Fall bin ich tatsächlich durch das Rammstein-Video zu »Rosenrot« gekommen, das Mütze gegenüber Jan erwähnt hat. Abgesehen davon, dass ich Rammstein sowieso für eine fantastische Band halte, fasziniert mich auch die Handlung des Films. Eine junge Frau, gleichzeitig unschuldig und lasziv wirkend. Eine abgeschiedene Gegend, dunkle Tannen. Ein nicht aufgedecktes Geheimnis. Nur dass die junge Frau in »Das Lied der toten Mädchen« nicht Täterin, sondern Opfer ist und mit der Spieluhr, die der vermeintliche Mörder bei ihr zurückgelassen hat, eine weitere unheimliche Komponente erhält. Dazu hatte ich von Anfang an auch die Lösung des Falls vor Augen, die sich von denen der meisten Krimis unterscheiden sollte und dessen Motiv sich aus etwas zusammensetzt, was ich jetzt mal »tragische Begierde« nennen möchte – womit die Brücke zu dem Rammstein-Video wieder geschlagen wäre. Die Seiten, die zwischen dem ersten Mord und dem Finale liegen, sind dagegen einer Eigendynamik geschuldet, die sich beim Schreiben entwickelt hat und auf die man als Autor – wenn man sich von ihr mitreißen lässt – irgendwann keinen Einfluss mehr hat.

Wie schon bei »Und am Morgen waren sie tot«, berühren sich auch in diesem Fall wieder Fakten und Fiktion. Die Romanhandlung inklusive aller handelnden Personen ist natürlich frei erfunden (auch wenn Jan, Mütze und Arslan mir in manchen Momenten durchaus real vorkommen), was weitestgehend auch für den Handlungsstrang rund um den Verfassungsschutz gilt – aber eben nur weitestgehend.

Der Mordfall Ulrich Schmücker hat sich 1974 im Wesentlichen so abgespielt, wie Jan ihn gegenüber Mütze im *Pietro's* geschildert hat. Gleiches gilt für die vier darauffolgenden Strafverfahren, die sich insgesamt über eine Zeitspanne von mehr als 15 Jahren zogen und mit dem Freispruch der Angeklagten endeten. Wer mehr über den bis heute längsten Strafprozess in der Geschichte der Bundesrepublik erfahren will, wird auf Wikipedia unter den Stichwörtern »Schmücker-Prozess« fündig. Mindestens ebenso empfehlenswert ist die für die ARD vom RBB produzierte Dokumentation »Der Schmücker-Mord«, die man auch auf YouTube oder anderen Kanälen findet.

Auch wenn mein Vertrauen in staatliche Stellen weiterhin intakt ist, erscheint mir dieser Mordfall als passendes Beispiel, warum es sich lohnt, Regierungsaussagen zu hinterfragen – gerade, wenn diese Aussagen mit Eigeninteressen staatlicher Organe kollidieren. Ich weiß natürlich nicht, ob der Verfassungsschutz tatsächlich in den Mord an dem 22-jährigen Studenten verstrickt ist. Ich weiß nur, dass einige seiner Mitarbeiter alles in ihrer Macht Stehende getan haben, um die Aufklärung unmöglich zu machen.

Sie, liebe Leserinnen und Leser, können jetzt natürlich einwerfen, dass das Ganze mehr als vierzig Jahre her ist, und Sie haben damit vollkommen recht: Vielleicht haben sich die Dinge geändert, vielleicht auch nicht.

Wenn Sie auch die Vorgänger in dieser Krimireihe gelesen haben, wissen Sie, dass Köln in allen drei Bänden der einzige konstante Handlungsort ist. Ansonsten ging es vom Bergischen Land über Eifel und Ardennen bis ins Sauerland. Daher gilt mein erster Dank Agnetha Bräutigam – der Tochter des Countrysängers Tom Astor –, die mich erst auf die Gegend rund um Schmallenberg aufmerksam gemacht hat. Durch sie bin ich auch auf den Wilzenberg gestoßen; auf den Bruderteich und die aufgegebene Jugendherberge, die gar nicht weit entfernt liegt.

Wenn der Krimi jetzt in Ihnen die Lust geweckt hat, sich selbst die Handlungsorte anzuschauen, kann ich Sie nur ermutigen: Das wunderschöne Sauerland ist auch dann einen Besuch wert, wenn man nicht auf den Spuren ungelöster Mordfälle wandelt.

Ein weiteres fettes DANKESCHÖN geht an Marion Vazquez, meiner wundervollen Lektorin bei Ullstein, und an Hannes Windisch, der auch diesem Text wieder den letzten Schliff gegeben hat. Immer, wenn ich eure Änderungsvorschläge und Anregungen lese, kommt mir alles ganz einfach vor. Ähnlich wie bei dieser Anekdote um den französischen Bildhauer Auguste Rodin, der mal auf die Frage, wie man einen Elefanten erschafft, antwortete: »Nimm einfach einen großen Stein und haue alles weg, was nicht zu einem Elefanten gehört.« Ich bin sicher: Ihr beide wärt großartige Bildhauer geworden!

Weitere Menschen, denen ich zu Dank verpflichtet bin, sind: Caterina Kirsten von meiner Literaturagentur *Copywrite*, die für alle Fragen und Anliegen stets ein offenes Ohr hat. Die Bestsellerautorin Anne Weiss, die mir immer mit Rat und Tat zur Seite steht. Die Pressestelle der Staatsanwaltschaft Köln, die ebenso freundlich wie ausführlich auf sämtliche Anfragen geantwortet hat. Ariane und Emma, die stets Verständnis dafür hatten, wenn Jan und Mütze mal wieder mehr Raum in meinem Leben einnahmen als Frau und Kind. Bloggerinnen und Blogger wie Annette Lunau (»Die Rezensentin«) oder Maurice Feiel (»Zwischen den Zeilen«), die sich meinen Krimis und Thrillern bislang immer ebenso ausführlich wie fachkompetent gewidmet haben – und zahlreichen anderen Rezensentinnen und Rezensenten, für deren Erwähnung mir hier schlicht und einfach der Platz fehlt.

Mit dem Erscheinungstag von »Das Lied der toten Mädchen« startet auch eine Lesereise, die mich einmal quer durch die Republik führen wird. Veranstaltungen, bei denen ich mich freuen würde, möglichst viele Leserinnen und Leser persönlich kennenzulernen. Ob Sie im Norden, Süden, Osten oder Westen des Landes wohnen – eine der Lesungen wird hoffentlich auch für Sie in erreichbarer Nähe stattfinden. Sämtliche Termine dazu, die laufend aktualisiert werden, finden Sie ebenso wie alle anderen Neuigkeiten auf meiner Facebook-Seite (https://www.facebook.com/linusgeschke/) oder auf der Internetpräsenz des Ullstein Verlages (www.ullsteinbuchverlage.de).

Zum Schluss möchte ich Ihnen danken, dass Sie Jan und Mütze erneut durch knapp vierhundert Seiten gefolgt sind. Ich weiß, dass Sie dafür mit dem Teuersten bezahlt haben, was Menschen besitzen: Zeit!

Linus Geschke

Die Lichtung

Kriminalroman.
Taschenbuch.
Auch als E-Book erhältlich.
www.ullstein-taschenbuch.de

**Damals wurde dein bester Freund getötet – jetzt jagst
du seinen Mörder**

Sommer 1986: Eine Kölner Clique verbringt ein Party-
Wochenende in einer Blockhütte im Bergischen Land.
Zwei Tage lang Bier, Musik, Baggersee und Flirts. Am
Ende sind zwei junge Menschen tot.

Der Zeitungsredakteur Jan Römer soll Jahre später über
den ungelösten Kriminalfall schreiben. Römer erinnert
sich gut, denn das Wochenende im Wald war das Ende
seiner Jugend – er gehörte selbst zu jener Clique. Gemeinsam mit seiner besten Freundin Mütze will er herausfinden, was damals wirklich geschah. Zu spät merkt
er, in welche Gefahr er sich dadurch bringt ...

ullstein